CHEGA DE DESPERDÍCIO!

JOHN NAISH

CHEGA! DE DESPERDÍCIO

Por que viver com menos pode ser melhor para você

Tradução
Elena Gaidano

BestSeller

CIP-BRASIL. CATALOGAÇÃO-NA-FONTE
SINDICATO NACIONAL DOS EDITORES DE LIVROS, RJ

Naish, John

N148c Chega de desperdício!: Por que viver com menos pode ser melhor para você / John Naish; tradução: Elena Gaidano. – Rio de Janeiro: Best*Seller*, 2010.

Tradução de: Enough!
Inclui bibliografia
ISBN 978-85-7684-263-7

1. Consumo (Economia). 2. Consumidores – Educação. 3. Cultura. 4. Cidadania. 5. Valores sociais. I. Título.

09-1683 CDD: 339.47
CDU: 330.567.2

Texto revisado segundo o novo Acordo Ortográfico da Língua Portuguesa.

Título original norte-americano
ENOUGH!

Capa: Igor Campos
Imagem de capa: Freudenthal Verhagen/Getty Images
Editoração eletrônica: Abreu's System

Direitos exclusivos de publicação em língua portuguesa para o Brasil adquiridos pela
EDITORA BEST SELLER LTDA.
Rua Argentina, 171 – Rio de Janeiro, RJ – 20921-380 – Tel.: 2585-2000
que se reserva a propriedade literária desta tradução

Impresso no Brasil

ISBN 978-85-7684-263-7

À memória de minha mãe e de meu pai

SUMÁRIO

genug alemão
¡basta! espanhol
riitää jo! finlandês
ça suffit! francês
genoeg holandês
enough inglês
basta! italiano
satis latim
nok norueguês

Introdução

Aquele que sabe que tem o bastante é rico.

Tao Te Ching (c. 260 a.C.)

Se, daqui a alguns séculos, uma nave espacial alienígena orbitasse em torno da crosta enegrecida da Terra, seus pilotos ficariam pasmos ao descobrir que os humanos tinham estado tão concentrados em obter prazer em produzir e consumir cada vez mais de tudo que, no fim, terminaram por destruir todo o planeta.

"Que caras malucos", diriam os alienígenas, meneando suas cabeças prateadas. Se esses visitantes também ficassem sabendo que havíamos nos tornado apenas mais irritadiços, mais doentes e mais exaustos quando nossa busca por mais de tudo chegara ao auge, eles coçariam suas cabeças e perguntariam: "O que eles estavam pensando?" Um dos mais sábios poderia se perguntar: "Como foi que não conseguiram evoluir?"

E não seria igualmente lamentável se, em outro cenário, aqueles visitantes intergalácticos fossem nossos próprios descendentes que tivessem escapado do planeta assolado momentos antes do apocalipse ecológico e, séculos depois, orbitassem a Terra numa nave brilhante capaz de se deslocar em velocidades superiores à da luz e de suprir todas as necessidades materiais que uma criatura pudesse ter? Os pilotos estariam resmungando entre si:

— Esta lata velha não chega nem perto da velocidade do novo Mk1192a.

— E esses portais de teletransporte estão *tão* ultrapassados.

— Você está ouvindo esse zumbidinho no painel de bordo toda vez que aceleramos? Isto está reeeealmente me irritando.

Precisamos evoluir. E rápido. Precisamos desenvolver a noção de *suficiente.* Ou, se preferir, de suficiência. Ou até de suficientismo. Criamos uma cultura que carrega uma mensagem dominante — ainda não temos tudo de que precisamos para nos satisfazer. Dizem-nos que a solução é ter, ver, ser e fazer ainda mais. Sempre mais. Mas isso está gerando consequências estranhas: os níveis de estresse, depressão e estafa estão crescendo rapidamente, embora tenhamos uma abundância sem precedentes. Nosso planeta também não parece estar muito feliz.

Precisamos urgentemente parar de superestimular os antigos e poderosos instintos que fazem com que nunca estejamos satisfeitos. Em vez disso, devemos alimentar nossa capacidade de apreciar as maravilhas sem par que estão aos nossos pés. Atualmente, no mundo ocidental, temos de fato tudo aquilo de que poderíamos precisar. Não há "mais". Temos de aprender a viver no "pós-mais". Não se trata de voltar no tempo nem de ter menos. Trata-se de percebermos que chegamos lá (três vezes "viva!"). Suficiência é o caminho para o contentamento. Trata-se de ecologia pessoal, de cada um encontrar o próprio equilíbrio sustentável enquanto indivíduo. Suficiência é o ápice além do qual ter mais de qualquer coisa torna a vida pior e não melhor.

Simples, não? Mas o caminho para a suficiência torna-se rapidamente complicado. Culpa da evolução, a coisa que nos trouxe até aqui. Nosso mecanismo evolutivo levou-nos a descer das árvores e a nos espalhar pelo mundo, guiou-nos ao longo da era do gelo, de períodos de fome, de peste e de desastres, até chegarmos a esta época de abundância tecnológica e material. E, mesmo assim, aquele velho mecanismo insta-nos constantemente: "Eu.... quero... mais. Agora." Até o momento, ele tem sido magnificamente bem-sucedido. Transformou-nos em senhores do planeta. Mas está prestes a nos atirar numa ruína cósmica, na caixa onde está escrito: "Até que era uma boa ideia, mas..."

Agora, pelo menos, detectamos o problema básico. Durante minhas pesquisas para preparar este livro, descobri que não é possível ir a um encontro de psicólogos, economistas ou políticos sem que alguém alerte para o fato de que metade dos ocidentais ricos está comprovadamente infeliz, e que enriquecer mais não nos tornará mais felizes. Esses sábios também reclamam de que estamos sufocando nas emissões de nossos próprios canos de descarga. Mas então põem a culpa na economia. Ou no governo. Ou na "sociedade" (abreviatura de "aquele avarento ganancioso que mora ao lado, mas não eu"). Alguns até chegam a afirmar que se trata de uma doença. Enquanto isso o mundo continua a se preocupar com o aquecimento global, a resmungar sobre o excesso de trabalho e a reclamar que não está feliz — enquanto ainda caça, produz e consome ainda mais, na esperança de que isso possa fazer todo mundo feliz.

Enquanto o problema for dos outros, o ciclo continuará até que tudo o que nosso planeta puder hospedar sejam baratas. A evolução nos levou a essa crise exuberante — com toda a maravilha do ar-condicionado, da iluminação e da alta tecnologia dos serviços de saúde que a acompanham. Agora, cabe a cada um de nós começar a evolução de nossa espécie para fora dessa crise (e, se tivermos sorte, poderemos continuar com o ar-condicionado, a iluminação e as outras coisas boas também).

Está na hora de jogar fora nossos velhos costumes — e todas as coisas que nos ligam a eles. Neste livro, explorarei as muitas maneiras como continuamos a tropeçar em nosso obsoleto mecanismo cerebral. Dependemos de instintos que nos fornecem antigas respostas para novos desafios — em particular, o de viver em meio à abundância quando nossas mentes ainda estão programadas para temer a escassez e consumir o máximo possível. Fomos projetados para procurar conforto e comida, mas não para tê-los o tempo todo. Somos atrapalhados por nosso cérebro "ávido". Agora, graças às descobertas neurocientíficas e à tecnologia médica, podemos observar essas antigas respostas conforme disparam em nossas mentes.

Tais descobertas, juntamente com os avanços na psicologia evolucionista, mostram como construímos uma cultura que nos leva a priorizar todos os instintos errados — os que respondem ao excesso buscando mais ainda, que reagem à conveniência encorajando-nos a trabalhar ainda mais, que fazem com que nos apressemos quando nosso tempo livre aumenta, e que até nos levam a comer mais sempre que estamos com pressa. Tudo isso cria um círculo vicioso em que nossos desejos inúteis incentivam a economia de nossa cultura, e a economia de nossa cultura, por sua vez, incentiva nossos desejos inúteis. Ficamos como Imelda Marcos e seus sapatos: o melhor par é sempre o que vem a seguir... aliás, esse é o *único* par que vale a pena possuir!

O biólogo evolucionista Robert Trivers, da Rutgers University, afirma: "Evoluímos para transformar-nos em máquinas maximizadoras. Não há um mecanismo de travamento em nós que diga 'Relaxe, você já tem o suficiente'." Contudo, só porque nosso cérebro básico evoluiu na era plistocênica, entre 130 e 200 mil anos atrás, isso não nos obriga a cambalear pelo século XXI como famílias Flintstones. Até o momento, fomos capazes de evoluir rapidamente para enfrentar os novos problemas que emergem porque nosso hardware mental consegue inteligentemente reconfigurar seus bits originais. Há circuitos dentro de nossas cabeças que nos possibilitam dar o próximo passo essencial, embora a sociedade moderna dispense cada vez mais frequentemente esses pequenos salva-vidas. Tais circuitos podem nos encorajar a saborear, a apreciar e a crescer. Precisamos reavivá-los, desenvolver uma tecla "basta" em nossa cultura e em nossa cabeça, para romper a espiral viciosa do mais, mais e mais.

Caso contrário, ficaremos como Nigel Tufnel de *Spinal Tap*, inserindo perpetuamente um número suplementar em nossos amplificadores: "Você já está em dez, lá no topo. Para onde você quer ir daqui?" "Onze." Difícil. Nossas novas respostas suficientistas nos dirão, quando tivermos obtido a quantidade ideal de cada coisa, para ficarmos satisfeitos com ela e pararmos de exaurir nossos preciosos e finitos recursos pessoais — tempo, atenção e energia — perseguindo mais ainda.

Sustentabilidade é a chave — e, particularmente, sustentabilidade pessoal. Porém, até mesmo o mais idiota dentre nós agora sabe que o ecossistema terrestre está em perigo. O problema é que a vida está tão repleta de preocupações menores que é difícil reconhecer nessa ameaça algo monstruoso o bastante para que façamos qualquer coisa além de denunciá-la. "É, é assustador. Mas enfim..." A tecnologia moderna exacerba este problema: mais adiante no livro, mostrarei como tantas de nossas conveniências em querer sempre mais pode trabalhar imprevisivelmente, provocando curtos-circuitos em nosso antigo ímpeto de melhorar o mundo.

Estou desanimado? Não. Há esperança no fluxo estável de pesquisas que relatam como a vida moderna nos deixa cada vez mais infelizes, rabugentos, medrosos e irritados. Em meio ao aquecimento global, observa-se mais aquecimento pessoal — mais estresse e depressão, mais circuitos derretidos. Isso é péssimo para os indivíduos. Mas, por outro lado, esse é nosso único sinal de esperança de uma potencial mudança cultural. Isso pode levar um número crescente de pessoas a abraçar o suficientismo, a equilibrar nossa ecologia pessoal na busca por contentamento, sanidade e sustentabilidade. Enquanto indivíduos, podemos tentar encontrar um equilíbrio ao buscar obter somente as coisas que desejamos verdadeiramente, em vez de perseguir arco-íris artificiais. O efeito dominó a favor de nosso planeta cresceria se pudéssemos deslocar o foco de sempre-mais para o de suficiência.

Neste caso, falo do alto de minhas vacilantes certezas morais, por ter passado vinte anos tentando viver de acordo com essas ideias. No início, elas resultavam de peculiaridades pessoais, de ter crescido perfeitamente feliz em circunstâncias de grandes dificuldades financeiras. Minha mãe era viúva, graças à Segunda Guerra Mundial, e nossa abordagem em relação à aquisição de objetos tinha uma forte tendência à racionalização: "Um novo __________ é realmente necessário?" era o mantra da família. Durante toda minha criação, mantivemos o mesmo conjunto estofado de três peças, uma relíquia dos dias de solteiro de meu falecido pai, embora o tivéssemos renovado dentro do espírito pré-ecológico de construir e remendar. (Eu ainda tenho o sofá — mas, aparentemente, ele agora é um "ícone de design dos anos cinquenta".) Durante a última década, minha sensação de ter um controle interno de racionamento tornou-se indispensável à medida que o clamor externo de mais, mais e mais se multiplicava. Tenho me esforçado mais ainda para decidir o que é suficiente para mim, para discriminar entre novas coisas que podem melhorar a vida e aquelas que, em última análise — e apesar de seu brilho — vão prejudicar as coisas boas que já existem nela.

Ultimamente, tive de começar a me tornar um pouco militante. Este é o motivo pelo qual não tenho mais telefone celular. Tive um por um tempo. Parecia uma boa ideia, mas então meus colegas de trabalho conseguiram o número. O pequeno facilitador transformou-se num canal para constantes exigências. É o equivalente, em telecomunições, a *O velho e o mar*, de Hemingway: você começa com a ideia de pegar algumas espadilhas gostosas, mas, em vez disso, de repente se vê em uma das pontas da linha, com um peixe enorme na outra ponta. Parece um prêmio, mas ele arrasta seu barquinho oceano adentro. Mesmo assim, você aguenta firme. No fim, o peixe enorme é inútil. Não querendo viver como o pescador de Hemingway, não substituí o celular quando ele quebrou acidentalmente.

Tampouco temos televisão em casa. Mesmo assim, consigo trabalhar no ápice do mundo da informação como jornalista e escritor. Dizer "chega" não implica uma privação: em nossa sociedade saturada de informação, se você bloquear um pouco da torrente que nos atinge diariamente, não acabará com um conhecimento menos útil. O contrário é que acontece (conforme explicarei no primeiro capítulo). De qualquer maneira, nossa casa recebe uma quantidade colossal de informações por meio de internet, DVDs e rádio. Quanto mais é preciso? E qual é o preço de mais, em termos de tempo, espaço e vida interior? Atualmente, estamos tão cheios que, toda vez que adquirimos algo, temos de descartar outra coisa para criar espaço, e as trocas cada vez valem menos a pena.

Praticar o suficientismo também pode ajudar a tornar suas finanças mais sustentáveis. Se seu orçamento girar em torno do suficiente, provavelmente será mais fácil trabalhar para ganhar apenas o suficiente, para liberar a vida para as coisas mais gratificantes, além da esfera restrita de comprar e gastar. Assim, o caminho da suficiência pode levar, paradoxalmente, a mais. O suficientismo me dá tempo para praticar *tai chi* e meditar diariamente (não tenhamos medo, aqui, dos clichês). Da mesma maneira, minha esposa e eu podemos fazer longas caminhadas pelos campos e beber garrafas de chá no topo de morros enevoados e garoentos — atividades clinicamente comprovadas como formas de levantar o moral e fortalecer o relacionamento, além de espantar o Ceifador — já que essas atividades prolongam a expectativa de vida.

Simplesmente ser, em vez de fazer perpetuamente fazendo, também realça a criatividade tão frequentemente exigida pela moderna vida profissional. A mente precisa de espaço para pensar. Vem daí a velha anedota zen: "Não faça apenas algo. Sente-se aí." Porém, nesta era de riquezas não anunciadas, com frequência ficamos convencidos de que não podemos nos dar o luxo de gastar um tempo precioso balançando-nos numa perna ou sentados, de olhos fechados, simplesmente existindo. Precisamos estar lá fora, correndo atrás.

Não finjamos que as respostas são bem simples. Todos gostamos de pensar que somos criaturas racionais, perfeitamente capazes de tomar decisões equilibradas. Contudo, as ações humanas tendem a demonstrar o oposto. A maior parte dos estudos com motoristas no centro de Londres, por exemplo, encontra-os queixando-se de que não conseguem aguentar os quilômetros de congestionamento da cidade. E eles lamentam o tempo que perdem em engarrafamentos. Afirmam compreender que poluem o ar e sabem que deveriam usar meios de transportes menos tóxicos. Porém, declaram que têm a intenção de continuar a dirigir pelo centro de Londres. Isso nem sequer lhes parece ser uma atitude egoísta.

Da mesma forma, encontramos grande dificuldade em fixar nossos níveis de suficiência e em nos mantermos próximos a eles. As pesquisas nos retratam eternamente lamuriando-nos do excesso de trabalho e da falta de tempo livre. Em outros estudos queixamo-nos de que nossas casas estão entulhadas. Então, investimos mais horas de trabalho para comprar mais coisas de que nunca conseguimos desfrutar. A culpa é de nossos antigos instintos, que nos induzem a acreditar que novas posses ampliarão a chance de imortalidade genética. Em nossas aldeias neolíticas, havia fortes motivos evolucionários para isso. Entretanto, agora, nossa cultura amplificou essa lenga-lenga, transformando-a num discurso contínuo.

Ninguém está imune: estou escrevendo grande parte desse livro em casa, num vistoso e eficiente laptop, comprado num típico momento de fraqueza. Consome tanta energia, emite tanto calor e representa um convite tão excelente para ladrões que esse treco grande e pesado nunca sai de casa. Fui feito de bobo. Também escrevi um grande pedaço desses capítulos fora de casa, usando uma máquina leve, velha, barata e que gasta pouca bateria, que comprei de segunda mão há oito anos. Cumpre sua função tão bem quanto o laptop.

No entanto, existem muitas estratégias de suficientismo que podemos adotar para escapar e bloquear grande parte do estímulo de comprar mais, ter mais, ser mais. Em primeiro lugar, temos de mudar a maneira como reagimos ao bombardeio. Espero que este livro ajude você a se preparar para esta tarefa ao expor as muitas ciladas que nossa mente plistocênica arma involuntariamente e ao explicar como o mundo moderno do consumismo sequestra nosso cérebro social, de maneira que caímos direto nessas armadilhas.

Isso pode soar um tanto paranoico, mas estamos cercados por indústrias multimilionárias que utilizam um arsenal de instrumentos persuasivos abertos e dissimulados para nos fazer querer coisas, trabalhar por elas e comprar sempre mais das mesmas. Não costumamos reclamar, mas se fôssemos fisicamente forçados por poderosas gangues a gastar todo nosso tempo e energia em busca de coisas que não precisássemos, não quiséssemos e, no fim, não pudéssemos aproveitar, nos sentiríamos extremamente maltratados.

O suficientismo exige que neutralizemos a obsessão por status promovida pelo consumismo constante. Enquanto cultura, precisamos valorizar diferentes símbolos de bem-estar — tais como tempo, espaço e autonomia —, não bugigangas. Há sinais promissores, tanto negativos quanto positivos.

Pelo lado negativo, o mundo do mais, mais e mais está ficando mais feio: em vez de apenas "você é o que você come", o fato de agora podermos satisfazer todas as nossas necessidades significa que "somos o que queremos" — e toda essa persuasão, ostentação e verborreia torna-se cada vez menos atraente.

Pelo lado positivo, atualmente, a ecologia está na moda (mesmo que frequentemente só envolva separar o lixo reciclável, consumir mercadorias caras mas politicamente corretas ou gastar um dinheirão para tirar férias "ecológicas"). Por outro lado, praticar o suficientismo oferece inúmeras oportunidades para se divertir fazendo travessuras — experimente modos surrealistas de descartar opções sem sentido de sua vida (capítulo cinco) ou até de cometer o supremo pecado do século XXI: desligar seus meios de comunicação durante períodos regulares. Iu-hu, você não me pega!

Porém, declarar "chega!" também exige que você desafie a própria propaganda interior. Sim, seu cérebro se sente imortal; sim, ele sussurra que (parafraseando as palavras do poeta Walt Whitman) você tem multidões dentro de si; sim, seu cérebro diz que você pode ter e fazer tudo. Esses conceitos egoístas são gritados em alto e bom som pelas promessas persistentes de autorrealização infinita da cultura de consumo. Porém, na realidade, não, seu cérebro não é imortal e você não pode ter tudo. Essas são apenas convicções que sua cabeça desenvolveu para persuadir seu corpo a sair da cama em manhãs frias. Somos humanos e limitados, e temos de viver dentro dos limites realistas de nossa vida para que ela seja sustentável e possa ser satisfatória. Podemos alcançar o auge em nossa vida, mas haverá uma porção de outras coisas que jamais veremos, seremos, possuiremos ou faremos. O suficientismo exige que aceitemos que a cenoura da promessa infinita ficará sempre pendurada bem na frente de nosso nariz. Admitir este fato é um caminho para o contentamento.

Somente contentamento? Esta palavra com "c" minúsculo soa como a irmã chata e esforçada da Felicidade com F maiúsculo. No entanto, a humanidade nunca antes teve a oportunidade de desfrutar de amplo contentamento. Chegamos, no momento, a este nível, mas tencionamos superá-lo em busca daquele ponto alto fugidio a que chamamos felicidade. Como a romancista norte-americana Edith Wharton disse: "Se apenas parássemos de buscar a felicidade, poderíamos nos divertir bastante." Nossa cultura quer transformar felicidade em êxtase perpétuo, ainda que carbonizemos o planeta no processo. Contudo, alcançar o mero contentamento é, por si só, um desafio emocionante que demanda um equilíbrio hábil. Exige a sabedoria do suficientismo — uma sabedoria sobre a qual ouvi falar pela primeira vez no fim dos anos 1980, numa conferência do Sistema Nacional de Saúde, quando um obscuro economista declarou: "Não permita que seu desejo pela perfeição destrua sua apreciação daquilo que é apenas 'bom'."

Isso nos remete a uma charada que tem desafiado os sábios desde os primórdios da civilização: quanto é, exatamente, *suficiente?* É possível criar um modo para medir isso? Essas questões são gigantescas armadilhas, do tipo das que confundiram Jeremy Bentham, o filósofo inglês do século XVIII que criou o utilitarismo com o objetivo de levar o máximo de felicidade para o maior número possível de pessoas. Para checar se as políticas governamentais estavam ampliando suficientemente a alegria das pessoas, Bentham elaborou um sistema para medir a felicidade — o "cálculo felicífico". Para explicar como o cálculo funcionaria, escreveu centenas de páginas contendo diretrizes recheadas de termos estranhos e desajeitados, como "fecundidade" e "propinquidade". Seu sistema falhou miseravelmente. Tentar quantificar estados subjetivos como felicidade ou suficiência é como tentar pegar um sabonete numa banheira. Quanto mais força você fizer, mais rapidamente ele escorregará para outro canto inacessível.

Porém, acho que posso apontar o lugar onde a suficiência costuma ficar: é o ponto em que a curva cai — a curva da satisfação que você obtém em comprar, ter, ser ou fazer mais. A partir daquele ponto, você depara com uma queda perpétua de retorno. Seus instintos aquisitivos primitivos dizem para continuar, para se esforçar mais para ________ a despeito do fato de que o retorno está evidentemente diminuindo. No ponto de suficiência, você precisa parar e aproveitar. Precisa apreciar a liberdade que o fato de ter chegado ali lhe proporciona, em vez de continuar a trabalhar arduamente, na esperança de que a curtição venha, eventualmente, em doses maiores.

Assim, este livro não tem vergonha alguma em não oferecer nenhuma norma, nenhuma prescrição, nenhuma promessa solene de permitir que você *Encontre seu "basta" em sete dias/em seis meses/num prazo qualquer.* A pesquisa que realizei para escrevê-lo arrastou-me numa longa viagem pela arte e pela ciência do suficientismo, explorando os mecanismos instintivos que nos levam a ignorá-lo, investigando as maneiras pelas quais podemos alcançá-lo e encontrando pessoas que conseguem vivenciá-lo. Espero lhe ajudar a chegar a suas próprias conclusões quanto ao local em que seu próprio basta se encontra.

Pode ser a vida parcimoniosa de um asceta, porém, possivelmente envolverá equilíbrio, pensamento e o ocasional afluxo de endorfina que ocorre quando você se debruça no balcão de sua loja preferida. Minhas lojas prediletas vendem peças obscuras para violões *vintage* e velhas motocicletas japonesas enferrujadas. Será que conseguirei ter o suficiente delas? Bem... humm-humm. Mas, pelo menos, liberei tempo, espaço e energia suficientes para curtir esses brinquedos. Não é ambrosia, evidentemente, mas me deixa satisfeito. Assim, gosto de pensar que pratico o suficientismo. É suficientismo o suficiente.

PS

Uma breve observação para meu contador

Oi, Barry. Nos interesses da ecologia global e pessoal, e de acordo com a verdadeira essência do suficientismo, resisti à tentação de viajar pelo mundo pesquisando para este livro. Todas as visitas físicas foram realizadas dentro do perímetro de uma hora de carro a partir de minha casa, e todas as outras informações e entrevistas foram obtidas graças aos milagres da tecnologia. Vem daí a extrema falta de recibos referentes a despesas de viagem.

Desculpe.

J.

1 | **CHEGA** de informação

Alcancei uma suficiência elegante e qualquer coisa adicional seria supérflua.

Ditado Eduardiano, agora considerado fantástico

Caso a polícia aparecesse aqui neste momento, seria necessário dar algumas explicações. Estou sentado em uma banqueta, num chalé com vista para um prado de uma aldeia inglesa, usando uma touca de natação cheia de pequenos orifícios. Dezesseis sondas e uma rede multicolorida de fios se projetam dela. Não há drogas envolvidas, tampouco animais sendo maltratados, mas o aposento está abarrotado de artefatos estranhos, inclusive amostras de tecido emolduradas, um aeromodelo *vintage*, mapas antigos de cérebros e uma escrivaninha que pertenceu ao filósofo e lorde Bertrand Russell. Ao lado dela, uma cabeça de macaco eletrônica, programada para gargalhar sempre que qualquer pessoa na sala der uma risadinha que seja. Este cenário gótico fornece um ambiente inusitado para testar um método de alta tecnologia para bombardear, com controles específicos para isso, nossa mente já repleta de dados com ainda mais informações.

Meu anfitrião é o Dr. David Lewis, um neurocientista que passou os últimos vinte anos desenvolvendo dispositivos para estudar como nosso cérebro toma decisões. Ele está acomodado numa poltrona reclinável preta que possui suas próprias luzes embutidas e um painel de controle remoto. Gosta de equipamentos eletrônicos. Seu último projeto utiliza tecnologia de última geração para o exame do cérebro para enfrentar um desafio cada vez mais difícil para o pessoal de marketing: como penetrar o moderno abafamento causado em nossa mente pelo estímulo contínuo da mídia e atingir profundamente o interior de nossa cabeça aturdida, com mensagens que nos incitem a adquirir ainda mais.

Lewis e outros profissionais da área estão sendo pagos pelas maiores corporações do planeta para desbravar essa técnica, chamada neuromarketing, por causa de um problema que se alastra rapidamente: estamos começando a nos afogar em nossas próprias informações, a ponto de mensagens de propaganda cuidadosamente direcionadas se esvaírem de nosso cérebro — junto com muitos itens pessoais importantes também. Nos anos 1970, o conselho local proibiu o aquário da cidade de continuar mantendo golfinhos, depois que peritos em bem-estar animal protestaram que as ondas sonares de Flipper e companhia estavam ricocheteando em todos os ângulos de suas piscinas lotadas, de volta para as pobres criaturas. "Estão ficando cegos e surdos pelo mundo de seus próprios ruídos de fundo", diziam os adeptos dessa campanha. Hoje sabemos como os golfinhos se sentiam. Em qualquer parte que você olhe, toda vez que aguçar os ouvidos, alguém estará tentando atrair sua atenção. Seus neurônios estão sendo assaltados por mensagens de marketing, atormentados por anúncios, perseguidos por propagandas de produtos.

Somos bombardeados por até 3.500 anúncios publicitários a cada dia, ou seja, um a cada 15 segundos durante o tempo em que estamos acordados. Em 2004, empresas do mundo inteiro gastaram mais de duzentos bilhões de libras (o equivalente a cerca de setecentos bilhões de reais) em propaganda. Na última década, o número de anúncios publicitários na televisão britânica pulou de três para oito mil e nossos canais multiplicaram-se de quatro para 123. Seis trilhões de e-mails comerciais foram enviados em 2006 e 10 milhões de spams são mandados todos os dias. E mais informação nova foi produzida nos últimos trinta anos do que nos cinco mil anos anteriores. Por ora, isto representa informação suficiente para digerirmos. Ah, sim, e a cada semana surgem novos podcasts, revistas, suplementos, canais a cabo e estações de rádio. E também há websites, SMS, blogs e aqueles DVDs com extras mostrando pedaços que você não viu da primeira vez. Até a rede de cabeleireiros Toni & Guy começou a instalar banda larga sem fio em seus salões; você não pode cortar suas madeixas sem estar plugado ao mundo da informação virtual.

— Oi, querido, estou na internet do salão.

Algumas das mentes mais criativas da sociedade são atraídas por elevados salários e cargos exuberantes para ajudar as indústrias de propaganda e marketing a nos empurrar produtos. Em tempos antigos, essas pessoas poderiam ter sido grandes artistas ou escritores. Mas, cada vez mais, a massa de informação sofisticada que eles produzem deixa-nos absolutamente desnorteados. Os especialistas do Henley Centre, empresa de previsão de mídia, temem que estejamos sendo ensurdecidos por papo de vendedores. Atualmente, menos de um quinto das campanhas publicitárias convencionais surte algum efeito significativo. E essa abundância de informação desencadeia uma resposta humana instintiva que, hoje em dia, só faz piorar o problema: quando estamos confusos com o excesso de informação, sentimo-nos compelidos a buscar mais informação para tentar dar algum sentido à confusão.

Uma pesquisa realizada por Henley sugere que estamos nos tornando uma sociedade de catadores de informação, o novo equivalente, em tempos de mídia, a sujeitos doidos que vivem em casas abarrotadas de jornais. Mais de setenta por cento das pessoas assinalou o item que dizia "Nunca se pode ter informação demais". Não obstante, mais de metade também afirmou não ter tempo ou energia para usar a informação que já possui. Uma das maneiras de procurar lidar com essa sensação de sobrecarga é mergulhar em uma busca ainda maior por informação realizando tarefas múltiplas. A maioria das pessoas de vinte e poucos anos agora assiste à televisão enquanto está on-line. Porém, quanto disto elas absorvem de fato? Os anunciantes na televisão estão preocupados porque a atenção e a capacidade de retenção do público estão em queda livre: quanto mais informações recebemos, menos compreendemos.

Um dos motivos pelos quais vim parar no chalé de campo de Dr. Lewis é que ele provavelmente foi o primeiro a evidenciar esse problema. Já em 1996, identificou uma nova doença social, que batizou com um nome clínico mordaz: "Síndrome da fadiga de informação". Lewis realizara uma pesquisa global para a Reuters, abrangendo 1.300 homens de negócios que estavam trabalhando sob aquilo que hoje pareceria, comparativamente, um pequeno dilúvio de informações. Dois terços de seus entrevistados revelaram que o estresse proveniente da sobrecarga de informações prejudicara seus relacionamentos, causara insônia e os levara a duvidar das próprias decisões. Muitos desses sofredores reagiram tentando buscar ainda mais informação para ajudálos a extrair algum sentido disso tudo. Lewis, um pequeno desordeiro de sessenta e poucos anos, culpou diretamente a revolução da informação pela síndrome. Sua doença recém-descoberta encaixou-se tão bem em nossos tempos que rapidamente adquiriu mitologia própria. O *Daily Telegraph* entrevistou prontamente uma "sofredora de SFI" acerca do doloroso caminho que trilhou durante cinco anos, até sua cura. No ano seguinte, Edward Welsh chegou a noticiar, no *Sunday Times*, que a síndrome havia sido detectada pela primeira vez em oficiais da inteligência aliada durante a Segunda Guerra Mundial.

Estudos recentes corroboram os achados de Lewis. Pesquisadores da London University relatam que os efeitos do excesso de comunicação podem ser mais perturbadores que os da maconha. Alegam que quatro pontos de QI são subtraídos temporariamente ao se fumar um baseado. Porém o simples fato de estar numa situação de poder enviar mensagens e e-mails é capaz de comprometer nada menos que dez pontos de QI do cérebro — algo similar à perturbação mental causada pela perda de uma noite de sono. O estudo diz que isso acontece porque a concentração fica exaurida ao se sentir constantemente compelida a parar e checar a caixa de entrada. Esse contínuo estado subjacente de distração significa que estamos perdendo produtividade ao checar mensagens que, supostamente, deveriam elevar a produtividade. Do mesmo modo, colocamos nossa vida social a perder ao ficarmos obcecados por mensagens de texto em vez de prestar atenção às pessoas que estão bem do nosso lado. O estudo cunhou sua própria nomenclatura mordaz para se referir a essa compulsão: "Infomania". Para testemunhar a profundidade dessa compulsão, basta sentar-se num bar movimentado e observar como a etiqueta civilizada de prestar atenção a seu companheiro educadamente é banida sempre que um celular começa a tocar. Somos todos cada vez mais infomaníacos, agarrando-nos compulsivamente a cada pedacinho de informação, na esperança de nos depararmos, um dia, com o pedaço mágico que fará com que todo o resto adquira sentido.

Esse paradoxo caracteriza muitos de nossos problemas nestes tempos de abundância sem par. As estratégias de sobrevivência que nos fizeram atravessar milênios de escassez e ameaças, quando outros hominídeos foram extintos, estão minando nossa possibilidade de aproveitar a abundância que nos cerca hoje em dia. As raízes da infomania estão profundamente entranhadas em nossa psicologia evolucionista, que é também a fonte de nossa ânsia potencialmente destrutiva de ter sempre mais comida, trabalho, pertences, alternativas e felicidade. Lá, nas terras de savana em que nossos ancestrais evoluíram, você tinha de prestar atenção, como se sua vida dependesse disso. Na verdade, ela realmente dependia. Era necessário tirar o máximo proveito de todas as informações que possuía. Novidades — novos rostos, formas e conceitos — eram raras em comparação a hoje e desencadeavam um conflito mental entre medo e curiosidade. Um violento ímpeto de curiosidade era necessário para estimular um antigo humano a superar seu medo de extinção e a explorar perguntas potencialmente benéficas, como "O que vai acontecer se eu chutar esse lagarto?"! Contudo, as pessoas que iam em frente e as exploravam, frequentemente obtinham as melhores oportunidades de se alimentar e procriar. Com o passar das gerações, desenvolveu-se um sistema de recompensas no cérebro humano primitivo, encorajando-o a coletar informações — o que se revelou um trunfo no grande jogo da evolução.

Exames clínicos mostram que esse mecanismo ainda está ativo em nossos cérebros — é uma dose de ópio que nosso corpo transmite a nossa mente sempre que aprendemos alguma coisa. Um estudo realizado em 2006 por um neurocientista da University of Southern California relatou que, quando aprendemos um novo conceito, o "clique" da compreensão desencadeia uma cascata de substâncias químicas cerebrais que recompensam o cérebro com uma injeção de opioides naturais parecidos com heroína. Irving Biederman, que conduziu a pesquisa, afirma que o cérebro humano possui um grupo de receptores de opioides numa região associada à aquisição de novas informações. Ele acredita que o cérebro se desenvolveu para ficar doidão toda vez que aprendemos algo sobre o mundo ou compreendemos ideias difíceis ou engenhosas, porque isto nos dá uma vantagem inicial sobre nossos rivais. "Os seres humanos são projetados para serem informacionívoros", declara. "Quando você está tentando entender um teorema complicado, não se diverte. Contudo, assim que consegue, passa a se sentir maravilhosamente bem."

Até recentemente, nosso cérebro empreendia regularmente essa busca quimicamente inspirada por novas ideias. O sistema de recompensa era automaticamente sobrepujado por necessidades mais prementes de alimento ou de segurança. Em nossos confortáveis sofás atuais, não temos predadores ou fome ameaçando nosso lazer, portanto, a infomania pode se desenvolver sem freios até mesmo nas pessoas mais preguiçosas e avessas a correr riscos, criando um desejo em massa por notícias assustadoras, textos banais, fofocas de celebridades e lixo midiático em geral. Contanto que haja alguma novidade, teremos algum prazer com isso. Continuamos a procurar novas fontes para nossos miniprazeres porque a recompensa opioide diminui cada vez que uma nova experiência é repetida. Biederman observou os cérebros de voluntários com um aparelho de ressonância magnética funcional e descobriu que eles mostravam um estímulo menor cada vez que viam a mesma imagem. Como consequência, a indústria da mídia passou a nos vender estímulos cada vez mais rápidos e contínuos, que tornam nosso "tá, já vi" ainda mais raro, intensificando nosso vício por novidade e encurtando nossos períodos de atenção.

É dentro desse contexto de viciados em informação compelidos, confusos, entediados e hiperalimentados que Dr. Lewis tem trabalhado como pioneiro no conceito de neuromarketing na Grã-Bretanha, numa empresa chamada NeuroCo. Nos Estados Unidos, existem aproximadamente noventa consultorias de neuromarketing. As maiores empresas que lançam mão de seus serviços são Procter & Gamble, GM, Coca-Cola e Motorola. Elas estão atrás do pouco que sobra de nossos períodos de atenção. Tradicionalmente, as estratégias de propaganda seguem a linha de: "Diga-nos o que quer... e lhe diremos que o temos." Porém, na medida em que nossas necessidades reais e nossos desejos normais têm sido saciados, essas indústrias têm tido de se empenhar sempre mais para atrair nossos desejos para suas marcas. Conforme nos aproximamos da saturação da mídia, os agentes de publicidade procuram a neurociência na esperança de que lhes forneça novas maneiras de cutucar e excitar nossos maquinários subconscientes. Essa técnica promete mostrar às empresas a eficácia de suas estratégias de marketing ao iluminar as partes de "interesse" do cérebro dos consumidores. Isso também pode ajudá-las a nos atingir com informação centrada num alvo determinado.

O neuromarketing promete contar aos fabricantes quais estímulos em particular realmente levam as pessoas a escolher um produto em vez de seu concorrente. Isso porque, a despeito do que nossas mentes conscientes gostam de pensar, as escolhas que fazemos podem ter motivos extremamente arbitrários. Parece que nosso subconsciente toma a maior parte das decisões na vida e nosso consciente passa, então, a perder tempo justificando-as: os exames de ressonância magnética do cérebro mostram que, quando uma decisão é tomada, a parte subconsciente do cérebro se prepara para agir até 500 milésimos de segundo antes de seu dono decidir agir conscientemente. Um exemplo das maneiras excêntricas pelas quais nosso primitivo hardware mental faz escolhas "racionais" no século XXI provém de um estudo da DaimlerChrysler, que descobriu que imagens de carros esportivos ativam, no cérebro masculino, os mesmos centros de recompensa que álcool e drogas. Xiii! E aparelhos de neuroimagem da Ludwig-Maximilans University, em Munique, na Alemanha, confirmaram que nossas mentes se iluminam mais rapidamente e de forma mais positiva em resposta a marcas bem conhecidas que a marcas menos famosas. Agora, times de cientistas do mundo inteiro estão tentando descobrir por que algumas campanhas publicitárias funcionam melhor que outras para entusiasmar nossos neurônios.

Uma dica é fornecida por um famoso estudo de P. Read Montague, neurocientista da Baylor University no Texas, que pediu a voluntários para fazer o teste de sabor de Pepsi/Coca-Cola, bebendo ambas as marcas de xarope borbulhante marrom em copos não marcados. Quando servidas às cegas, suas línguas preferiram Pepsi. Seus cérebros também: os exames de ressonância magnética funcional mostraram que a Pepsi desencadeou mais atividade numa região do cérebro que assinala recompensa. Porém depois, era mostrada aos indivíduos uma imagem de uma lata, ora azul, ora vermelha, enquanto recebiam uma amostra ao acaso para beber. O aparelho de ressonância voltou a observar seus cérebros.

A cor da marca da Coca-Cola fez com que o hipocampo e o córtex pré-frontal se iluminassem, enquanto a cor da Pepsi não apresentou nenhum efeito. Isso foi motivo de comemoração entre todos os envolvidos nas propagandas do lado Coca-Cola da vida, porque indica que, a despeito do gosto, a imagem da Coca-Cola está incrustada mais positivamente em nossas mentes. O hipocampo está situado no prosencéfalo e regula a emoção e a memória. O córtex pré-frontal encontra-se aproximadamente atrás dos olhos e desempenha um papel crucial em nossas atitudes, percebendo dicas de comportamento social, restringindo impulsos, dirigindo a atenção e favorecendo a consciência dos sentimentos. Acredita-se que, ao iluminar essas áreas, estimula-se a noção de eu do cérebro. Zap: a marca da Coca-Cola enredou-se em nosso ego.

Todos esses estudos neuronais significam que, cada vez mais, nossos cérebros enfrentam o fato de serem subvertidos por propaganda cientificamente dirigida. Em menos de dez anos, alegam os maiores partidários do neuromarketing, a tecnologia permitirá estratégias de marketing que iluminem os circuitos "eu-quero" de nosso cérebro como árvores de Natal de bilhões de watts. Dr. Lewis é menos agressivo: "Não acredito que conseguiremos algum dia encontrar o botão 'compre' no cérebro das pessoas — ainda que [ele pigarreia] eu possa estar enganado. Mas, certamente, sabemos muita coisa interessante sobre o que atrai a atenção das pessoas e como elas reagem." Lewis usa uma técnica chamada eletroencefalografia quantificada (EEGQ) — por isso a touca de borracha perfurada por orifícios para os eletrodos, que seu assistente grudou em meu couro cabeludo. Os eletrodos são plugados a uma máquina de EEG que não passa do tamanho de um rádio de automóvel. Ela lê o nível e o tipo de ondas elétricas cerebrais e fornece um mapa em tempo real de como o cérebro responde a, digamos, diferentes embalagens de sabão em pó. O aspecto mágico desse kit é sua portabilidade. Você pode enfiar um chapéu por cima da touca, colocar a máquina de EEG dentro de uma bolsa e ir às compras enquanto ela registra suas reações subconscientes. "Efetivamente, ela pode ler sua atividade cerebral", afirma Dr. Lewis. Os avanços modernos significam que o poder do software aumenta exponencialmente.

E aí está, no monitor de um laptop: meu cérebro trabalhando duro, tentando atribuir sentido ao mundo. Infelizmente, trata-se apenas de um monte compacto de rabiscos! Minha vida interior parece um aparelho de vídeo mal-regulado. Para fornecer a Lewis uma imagem de base dos diferentes comprimentos de onda de meu cérebro, olho vagamente para um lugar qualquer enquanto mentalmente me concentro em um mantra de meditação que tenho usado há mais de uma década. As nove letárgicas linhas de aranha no monitor sugerem que notadamente pouca coisa está acontecendo por baixo da touca. "Tente piscar", pede Dr. Lewis. Várias linhas se entrecruzam quando ouço o conselho do bom médico e faço o que ele me pede. Felizmente para minha autoestima, os dados do EEG podem ser configurados para criar uma variedade de resultados mais atraentes no monitor — meu favorito é uma espécie de mapa do tempo psíquico a partir do corte de uma seção superior de meu crânio. Nuvens de cor crescem, se encolhem e dispersam-se, enquanto diferentes partes de meu cérebro mostram atividades distintas. As zonas na parte posterior de meu crânio parecem estar fazendo hora extra. "Essas são as áreas relacionadas à visão", diz Lewis.

Mas, em quê, especificamente, minha visão está se concentrando? E como estou respondendo emocionalmente? Atualmente, é muito difícil interpretar a enorme quantidade de informação bruta que a tecnologia fornece. E mesmo aquela massa de frequências cerebrais dificilmente conta a história toda. Quem sabe como todas essas áreas díspares da mente estão interagindo? Além disso, podemos ter diferentes reações emocionais a estados do cérebro aparentemente similares. Alguns, por exemplo, tiveram experiências que os fizeram cansar de cores, cheiros e formas que outras pessoas amam. Lewis concorda: afirma que usar a máquina é como ficar do lado de fora de um campo de futebol, tentando interpretar a ação do jogo somente ao ouvir os gritos dos torcedores. Contudo, ele acredita que a tecnologia poderá, pelo menos, dizer-lhe quando alguma coisa atrair a atenção do usuário — e, ao cruzar essa informação com dados recolhidos por monitores de pressão arterial e sensores de pele, ele será capaz de estimar se a atenção é desejo lancinante ou repulsa. Utilizando câmeras escondidas nos óculos usados por suas cobaias quando vão às compras e que detectam o movimento dos olhos, ele também pode definir exatamente para o que seus voluntários estão olhando quando seus cérebros se iluminam.

Grande parte do trabalho atual de Lewis é fazer com que consumidores usem sua "neurotouca" por baixo de seus chapéus e, então, andem por aí em shopping centers, como o gigante Lakeside Mall, em Essex, para ver como seus cérebros reagem ao arranjo visual do shopping e às estratégias de vendas das lojas. Uma das primeiras descobertas é que se você quiser abrir uma loja, não deve fazê-lo ao lado de um banco. Os cérebros consumistas das pessoas se desligam quando passam por um banco. Talvez ele lhes lembre que ainda estão devendo pela última farra. Em outro de seus exercícios comerciais, Lewis escaneou a mente de frequentadores de cinema enquanto assistiam a um filme de um passeio de carro por Paris. O público não sabia que o percurso estava marcado com propagandas para um filme da Twentieth Century Fox, inseridas digitalmente. A equipe de Dr. Lewis pôde fornecer à equipe de marketing da Fox uma leitura de impulsos que indicavam quais cartazes e sites pareciam ser mais atraentes. Ele também têm trabalhado com fabricantes de automóveis e outras grandes empresas — nenhuma delas deseja que seu nome seja publicado, para que seus clientes não temam uma manipulação cerebral por uma ciência tipo Frankenstein.

Lewis não é o único a construir máquinas leitoras de mentes para marqueteiros. Peter Robinson, professor da Cambridge University, está desenvolvendo um computador "emocionalmente consciente" que utiliza uma câmera para filmar os rostos das pessoas, e então mede suas expressões e deduz seu estado emocional. A máquina já é capaz de detectar movimentos musculares sutis em 24 pontos faciais e associá-los a um dos estados emocionais cruciais que o cientista acredita estarem envolvidos em fazer compras: tristeza, confusão, excitação, surpresa e raiva. Robinson acredita que câmeras escaneadoras poderiam ser embutidas em monitores de cibercafés, bares e salas de espera, permitindo que os computadores decifrem nosso humor e respondam com comerciais relacionados ao que estivermos sentindo.

Invenções deste tipo são apenas o começo, alerta Lewis. "Eu comparo isto, em termos de aviação, a estar a dez anos de distância dos irmãos Wright. Ainda estamos usando bimotores acanhados, mas podemos avançar até construir jatos supersônicos." E, quando atingirmos a era do jato no neuromarketing, será possível descobrir o Santo Graal das vendas — uma técnica de propaganda que garantirá a captura de consumidores? Não — responde Lewis. A realidade será muito mais complicada, porque nosso cérebro louco por novidades não funciona assim: "Tudo o que descobrirmos que funciona será utilizado continuamente até se desgastar. Os compradores se desligarão até que a próxima novidade surja." Essa corrida em busca de subterfúgios não terminará nunca. Com o auxílio de aparelhos de neuroimagem, os estímulos serão mais cuidadosamente focalizados, haverá mais ações clandestinas, mais recursos para chamar sua atenção e bombardeamento sensorial. Os marqueteiros se tornarão cada vez mais eficientes no desenvolvimento de novos truques para convencer-nos de que ainda não temos o suficiente de nada.

Bem, boa sorte para o Dr. Lewis. Gosto de seu estilo e admiro sua dedicação. Mas prefiro um enfoque diametralmente oposto ao de lidar com uma sobrecarga de informações. Prefiro combater — e aqui vai meu neologismo — a *infobesidade*, restringindo nossa dieta de informações. Há bons motivos para isso. O excesso de informação não apenas causa estresse e confusão; também nos leva a fazer coisas irracionais, como ignorar informações cruciais para nossa saúde. A última pesquisa do governo britânico sobre nossos padrões de consumo de alimentos mostra que, ao passo em que recebemos mais informação do que nunca sobre alimentação saudável, nosso consumo de alimentos frescos está caindo. Isso se deve parcialmente ao fato de que estamos ocupados demais adquirindo e gastando para aproveitar o prazer simples de cozinhar. Mas Catherine Collins, da British Dietetic Association, diz que, frequentemente, a sobrecarga da informação é a culpada por esse paradoxo na escolha da comida: "Estamos tão informados que nada mais nos incomoda."

Este é um slogan fantástico para o século XXI. Estamos tão compenetrados em coletar informações que, com frequência, já não fazemos nada de útil com elas. Em vez de fazer uma pausa para peneirar o que assimilamos em função de importância e qualidade, despejamos a dieta diária de informações excitantes, profundas, confusas e conflitantes em nosso depósito mental, entulhado de coisas vagamente compreendidas. Então, corremos para tentar extrair sentido disso tudo... procurando mais.

Em lugar algum isso se torna tão gritante quanto no mundo das notícias 24 horas, o grande templo da especulação, da caça aos rumores, falsas histórias e trivialidades, cujo ícone máximo é um homem usando capa de chuva, noticiando: "Posso confirmar que nada aconteceu desde que eu disse pela última vez que nada havia acontecido." É possível passar um dia inteiro assistindo a boletins informando que "Elvis continua morto". Essa caça contínua às notícias distorce seriamente nossa visão de mundo. Nossa mente enche-se de uma ansiedade exagerada ao testemunhar reprises regulares das imagens mais chocantes do dia. Quantas vezes é preciso ver o mesmo carro-bomba sendo detonado para pegar o espírito da coisa? O horror é repassado continuamente, mas não ficamos sabendo de nada mais. Em vez disso, ficamos com a impressão de que o mundo é perigoso e está fora de controle. Também esquecemos que a definição de notícia é algo que aconteceu hoje e que dificilmente poderia ter ocorrido ontem e que seria igualmente improvável de acontecer amanhã. De maneira oposta, nos sentimos obrigados a assistir a ainda mais noticiários, para tentar obter um "quadro mais amplo" do quadro mais amplo da ameaça — para que consigamos lidar com ela.

Isso é exacerbado pelo fato de nosso cérebro primitivo ter uma noção fajuta de geografia: quando vemos uma filmagem de um massacre em algum lugar distante, nossa mente não pensa instintivamente "Que nada, isso aconteceu a milhares de quilômetros daqui". Acredita que deve ter ocorrido por perto, dentro do perímetro das andanças de um ser humano do neolítico. Sentimo-nos compelidos a aprender o máximo possível sobre esta ameaça "próxima". O estímulo contínuo causa um estresse ininterrupto. Alguns psicólogos acham o efeito tão forte a ponto de recomendarem que limitemos o tempo de assistir a noticiários a apenas trinta minutos por dia — ou correr o risco de desenvolver uma depressão relacionada à ansiedade.

Além de impactos imediatos como esses, nossa cultura encharcada de informações pode, em última instância, impedir a evolução ulterior de nossa espécie ao matar nosso desejo de desligar os monitores e fazer qualquer coisa de útil. O perigo encontra-se no chamariz cada vez mais sedutor da realidade virtual, que fornece atalhos que possibilitam a nosso cérebro experimentar sensações biológicas excitantes, como parceiros atraentes e dispostos, semelhantes ao que ele foi projetado para encontrar no mundo real. Nossos circuitos de busca de sensações não precisam mais sair do sofá para serem atendidos. E nosso cérebro instintivo e subconsciente não dá a mínima para o fato de que esses estímulos só existem sob forma de pixels. Nem sequer importa que, conscientemente, saibamos que se trata de uma falsificação barata. A excitação é a mesma. Isto explica por que as pessoas cada vez mais preferem assistir à pornografia a buscar intimidade sexual em relações humanas complexas, praticam esportes virtuais em vez de atletismo no mundo real e assistem a *Friends* quando poderiam passar algum tempo com amigos.

"Já estamos desaparecendo dentro do nosso próprio tronco cerebral", afirma Geoffrey Miller, psicólogo evolucionista da University of New Mexico. Ele alega que a maior parte da engenhosidade humana está sendo gasta em experiências virtuais, em vez de aplicada em indústrias que produzem coisas reais, como barragens hidrelétricas. Ele chega a sugerir que este seja o motivo pelo qual nunca fomos contatados por nenhuma das civilizações alienígenas avançadas que teoricamente evoluíram num dos planetas que orbitam em torno dos 100 bilhões de estrelas de nossa galáxia. A vida inteligente, lá fora, nunca teria conseguido passar com sucesso pela etapa tecnológica de inventar realidades virtuais sem ficar completamente embasbacada com elas: os alienígenas prefeririam ser extintos enquanto jogam versões marcianas de PlayStation em casa a realizar o trabalho necessário para colonizar a galáxia.

Miller sugere, entretanto, que a variação genética darwiniana possa fazer surgir outra possibilidade: uma nova linhagem de seres humanos pode evoluir longe de nossa cultura de realidade virtual, rejeitar as tentações de prazeres baratos nas telas e usar a tecnologia para viver mais produtivamente no mundo real. "Aqueles que persistirem evoluirão com mais autocontrole, consciência e pragmatismo", diz Miller. Contudo, ele teme que as únicas pessoas capazes de construir sociedades tão rigorosas sejam fanáticos religiosos de linha dura — o tipo de gente com longas barbas e cobertura na cabeça que tem horror ao lazer, ao prazer e aos ideais liberais. De minha parte, espero que esses seres evoluídos sejam suficientistas calorosos, humanos e que saibam se divertir.

Independentemente do que acontecer, chegamos a um ponto em que nossa vida está abarrotada com informações de má qualidade. Não me refiro apenas ao spam, mas à informação isenta de nutrientes que absorve nosso tempo e que impomos uns aos outros diariamente por e-mails, telefonemas e textos. Mesmo a minha profissão, o jornalismo, como todo o resto da indústria das comunicações, está se afogando nesta poluição que entope a alma (e é evidentemente, muito culpada, por produzi-la). Quando alguém trabalha numa fábrica de tortas de nata, acaba comendo muitas delas. Se trabalhar em círculos de altas finanças, levará muito dinheiro para casa. Passei os últimos 15 anos empurrando fatos e opiniões em diferentes mídias, portanto, diariamente, há um redemoinho de informações circulando em torno de minha cabeça.

Os jornalistas tendem a ser uma turma gulosa, os caras mais gordos da fábrica de tortas, convencidos de que, se a informação de que já dispõem for boa, então ter mais será melhor: mais explicações, mais fofoca, mais opiniões. Não obstante, os jornalistas também são pagos para utilizar um enfoque contrário: editamos. A edição bane a irrelevância e apara as informações até que sejam ágeis e ligeiras. É uma de minhas tarefas prediletas e, em algum lugar de minha cabeça, posso ouvir a letra da música lançada por Mike Batt nos anos setenta: "Embrulhe o lixo e ponha na lixeira." Se alguém chegar com material extra para uma notícia, minha resposta habitual é perguntar: "O que isso vai acrescentar?" No momento em que somos invadidos por comunicados que proliferam sem parar, esta é uma questão que todos precisamos aprender a manejar, para terminar: "Chega. Esta é minha dose ótima de informação."

Não se trata de ser um ludista, mas de decidir tirar a maior vantagem das novas tecnologias em vez de deixar que elas tomem conta de nossa vida. Por que precisamos utilizar todos os canais de informação o tempo inteiro? Não deixamos todas as luzes acesas e as torneiras abertas só porque temos eletricidade e água encanada. Fazer uma dieta pessoal de informação traz vantagens positivas. Cortar o uso de e-mail no trabalho, por exemplo, pode elevar significativamente seu nível de confiança com seus colegas. Escritórios, a despeito de sua aura de sofisticação, são basicamente espaços em que primatas superiores podem interagir entre si sem entrar em conflitos físicos. Contudo, ainda acontece muita coisa digna de nossos ancestrais macacos, e a nova tecnologia frequentemente acaba com o lado positivo disto. Em vez de enviar um e-mail a um colega, se deslocar para bater papo cara a cara com ele elevará os níveis de hormônios de conexão de ambos, porque o contato humano amistoso estimula a produção de dopamina, neurotransmissor de atenção e prazer, e de serotonina, substância da química cerebral que reduz o medo e a preocupação. Pesquisas também indicam que cheirar alguém aumenta seu nível de confiança nessa pessoa. O que tende a manter-nos cravados em nossas cadeiras giratórias pressionando a tecla "enviar" é o medo inicial de penetrar o território da escrivaninha de outra pessoa. Se conseguirmos superá-lo, nossa confiança entre colegas sairá fortalecida. Caso contrário, o desconforto mútuo provavelmente crescerá.

A dieta de informações que funciona para mim (ainda que não a esteja prescrevendo como uma panaceia) é cortar o uso do telefone celular. Estou falando sério. Conforme já mencionei, e para a grande consternação dos colegas que acreditam que, como jornalista, eu deva estar superligado conforme esse maldito padrão, não possuo telefone celular. Eu costumava ter um, mas pouco depois que o comprei, as pessoas começaram a me ligar com exigências relacionadas a trabalho — jornalistas são terríveis para descobrir números de telefone. E essas exigências não eram essenciais, inspiradoras ou benéficas para a sociedade. A maior parte delas era frívola, tinha se configurado mais cedo durante o dia e soava mais ou menos assim: "Temos um furo sobre uma praga de ratos silvestres. Você pode nos mandar 500 palavras para um quadro sobre como os ratos silvestres danificam as casas?" (Naquela época, eu era correspondente freelancer sobre mercado imobiliário.) Então, colocava meu chapéu de grande conhecedor em matéria de ratos silvestres, revirava o mundo da ciência em busca de depredação por roedores, moldava a informação de maneira a formar uma nova ameaça alarmante para a paz de espírito dos proprietários de imóveis e a entregava antes do prazo estabelecido. Porém, poucas dessas matérias adicionais chegaram ao jornal. Surgiam grandes notícias, que atropelavam o planejamento sobre esses fecundos ratos silvestres e encurralando-os numa curta nota informativa. Nada de espaço para palavras de sabedoria. E quem não já sabia disso? Então por que eu continuava a ser enviado para caminhadas inúteis? Porque, de repente, eu estava permanentemente disponível.

E não sou o único. Duas vezes por semana, vou para Londres de trem. A calma do vagão é interrompida por passageiros esquivando-se de chamadas pelo celular com uma bateria de desculpas que servem de bloqueio, do tipo "Está em casa/no escritório e não tenho acesso a ele", ou com empurra-empurra ostensivo: "Acho que isso é com o departamento de Peter Barclay. Mas ele está de férias." Pura falsidade: "Estou entrando num túnel" [apertando a tecla desliga]. Mentiras descaradas: "Meu trem está muito atrasado." Resultado: elevação da pressão sanguínea, e as rodas do comércio não se movem nem um centímetro adiante. Telefonemas familiares e sociais são frequentemente respondidos com brusca exasperação: "Bem, não há nada que eu possa fazer a respeito. Estou no trem."

O problema fundamental é que as telecomunicações nos tornam vítimas da conveniência. Para meus editores, é fácil fazer exigências instantâneas sobre ratos silvestres quando seu repórter está somente a uma tecla de discagem rápida de distância. Simplesmente fácil demais. Entretanto, caso o editor tenha de fazer algum esforço para localizar seu escritor — um processo que o submete a, digamos, três por cento da inconveniência que seu pedido vai causar —, então ele tenderá a pensar duas vezes antes de fazê-lo. Eu deveria esclarecer que, se houver um pecado muito maior no mundo do freelancer do que estar indisponível (que pode ser tão aflitivo para nós quanto estar indisponível aborrece editores exigentes), é dizer regularmente "não, obrigado" para matérias comissionadas. Caso faça isso muitas vezes, eles param de tentar entrar em contato com você de vez. A melhor solução que encontrei foi distribuir a todos meu endereço eletrônico e convidá-los calorosamente a utilizá-lo. Eu amo e-mail. Se um editor quiser genuinamente alguma coisa, então terá de escrever algumas linhas para pedi-lo. Isso corresponde a um pouco de seu tempo disponível. Sua inconveniência momentânea torna-se água em meu moinho. E, hoje em dia, há algo um tantinho mais informal nos e-mails, o que quer dizer que as pessoas esperam que você responda menos rapidamente que a mensagens de voz ou textos no celular.

A conveniência e o abuso alimentam nossa crescente relação de amor e ódio com os celulares. Durante meus anos de não proprietário de celular, os insultos lançados por amigos vão de marcha lenta a incompetente, passando por excêntrico e sortudo e, ultimamente a: "Como raios você acha que pode se safar com isto?" Pesquisas como o Índice de Invenção de Lemelson do Massachusetts Institute of Technology apontam definitivamente o telefone celular como nossa ferramenta moderna mais odiada. A pesquisa Lemelson afirma que as pessoas desgostam dos celulares porque "se sentem tolhidas por eles ou ficam aborrecidas com outros que os usam de forma inapropriada" — ainda que, é claro, seja aceitável que telefonemos para qualquer um quando nos parece ser conveniente. Sou culpado de fazer isso com minha mulher, uma usuária de telefone que pratica com sucesso a abstinência do celular: a não ser que ela esteja fazendo uma ligação ou especificamente aguardando uma, tenta manter o aparelho desligado. Isso funciona bem para ela. Porém, quando decido repentinamente que precisamos nos falar e descubro que está fora da área de cobertura, tendo a ter um minichilique padrão, e uivar em sua caixa de mensagem: "Para que cargas d'água você carrega um celular por aí se não o deixa ligado?" Naturalmente, isso causa uma briga.

Mais evidências do mau uso do celular são provenientes de uma pesquisa da Intel que descobriu que eles tornam as pessoas bem menos confiáveis do ponto de vista social. Uma em cada cinco pessoas admite atrasar-se voluntariamente porque pode remarcar por celular no último minuto, e três quartos dos entrevistados afirmam que possuir um celular tornou-os "mais flexíveis ao se encontrarem com amigos" (isto é, atrasam-se deliberadamente, porém mentem a respeito). Os celulares têm sido culpados até por doenças mentais. A Universidad de Granada realizou um estudo com centenas de jovens entre 18 e 25 anos, que mostrou que quarenta por cento podem ser viciados que se sentem "profundamente perturbados e tristes" ao perderem chamadas, e para os quais desligar os telefones "causa ansiedade, irritabilidade, desordens de sono ou insônia", e até "calafrios e problemas digestivos". E também existe a dependência de quem trabalha com assistentes digitais pessoais, como os BlackBerries, frequentemente chamados de CrackBerries por serem supostamente viciantes. Mas trata-se de um vício ou de um ciclo de pressão social causado pela busca por mais?

A vida ocidental adotou o mantra da guia turística Merry Pranksters, de Ken Kesey: "Ou você está no ônibus ou está fora do ônibus." A despeito de suas muitas liberdades aparentes, nossa cultura exige níveis rigorosos de adequação pessoal. Somos ensinados que, para sermos bem-sucedidos, devemos estar constantemente conectados, ser altamente competitivos e compatíveis com o ponto de vista empresarial — e devemos querer mais bens, mais status e mais felicidade. No caso de discordância, as opções podem parecer muito alternativas, como baixos salários, status inferior e viver numa comuna lamacenta.

Mandana Ruane não está convencida disto. Ela é anfitriã do Academy Club, um pequeno terraço georgiano pitorescamente dilapidado em Soho, frequentado pelo mundo da literatura e das artes de Londres. Ela é uma pessoa badalada socialmente, em dia com as fofocas, frequentadora assídua de lançamentos e de vernissages. Ela tem horror até a ideia de possuir um celular. Decidiu que já está conectada o suficiente. "Celulares são, na pior das hipóteses, muito sinistros", diz em sua voz rouca. "Eles condensam a atitude de 'a vida está em outro lugar', em que você sempre pode estar com um amigo, um amante ou um companheiro melhor do outro lado da linha, em vez de curtir o lugar onde está. Pensar que há sempre algo melhor em outro lugar demonstra insegurança. Mas dá para perceber, ao bisbilhotar a conversa alheia, que a pessoa do outro lado da linha não é de maneira alguma mais interessante", Mandana ri. "A vida é divertida aqui e agora. E a ideia de estar sempre acessível a todos, 24 horas por dia e sete dias por semana me soa um tanto como prostituição, por ser indiscreta e indiscriminada. Já estou disponível às pessoas durante uma parte tão grande do meu dia que, quando quero sair do mapa, fico feliz em saber que posso fazê-lo." Mas não há desvantagens? "Sim, caso você esteja numa estação de trem distante, num domingo, e o trem tiver sido cancelado. Mas sempre há um jeito de contornar a situação. E não vale o sacrifício."

Nos Estados Unidos, as pessoas que se recusam a utilizar todas as formas de tecnologia em seu grau máximo estão sendo rotuladas de "tech-no's". Elas podem ser o início de uma tendência crescente, afirma Paul Saffo, que trabalha como futurologista no Vale do Silício. Ele prevê que ser capaz de se desvencilhar do controle exercido pelas comunicações será um sinal de status. "Em determinado momento, vai ser muito chique estar desconectado. Haverá pessoas que usarão sua desconectividade como um emblema", afirma. A opinião de Saffo é secundada pelos consultores industriais britânicos do The Work Foundation, que alegam que dirigentes seniores podem frequentemente atuar melhor sem e-mail, porque isto os livra de interrupções persistentes por seus subordinados. Uma das primeiras promessas dessa tecnologia nos escritórios era o fim das hierarquias. Mas a fundação relata que os chefes estão reafirmando a hierarquia ao se recusarem a checar suas caixas de entrada, porque o sistema cria uma ilusão de acessibilidade que não ajuda. As pessoas esperam respostas imediatas e, quando você se encontra no topo de uma organização rica em informações, isso é impraticável.

Todos podemos imitar os macacos de alto nível ao fazer uma dieta pessoal de informação. Ser seletivo no uso das telecomunicações não significa necessariamente evitar os celulares. Adote o que funcionar melhor para você. Bob Geldof, astro de caridade e ex-Boomtown Rat, evita o meu canal preferido: "Eu não tenho e-mail", diz. "É um grande estorvo." Ele só mandou instalar banda larga em sua casa em 2006 porque suas filhas queriam usá-la para fazer trabalhos de casa. Ele afirma que o negócio dele é muito mais o celular, porque ele pode falar e andar por aí ao mesmo tempo. Da mesma maneira, a ex-ministra do trabalho Estelle Morris diz que dirigiu o Ministério da Educação por dois anos sem mandar um único e-mail. Tony Blair também não é adepto de computadores. E é possível ser extremamente inteligente sem ter um manto de informação em torno de você: Peter Higgs, professor de física teórica da Edinburgh University, famoso por ter proposto a existência de uma partícula quântica crucial chamada "bóson de Higgs", admite não possuir e-mail nem televisão.

Da mesma forma (ainda que menos inteligentemente), nunca possuí um televisor. Tudo começou por um pecado de omissão. Não pensei em levar a caixa comigo quando deixei a casa de minha família para ir à universidade, e me virei sem ela satisfatoriamente. Deixar de atormentar-me com as notícias significou, para mim, perder a invasão norte-americana de Granada, sem sofrer qualquer má consequência a não ser a felicidade da ignorância (bem, foi uma das incursões menores). O tempo passou e eu estive tão envolvido com leitura e vida social que a televisão me parecia supérflua. Então, fui viajar. Quando regressei à Grã-Bretanha, morei numa série de quitinetes baratas em Londres. A televisão teria sido um objeto a mais para carregar por aí. Ler, tocar violão, ir a exibições e ver amigos parecia mais interessante. Eu também estava temerosamente consciente de que um jovem pode morrer tranquila e solitariamente em sua casa num bairro nobre, em frente a uma tela de televisão. De repente, você levanta os olhos de sua lata de cerveja e do seu jantar em frente à TV e descobre que os seus verdes anos de juventude definharam num borrão de pausas para comerciais.

Em vez disso, encontrei uma alma parecida comigo. Kate, minha mulher, havia decidido jogar fora seu televisor anos antes de nos conhecermos. A sua foi uma decisão repentina de largar esse vício de vez. "Costumava passar os domingos prostrada em frente ao aparelho. E lá se ia o fim de semana. Parecia um desperdício de vida tão grande", diz. Não é que eu e Kate estejamos nos segregando do mundo. Não ter televisão é apenas nosso jeito de manter uma área mental de segurança, alguma folga das coisas que retêm nossa atenção e que surgem em toda parte, inclusive em nosso lar. Hoje em dia, temos banda larga, uma ferramenta comprada para trabalhar em casa e que também traz consigo um trem expresso de informações para nossa casa dia e noite. Quanto mais de informação poderíamos desejar?

Quando queremos saber o que está acontecendo na televisão, ligamos o rádio ou lemos um jornal on-line: quase não falam de outra coisa. E é assim que, ao nosso jeito suficientista, nos mantemos informados — em vez de deformados. É utopia? Nem tanto. Os livros e as revistas estão em toda parte, folheados, mas não lidos. Perdemos filmes e concertos que havíamos jurado assistir. Ainda não sei onde é que o meu tempo vai parar, mesmo sem a ajuda da tevê. Isto significa que podemos aproveitar a oportunidade de cozinhar um para o outro, comer e bater papo juntos, pegar no pé um do outro, brigar e todas as outras interações comoventes que nutrem diariamente uma relação. Ser um pouco info-light também ajuda a reduzir nossa exposição à infinita exibição de coisas que poderíamos ter caso fôssemos mais ricos, mais altos, mais engraçados, mais felizes e fizéssemos mais compras — e tivéssemos amigos que fossem mais ricos, mais altos, mais engraçados etc.

Adotar uma dieta de informações não significa necessariamente jogar fora o televisor, mas a maior parte das pessoas logo acabará por fazer isso de qualquer maneira, por motivos diferentes, já que a integração, a prática de juntar cada vez mais funções num mesmo aparelho, acabará matando a simples tevê. Esta será substituída por um módulo faz-tudo de alta definição que capture sinais em ondas, satélite e cabo, baixe filmes e séries televisivas inteiros, navegue pela internet, mande e-mail, mensagens de texto e ajude com a contabilidade da casa. A tela-que-nunca-dorme representará um desafio superdimensionado para o suficientismo. A tentação será a de procurar manter-se em dia com sua produção ininterrupta, por medo de sofrer de ignorância e isolamento social.

No passado recente, quando a televisão estava restrita, digamos, a quatro canais, assistir à tevê era uma experiência comunitária. As opções das pessoas eram racionadas e, portanto, no dia seguinte, elas podiam conversar nas lojas e nos escritórios sobre o que tinham visto, sem ter de se preocupar de estarem falando bobagens ou de sofrerem as gozações de todos por não terem assistido ao último programa. Na medida em que nossas opções de entretenimento se proliferam, essa experiência é atomizada, até o ponto em que a experiência comunitária se tornará impossível a não ser que se assista a absolutamente tudo o tempo inteiro. Não resta a menor dúvida de que muita gente tentará fazer exatamente isso. Nosso cérebro apinhado de informações desejará, novamente, extrair algum sentido da confusão ao agarrar o máximo de informações que possa ter. Nossa mente socialmente competitiva vai querer a melhor e última informação geral sobre tudo. Qualquer coisa inferior ao consumo de multicanais 24 horas por dia, sete dias por semana deixará em aberto a terrível possibilidade de que algo mais interessante esteja sendo perdido.

A única alternativa sã a engasgar-se nessa cornucópia é criar sua própria política de suficiência. Muitos dentre nós já estão tentando fazer isso ao impor um limite de qualidade — a saber, a regra "eu não assisto à porcaria". Mas qualidade é conceito escorregadio, e a atração gravitacional é sempre para baixo. De qualquer maneira, o que há de errado em se deixar assistir a alguma porcaria, de vez em quando? Em vez disso, podemos ter uma abordagem muito mais pragmática em relação à infodiversão, ao apreciar sua verdadeira natureza e aproveitá-la pelo que é — uma substância agradável que, entretanto, causa dependência, alterações mentais, é potencialmente depressora e está cada vez mais abundante e barata. Esta descrição pode soar um tanto familiar. É exatamente como a do álcool.

Tratar a infodiversão com o mesmo hedonismo cuidadoso que utilizamos com a bebida fornece uma resposta sustentável porque, pelo menos, já temos prática nessa abordagem. Em meio a todas as manchetes que giram em torno do consumo exagerado de álcool, a maioria dentre nós consegue usar o álcool para tornar a vida mais leve sem lacerar completamente o fígado. E, não raro, fazemos isto nos impondo regras personalizadas e praticáveis, como só beber à noite, um máximo de meia garrafa em dias de semana, beber somente no fim de semana ou apenas durante uma refeição.

Do mesmo jeito, você pode transformar as estratégias de dieta de informação em hábitos de vida, ao identificar quais canais de informação funcionam melhor para você e sendo razoavelmente disciplinado quanto à hora de ligá-los.

Isso requer vigilância. Comparado com o álcool, o impacto negativo da sobrecarga de infodiversão é menos imediato — não há ressaca com boca seca e, portanto, é fácil ignorar os insidiosos efeitos de longo prazo, entre eles, a monopolização de tempo que poderia ser gasto em uma gama de atividades saudáveis, que não somente garantem que fiquemos isentos da necessidade de permanecermos constantemente sentados consumindo diversão, mas também comprovadamente promovem um bem-estar duradouro. Estas incluem exercícios, passatempos, sair ao ar livre e curtir o campo, ser criativo, relacionar-se significativamente com parceiros, família e amigos, atuar em sua comunidade, desenvolver seus próprios recursos internos e senso de espiritualidade... e simplesmente ficar sentado em algum lugar, sem fazer absolutamente nada. A despeito da tendência primitiva de nosso cérebro de ficar estupidamente magnetizado pelas comunicações, estudos clínicos mostram que uma vida intensa e gratificante para nosso córtex superior não é sustentável sem essas outras atividades. A falta delas nos faz rumar para o sofá em acessos de uma infelicidade chocólatra.

As dietas de informação são uma espécie de comércio de bônus de carbono para a ecologia de nossa mente, mas envolvem um investimento em termos de tempo. Aqui, ironicamente, as novas tecnologias podem vir em auxílio do suficientista. De acordo com um panfleto de um canal de tevê digital que recentemente apareceu em minha caixa de correio, meu provedor de mídia já pode oferecer 1.500 filmes e programas de tevê que estão constantemente disponíveis e que "começam e param quando você decidir". Banda larga significa que não somos mais escravos de horários. Porém, será que também conseguimos dominar a tecla desliga? Desenvolver a habilidade de consumir cautelosamente pode ser crucial para nossos filhos, que jamais conheceram outra vida senão a circundada pela mídia. Ensinar-lhes a lidar cautelosamente com esse ambiente será como tentar convencer um peixinho de aquário a usar racionalmente a água. Contudo, enquanto as crianças recebem cada vez mais infodiversão, também percebemos uma onda de preocupação sobre os efeitos que ela provoca. Atualmente, as telas de vídeo e programas infantis de ação estão sendo culpados por uma série de problemas modernos, inclusive obesidade, puberdade prematura, autismo, transtorno de Déficit de Atenção com Hiperatividade (TDAH), depressão clínica e até mesmo uma maior suscetibilidade ao câncer.

A baronesa Susan Greenfield está liderando a reação contra a infodiversão para crianças. Esta professora de Oxford e especialista em química cerebral estabeleceu um grupo parlamentar para investigar o efeito da cultura midiática em mentes jovens. Ela não é partidária de argumentos tolerantes, conforme descobri rapidamente quando encontrei a baronesa em seu castelo de paredes de vidro no topo da London's Royal Institution, da qual é diretora. Ela acredita que jovens cérebros humanos são tão singularmente adaptáveis que podem ser facilmente deformados pela estimulação virtual frenética. "O que os seres humanos fazem melhor que qualquer outra espécie é aprender. Mas isso também significa que qualquer evento que aconteça no meio ambiente deixará sua marca no nosso cérebro", argumenta. Greenfield e seus colegas de campanha temem que estejamos criando gerações de jovens que não desgrudam da tela, perigosamente estúpidos em comparação com seus predecessores leitores de livros. "Quando você está lendo um livro, você o lê e o digere. Pode se descobrir olhando para uma parede nua, pensando sobre a história e suas implicações", afirma. "Histórias nas telas podem agir ativamente contra isto. As crianças tendem a optar pelos estímulos mais facilmente disponíveis, como velocidade, barulho e assim por diante, em vez de digerir o texto."

Ela teme que o resultado seja uma nação de ingênuos usuários do Google que nem sequer saberão como votar de forma responsável. "Estou preocupada com o efeito de tudo isso na duração dos períodos de atenção e sobre nossa capacidade de refletir, absorver informação e usá-la para criar ideias abstratas de maneira independente. Como colocar democracia numa tela?", pergunta. "Ideias abstratas como essa desenvolvem-se bastante tardiamente nas crianças. Nas telas, com ferramentas de busca, a informação é ilimitada e é frequentemente difícil distinguir sua aparente verdade ou falsidade." E, então, há o grande temor que sempre assombrou os céticos quanto a tecnologias: a perspectiva do controle computadorizado das mentes das massas. Greenfield diz que estamos no limiar de uma nova era de "tecnologias invasivas", jogos high-tech em que crianças podem usar conexões diretas entre seu cérebro e os computadores, mas que, em última análise, podem acabar sendo aproveitados de modo errado, como ocorre na ficção científica. "Já existe o capacete Play Attention, que as crianças podem usar para manipular ícone na tela, por meio do pensamento", adverte. "No futuro, os fabricantes poderão ser capazes de utilizar uma tecnologia semelhante para manipular mente."

Nem todo mundo está tão preocupado. Fãs da cultura virtual esclarecem que, historicamente, novas tecnologias são frequentemente eleitas como bodes expiatórios para os males da sociedade. Quando, por exemplo, aquela invenção diabólica, a ferrovia, fez sua primeira aparição na Grã-Bretanha, foi culpada por uma epidemia de doenças ligadas ao novo estilo de vida, inclusive por uma doença, então diagnosticada como *railway spine* ("coluna de ferrovia"). O norte-americano Steven Johnson, autor de *Everything Bad Is Good For You: How Popular Culture Is Making Us Smarter* ("Tudo o que faz mal é bom para você: Como a cultura popular está nos deixando mais espertos"), argumenta que a cultura de massa está ficando, na realidade, cada vez mais exigente em termos intelectuais. Os programas de tevê adotam narrativas complexas, ambiguidade pós-moderna e enredos muito mais instigantes que as antigas comédias de costumes do tipo *Terry and June.* "Videogames são grandes professores para a inteligência fluida", diz Johnson. "O segundo jogo virtual mais popular nos Estados Unidos em 2005 foi Civilization IV, em que é possível recriar a história econômica e tecnológica da humanidade. Então, há crianças de 12 anos tentando descobrir se deveriam optar por uma sociedade capitalista agrária ou uma monarquia." Efetivamente, as telas podem até ser parcialmente responsáveis pelo Efeito Flynn, descoberto no início dos anos 1980 por James Flynn, professor da University of Otago, na Nova Zelândia. Ele descobriu que as taxas de QI em todo mundo estão se elevando numa proporção de aproximadamente três pontos por década. Um dos possíveis fatores para isso é que preenchemos nosso ampliadíssimo tempo de lazer com diversões exigentes do ponto de vista cognitivo — como jogos que nos obrigam a pensar e reagir rapidamente.

Bem, é possível, mas como é que se pode saber que lado do argumento deveria levar a melhor? Talvez ambos contenham verdades. É impossível verificar o efeito exato da vida virtual sobre nossos filhos porque a ética liberal nos impede de capturar um monte de bebês para serem usados como ratos de laboratórios, que sujeitaríamos a experimentos em ambientes controlados durante décadas, para fornecer um quadro científico preciso. No mundo real, os resultados de testes para o tempo que as crianças passam diante das telas são alterados por variáveis cruciais, como alimentação, classe social, ambiente, vida familiar e escolas.

Isso deixa os pobres e velhos pais sem saber o que fazer, como é o caso de Sue Eckstein, que está tentando impor um saudável equilíbrio suficientista para seus filhos. A sra. Eckstein, administradora acadêmica, é partidária de assistir a novelas e filmes de época na tevê aos domingos à noite, tomando algumas cervejas, mas tenta evitar a telinha em dias de semana. "Isso está parcialmente relacionado com minha criação na ética do trabalho", esclarece. Mas impor seus valores a seus filhos, Anna e Sebastian, respectivamente de 14 e 11 anos, parece adquirir uma dimensão moral totalmente diferente. O problema da tevê ficou sério quando Sebastian saiu do sistema oficial de ensino, três anos atrás, e começou a frequentar a melhor escola alternativa local, que adota a abordagem Steiner, que ignora o Currículo Nacional — em vez disso, seu objetivo é educar as crianças pela criatividade. Ela se opõe fortemente a deixar as crianças assistirem à tevê por medo de que acabe com seu período de atenção e as exponha a anúncios insidiosos. "Alguns dos pais mais, digamos, extremados, banem a tevê completamente", diz Eckstein. "Mas eu acho que uma abordagem equilibrada é melhor, portanto, só restringimos seu uso."

Sebastian é um garoto esperto e delicado, que, a despeito de seu conhecimento precoce dos filmes de James Bond, parece estar feliz com o compromisso. "Eu sei que a televisão é muito ruim para o cérebro, mas algumas pessoas na escola Steiner parecem achar que ela vai *matar* você", diz. "Um dos meus amigos praticamente nunca assistiu à tevê na vida. Outro só pode ver numa tela minúscula, uma vez por semana. Na realidade, só vejo dois programas por dia, *Neighbours* e *Hollyoaks*. O restante de minha vida? Bem, eu faço dever casa", afirma, num escárnio meio triste. "No fim de semana, tenho autorização para assistir ao *Top Gear*. E eu amo *Top Gear*." Sue espera que seu regime evite qualquer motim. "Se banisse a tevê, só a tornaria muito mais atraente, e meus filhos a assistiriam o tempo inteiro na casa de amigos. Mas tivemos que apelar a um subterfúgio no passado: a televisão ficou "quebrada" durante quase um ano e eles não sentiram falta. Não pareceram perceber que simplesmente havíamos tirado da tomada. Até hoje, a conexão da internet 'quebra' de vez em quando." E os Eckstein também fazem acordos. "Se você dificultar o acesso a todas essas coisas eletrônicas maravilhosas, terá mais oportunidades para suborno. Sebastian teve de assinar um contrato dizendo que, se eu o autorizasse a comprar algum console de jogos que não costumamos permitir, então ele faria dez minutos de leitura para mim toda noite, sem se queixar."

Saiba o suficiente

Faça uma dieta de informação

Qual é o nível ótimo de informações de que você precisa para ter sucesso? Além desse ponto crucial, obter mais só criará confusão mental. Uma das maneiras de descobrir seu nível de suficiência é fazer uma dieta radical de informação. Você estará em boa companhia: até Bill Gates tira uma semana de folga de seu computador, duas vezes por ano, para pensar.

Como regra prática, é melhor tratar as comunicações e a infodiversão de forma cautelosa — como substâncias que criam dependência a serem consumidas apenas quando oferecerem o potencial de melhorar a vida. Faz sentido tratar os anúncios e a propaganda como particularmente tóxicos: só estão planejados como forma de diversão para atrair sua atenção e tornará-lo insatisfeito com a vida que já tem. Se você limitar suas comunicações ao mínimo, escapará do ciclo de ansiedade alimentado pelo excesso de comunicações. Por exemplo, assistir a noticiários demais faz você se preocupar... e, assim, você acompanha mais notícias.

Com as ideias mais claras, você pode começar a decidir o que ajuda e o que é apenas um estorvo. Feriados oferecem uma grande oportunidade para tentar desligar tudo e permitir que sua própria mente o entretenha. Mas adotar o modo blecaute nos feriados pode exigir uma autodisciplina rigorosa. Todos tendemos a dizer a nossos colegas de trabalho que somente nos contatem "em caso de emergência" quando estamos de férias. Não obstante, cerca de sessenta por cento de nós checa os e-mails de trabalho quando estão fora. Será que há tantas emergências assim?

Faça um orçamento de seu tempo

Determine orçamentos diários de tempo para seu consumo e permaneça fiel a eles. Hoje em dia, essa tarefa é mais fácil porque você pode se libertar da programação das emissoras ao acessar programas de tevê por pedido e reprises no rádio on-line. Portanto, não há necessidade de ficar sentado esperando pela próxima coisa interessante. Procure baixar somente a quantidade de infodiversão que satisfaz seus limites de racionamento — e, então, fique feliz por estar deliberadamente escolhendo perder coisas, porque isto quer dizer que você tem uma vida.

Redescubra o espaço

Tome providências para garantir que o tempo liberado por sua dieta de mídia seja investido em atividades proveitosas e agradáveis. É como se recuperar de uma dependência química. É preciso se manter ocupado até que tenha ocorrido um reajuste. Você pode reavivar seu cérebro confuso pelas informações estimulando o crescimento de novas redes neurais, a partir do aprendizado ou da redescoberta de atividades criativas como pintar, cozinhar ou tocar um instrumento. Mantenha em mente o fato de que seu tempo livre é tão incrivelmente precioso que multinacionais e agências de marketing gastam bilhões todos os anos para tentar tirá-lo de você.

Opte por noticiários locais

A sede de conhecimento que pode nos manter colados a canais 24 horas de notícias globais é, na realidade, uma manifestação de nossa antiga necessidade humana de saber tudo sobre as pessoas que nos circundam. Assistir a noticiários funciona como um substituto fácil para uma atividade que nos parece cada vez mais estranha: fofocar com nossos vizinhos. Porém, trocar mexericos com pessoas na nossa vizinhança pode quebrar o ciclo que nos mantém presos dentro de casa, assistindo aos canais de notícias. Todas essas catástrofes televisionadas nos deixam com medo do mundo lá fora. Assim, temos menos contato com nossa vizinhança e as pessoas que vivem nela porque isto nos parece potencialmente perigoso.

Quando nossas redes sociais locais perecem, frequentemente ocorre um aumento da criminalidade local, porque há menos gente na rua que poderia ter confiança e interesse suficientes para intervir ao ver um comportamento desonesto. Também diminuem as chances de as pessoas se juntarem em ações comunitárias para melhorar instalações de lazer locais, tais como parques. Conhecer o rosto das pessoas nas ruas de seu bairro e poder parar para conversar com elas amplia a sensação de segurança de sua casa muito além de sua porta da frente. As histórias que você ouve também podem ser muito mais interessantes.

E-tiqueta

A tecnologia das comunicações de massa proliferou tão rapidamente que não tivemos a oportunidade de desenvolver protocolos saudáveis em relação a quando e como usá-la. Agora é hora de modificar isso. Para desenvolver relações sustentáveis e prazerosas, a melhor forma é sempre se comunicar nas maneiras mais amigáveis possíveis para o cérebro. O contato humano alimenta a sensação de calor e de confiança; distância e concisão criam menosprezo. Portanto, deveríamos adotar uma hierarquia nas comunicações: face a face é superior ao e-mail; o e-mail superior ao celular; e o celular, às mensagens de texto.

Também deveríamos estar extremamente atentos para não nos tornarmos e-chatos. Seu e-mail, sua mensagem ou seu telefonema são realmente necessários? Se você não poluir outras pessoas com suas comunicações, poderá ignorar os outros quando não tiverem nada para comunicar. Por exemplo, por que responder a e-mails se você só está recebendo uma cópia deles? Os remetentes de e-mails com longas listas de endereços copiados causam poluição de informação. Se o remetente realmente quiser saber sua opinião, ele voltará a pedi-la individualmente. Provavelmente, nem espera muitas respostas, graças a sua compreensão subconsciente da regra conhecida por quem pede carona: quanto mais carros houver, mais fácil ficará para os motoristas ignorarem os que pedem carona.

Da mesma maneira, apague sem ler qualquer e-mail enviado com um ponto de exclamação vermelho (sempre o faço e ainda estou vivo). Se o remetente for tão avesso às normas de conduta social a ponto de pensar que pode furar a fila para obter sua atenção simplesmente ao exibir um sinal de pontuação de cores vibrantes, então não deve ter nada de útil a comunicar.

Limite as interrupções

Leva aproximadamente quatro minutos para recuperar-se de uma interrupção eletrônica e retomar o fio de seu pensamento. Assim, se você receber trinta e-mails por dia e levantar os olhos trinta vezes de seu trabalho, serão 120 minutos de tempo de recuperação. Tente programar o sistema de seu computador para receber correio a cada noventa minutos. Deste modo, não será interrompido pelos bips tentadores. Caso esteja esperando algo absolutamente urgente, poderá sempre se sobrepor ao sistema e checar pessoalmente.

E lembre-se: a comunicação engole vidas. Ao chegar aos 75 anos, a maior parte de nós terá gasto o equivalente a mais de 12,5 anos assistindo a televisão 24 horas por dia. Mais um ano para os comerciais. Seguramente, parte desse tempo poderia ser melhor empregado. Há muitas coisas nesta vida abarrotada de informações que você pode ignorar tranquilamente. Por exemplo, o link engraçado que você recebeu deve ser marketing viral — a nova forma de lixo. E você realmente precisa ler o panfleto que acaba de aterrissar em seu capacho? Apenas o jogue na lata de lixo. Se você realmente tiver ganhado 1 milhão, voltarão a entrar em contato com você.

Reconheça a futilidade

Conforme formatos, canais e programas de mídia continuam a se proliferar, o dinheiro gasto em sua produção é reduzido, porque todos possuem uma fatia menor de audiência e de retorno de propaganda. Contudo, conforme a competição esquenta, a ênfase nesse programas "brilhantes, sensacionais e que vão abalar o mundo" só faz aumentar. Quando a expectativa das pessoas é hiperestimulada dessa maneira, cria-se um apetite que permanece insatisfeito. Isso nos encoraja a continuar procurando a diversão de qualidade superior que somos levados a crer que existe em algum lugar. Precisamos reconhecer a eloquência dos canais pelo que ela é — uma caça à futilidade que gasta o nosso tempo.

De forma análoga, a pura impossibilidade física de nos mantermos atualizados em relação à mídia eletrônica deveria isentar-nos até mesmo de tentar fazê-lo. Por exemplo, a última geração de iPods vem com uma capacidade de armazenamento de 16 mil músicas. É o equivalente a 1.300 discos. Se cada música durar 3 minutos e 30 segundos, são 56 mil minutos — que perfazem 933 horas, o mesmo que 38 dias de nossas vidas sem contar as horas de sono. E isto é apenas para ouvi-las. Mas você tem que baixá-las também.

2 | **CHEGA** de comida (a solução para nosso problema)

Tanto se adoece por comer em excesso como por definhar à míngua.

Shakespeare, *O mercador de Veneza*

Martin Yeomans lança um olhar para as pessoas que estão comendo à nossa volta, debruça-se sobre a mesa e diz, em tom confidencial: "Há algumas pessoas *terrivelmente* gordas por aqui." Um tantinho grosseiro, talvez — especialmente vindo de um acadêmico tão discreto —, mas, francamente, estou surpreso que ele esteja espantado. Yeomans é, afinal, um dos mais respeitados especialistas na psicologia do apetite. E, afinal, estamos sentados no meio de um vasto restaurante cujo lema é "coma tudo o que puder". Eu havia combinado esta visita ao nosso Wokmania local — uma das redes de locais baratos para empanturrar-se em rápida expansão — depois de encontrar um velho amigo e sua namorada num pub. Eu estava muito ansioso para colocar o papo em dia com Andy e conhecer sua parceira, mas eles pareciam relutantes em falar. Acabei descobrindo que o casal estava empanturrado, depois de comer no bufê de comida chinesa por 11,90 libras do Wokmania durante duas horas — o tempo máximo permitido. "Foi a máquina de sorvetes de graça, no final", arquejou Andy, suando, "voltei lá oito vezes." Eu tinha que ver isso.

Os estabelecimentos "coma tudo o que puder" são o último fenômeno alimentício inspirado pelos Estados Unidos a se proliferar pelas grandes avenidas da Grã-Bretanha. Um restaurante tailandês do meu bairro anuncia sua proposta de almoço como "Coma tudo o que puder" — não "quiser", ou "desejar", mas *puder*. Você não precisa dizer "engorde-me" — você pode perfeitamente fazer isto sozinho. Conforme o humorista Alexei Sayle escreveu recentemente: "Muitos romancistas lutam para encontrar uma metáfora que tipifique o seu tempo. Para Saint-Exupéry, foi o avião; para J.G. Ballard, a estrada M40 Westway; para mim, é o bufê 'coma tudo o que puder'."

Wokmania caprichou nessa filosofia: a poderosa rede chinesa (com suas contrapartes indiana e italiana, Spicemania e Pizzamania) não faz outra coisa. Basta empurrar as portas de vidro brilhantes, carregar seu prato no balcão de comidas quentes e começar a mastigar. Enquanto estiver comendo sem parar, poderá olhar para um dos telões montados na parede que tocam videoclipes continuamente.

Eu havia persuadido Yeomans a pegar o ônibus lá da Sussex University, que fica próxima, para discutir o estrago que nosso mundo abarrotado de calorias está fazendo em nossos cérebros e estômagos. Que melhor lugar de encontro poderia haver, pensei, que o maior bufê de Brighton. Mas Yeomans está um pouco nervoso: "É difícil falar a esse respeito enquanto posso ver aquele cara sentado atrás de você", diz. Minha cabeça gira da maneira menos sutil possível. Olhando-me de volta, há um homem obeso usando uma camiseta vermelha, sentado diante de um prato de comida da altura de uma torre. Ele está vertendo um grande copo de Coca. Estamos na hora do almoço de uma terça-feira, mas o lugar está apinhado. Nas noites de sábado, a coisa é barriga com barriga. Yeomans não está surpreso com a popularidade do restaurante. De acordo com suas teorias, o bufê gigante é o paraíso terrestre para nossos antigos instintos.

Nosso apetite nos dirá sempre que a comida está assustadoramente escassa e, do ponto de vista histórico, isso está correto, como ele afirma: "Durante a Primeira Guerra Mundial, os soldados britânicos mediam apenas cerca de 1,65 metro, por exemplo. Haviam crescido sendo mal-alimentados. Cinquenta por cento dos rendimentos de seus pais eram gastos em comida e as famílias, ainda assim, não tinham o suficiente para alimentá-los." Yeomans está formulando uma teoria segundo a qual a comida foi a razão pela qual nosso cérebro social superdimensionado evoluiu. "A tarefa de encontrar alimento é muito difícil de realizar, particularmente para os hominídeos. Portanto, nossos antepassados deviam ser muito inteligentes" assegura.

O que era muito inteligente então pode não parecer tão esperto agora. Yeomans explica que os seres humanos nascem sem praticamente nenhuma preferência de paladar predeterminada. Mas não permanecemos assim por muito tempo: nossos apetites são rapidamente moldados pelos sabores existentes à nossa volta. Hoje em dia, isso pode ser um problema porque nossa cultura, ansiosa por saborear de tudo, amplifica radicalmente nosso impulso interno de consumir comida sempre que aparece alguma na nossa frente. "Experimentos mostraram que a única clara preferência de gosto dos bebês é por coisas doces", diz. "O resto é aprendizado. E somos extremamente adaptáveis. Cada vez que vivenciamos uma nova experiência de paladar, nosso apetite aumenta. Em pouco tempo, chegamos a gostar de sabores de que originalmente não gostávamos. Nem ratos fazem isso. Quando consumimos algo que afeta nosso cérebro de maneira positiva, começamos a gostar da coisa. É por isso que, ainda que inicialmente repulsivos, gostos amargos como o do álcool se tornam atraentes. Aprendemos rápido que comida com alto teor de gordura é algo positivo, porque contém muita energia. Assim, a maneira mais fácil de fazer com que a comida seduza o cérebro humano é embutir energia nela e providenciar um amplo espectro de sabores. As indústrias alimentícias fazem ambas as coisas, mas, no início, não era intencional — apenas descobriram, com o passar do tempo, o que é mais popular. Assim, no mundo moderno, estamos cercados de coisas que desencadeiam nossas associações de fome — o sino do almoço toca o tempo inteiro."

Vamos até o balcão do bufê para pegar umas entradas. Raramente como mais que um sanduíche na hora do almoço. Ademais, sou vegetariano e a maioria dos pratos é de frango ou carne. Não obstante, esse sortimento viscoso de cheiros quentes e adocicados cutuca minhas papilas gustativas. De repente, estou com fome. Sinto uma vontade desmesurada de comer. Minhas mãos querem empilhar no meu prato muito mais do que eu havia planejado. Yeomans pensa em voz alta, enquanto passamos diante das comidas: "Batatas fritas? Chamuças de vegetais? Nem tudo exatamente chinês, mas tudo muito denso do ponto de vista energético, usando ingredientes baratos." Ele dá umas mordidas e acena com a cabeça. "Nada mau. Estou extremamente surpreso. Mas eu não traria meus filhos para cá. Não há nenhuma definição do que constitui uma porção saudável de alimento."

Os experimentos de Yeomans indicam que, sem porções predefinidas, não temos nenhuma ideia natural de quando devemos parar de comer. "Nosso sistema de apetite está aí para nos dizer que precisamos de comida desesperadamente. Passamos toda a nossa vida antecipando a fome e comendo para preveni-la", diz. "Fizemos testes dando pratos de massa a voluntários; trocávamos seus pratos repetidamente e voltávamos a enchê-los, de maneira que eles perdiam a noção do quanto estavam comendo. Na verdade, é um pouco como este bufê. Um camarada botou tranquilamente para dentro 2 quilos de massa numa única refeição."

Tendo em vista o propósito de nosso almoço, ambos estamos preocupados com nosso comportamento alimentar e nos restringimos a um prato de entradas, um prato principal... e é isso aí, ainda que sempre haja a tentação aflitiva de empanturrar-nos até cairmos num estado de estupefação intumescida. Assim, voltamos à fila para a nossa segunda e última viagem: contento-me com um simples arroz branco e pratos de legumes — tenho outra entrevista para fazer à tarde, portanto, preciso de minhas faculdades mentais. Yeomans acrescenta lulas agridoces a seus outros pratos principais. "Duvido que não estejam borrachudas", comenta. O camarada que está empilhando carne no seu prato logo à nossa frente é o hominídeo mais imenso que já encontrei. Tem a palavra "Segurança" estampada nas costas de seu casaco. Yeomans capta meu olhar estupefato.

Ao voltarmos em segurança para nossa mesa, ele pergunta: "Entretanto, o que há de errado, em termos de reprodução evolutiva, em ser obeso? A obesidade não impede as pessoas de terem filhos. Nunca antes existiu alguma pressão evolucionária contra isso. Na maior parte das sociedades primitivas, a única pessoa que pode se dar o luxo de estar acima do peso é o nobre rural ou o chefe — a pessoa mais rica e poderosa de um grupo."

Pois é. Houve um tempo em que era preciso ser da realeza, ou pelo menos do clero, para comer até morrer prematuramente. Por exemplo, o rei Henrique I faleceu de uma indigestão de lampreias, seu prato predileto, perto da cidade francesa de Rouen em 1135. A lampreia é um peixe esquisito — diferentemente dos outros, esse parasita, parecido com uma enguia, não tem escamas, dentes, guelras ou estrutura óssea. Parece algo fácil de comer, mas sua carne é gordurosa, de difícil digestão, e uma perigosa opção de farra gastronômica para um monarca doente como Henrique. Por tradição, a cidade de Gloucester ainda presenteia o monarca reinante com uma rica torta de lampreia em importantes ocasiões reais — como recentemente, no jubileu da rainha — como presente para angariar favores. Deve equivaler a oferecer aos novos presidentes norte-americanos um passeio por Dallas numa limusine aberta.

Um século e meio depois do falecimento de Henrique, foi o excesso de enguias que acabou com o papa Martim IV. O apetite insaciável do pontífice francês por enguias do lago Bolsena, marinadas em vinho branco da região e depois assadas, valeu-lhe — e à sua indigestão — um lugar no Purgatório do poema épico de Dante, *A divina comédia*. Mais recentemente, um excesso insensato de peixe quase matou o rei George VI durante a batalha de Jutland, na Primeira Guerra Mundial. Documentos emitidos pelo Ofício de Registros Públicos revelam que o pobre George adoeceu depois de um "excesso de arenques em salmoura" durante a famosa batalha marítima, embora felizmente ainda tenha conseguido comandar sua torre rotatória.

Porém, conforme o século XX foi passando e a comida se tornou mais barata, o esporte real das farras gastronômicas foi sendo democratizado aos poucos, até o ponto em que matou o rei do rock, de origem pobre, Elvis Presley. Elvis, que pesava 160 quilos, comeu até morrer, ao lanchar, à meia-noite, alguns sanduíches de 42 mil calorias, com um pote de geleia de morango, um pote de manteiga de amendoim e meio quilo de bacon tostadinho. Os sanduíches eram seguidos por até cinco hambúrgueres e cinco sanduíches de manteiga de amendoim com banana amassada — altura em que Presley sofreu, nos dizeres de um legista, "um incidente terminal".

Agora, todos fazemos isto. Um quarto dos adultos europeus, norte-americanos e australianos são obesos e um terço está acima do peso. A previsão é que a maioria dos ocidentais esteja acima do peso ou obesa nos próximos vinte anos. Já há mais obesos no mundo que famintos. A cultura ocidental tornou-se como os quatro homens de meia-idade cansados do mundo no filme *A comilança*, de 1973, que se reúnem numa mansão num fim de semana e comem até morrer num frenesi de excesso. Nós somos assim, comendo até conseguirmos uma epidemia de doenças letais, desde diabetes, pressão sanguínea alta, doenças cardíacas, derrames, asma, artrite, doenças da vesícula biliar e câncer — milhões de pessoas condenadas a existências truncadas e precárias, unicamente por comer mais do que precisam. É a morte por apetite, e parece o tipo de bofetada punitiva ministrada por alguma divindade descontente e com uma tendência à justiça poética.

A exemplo do Deus do Velho Testamento que, conforme explica o Livro dos Números, foi tomado por uma fúria bíblica por causa das incômodas exigências de alimentos por parte dos israelitas. Seu povo eleito havia acabado de fugir em massa da escravidão no Egito e estava escondido em algum lugar no deserto próximo ao monte Sinai, numa espécie de programa sagrado de proteção a testemunhas. Todos os dias, Jeová generosamente providenciava pão do céu. Mas os israelitas estavam cansados de sua dieta formada exclusivamente por maná. Era ótimo... por um tempo. Mas não tinha gosto de nada e colava no céu da boca. Assim, começaram a importunar Moisés. "Se Ele pode fazer pão, então Ele poderia fazer carne", diziam. "Vai lá. Pede a Ele." Deus ouviu as lamentações de seu mensageiro, então decretou: "O Senhor dar-lhes-á carne e vocês comerão. Vocês comerão não um dia, nem dois, nem mesmo cinco dias ou dez ou vinte, mas durante um mês inteiro, até que lhes saia pelo nariz e se torne asqueroso para vocês." E lá vieram caindo as codornas. Caíam do céu aos milhares, aos milhões. O desejo dos israelitas por carne foi satisfeito com tanta proteína precipitada que ela os deixou doidos de glutonaria. Então, eles contraíram uma doença terrível relacionada ao excesso, da qual os mais gulosos morreram de forma agonizante.

Tenha cuidado com o que deseja. Desde os primórdios da civilização, nossos antepassados esfomeados tinham o sonho impossível de gozar exatamente o tipo de condições que temos presentemente — uma vida de abundância contínua, conspícua, disponível. Suas fantasias marcadas pela fome estavam obcecadas com um tipo específico de maravilhosa fartura: comida — em grandes pilhas transbordantes, fresca, saciadora e sempre à mão. A mitologia grega trouxe a milagrosa cornucópia, o chifre da cabra que amamentara Zeus, que teria quebrado e passou a se encher com qualquer coisa comestível que seu proprietário desejasse. Os camponeses medievais provocavam uns aos outros contando histórias repletas de proteínas acerca da terra mítica da Cocanha, onde os perus voavam já assados, as tortas vinham caminhando direto para as bocas das pessoas, os rios jorravam vinho e os moradores ficavam deitados, queixando-se: "Ai, estou cheio." O início do século XX produziu outra versão, em *Big Rock Candy Mountain*, o hino dos vagabundos americanos: "Há um lago de sopa/E de uísque também/E você pode remar por ele numa grande canoa."

Entretanto, embora os devaneios de nossos ancestrais criassem ávidas imagens de abundância, também eram suficientemente astutos para encarar esta perspectiva com cautela. A lenda popular da Europa medieval acerca da panelinha de mingau nos conta como uma família esfomeada recebe de presente, de um misterioso visitante, uma panela mágica que se encheria de mingau sempre que eles dessem uma ordem secreta. A panela só pararia quando recebesse um segundo comando secreto. Um dia, a filha saiu, deixando sua mãe com a panela. Quando a mãe ficou com fome, mandou que a panela começasse a produzir. Comeu seu mingau, mas, então, percebeu que a panela continuava a verter mingau. Ela tentou fazê-la parar, mas esquecera a palavra mágica. A velha e a aldeia inteira começaram a afogar-se sob o tsunami grudento que alagou todas as casas, até que, finalmente, alcançou a choupana que a filha estava visitando. Atendendo à ordem da garotinha, a panela parou, mas somente depois que a aldeia já estava toda submersa, e os sobreviventes tiveram que abrir seu caminho comendo para sair do atoleiro. É uma parábola dos nossos tempos: precisamos aprender a dizer "pare" para nossa panela mágica.

O problema está profundamente enraizado em nossa natureza. Saber quando começar mas não quando parar é uma das características que definem a humanidade — embora relutemos em reconhecer este fato. O próprio nome que escolhemos para nos designarmos demonstra quão profunda é nossa negação. Aproximadamente 250 anos atrás, o sueco Carolus Linnaeus, médico e colecionador de flores, iniciou um debate sobre que título científico em latim deveríamos escolher para descrever a nós mesmos. Linnaeus havia inventado o sistema de classificação taxonômica das espécies que usamos até hoje, no qual todas as plantas, animais, fungos e bactérias do mundo podem ter um nome lógico e ser agrupados de acordo com o seu lugar no mundo e as características que os definem. Mas e quanto a nós? Qual poderia ser nosso traço mais notável? Cientistas vaidosos argumentaram que deveríamos nos descrever como *homo rationalus* (homem racional); outros, dando mostras de uma disposição mais travessa, sugeriram *homo ludens* (homem brincalhão), enquanto alguns, dotados de senso prático, propunham *homo fabricans* (o homem que usa ferramentas). Mas Linnaeus decidiu-se por *homo sapiens* — "o homem sábio ou que pensa". Que nome impressionantemente quente, reflexivo e até metrossexual! Não é de estranhar que tenhamos ficado felizes em adotá-lo.

Porém, na realidade, a evolução da nossa espécie quase não se deu por meio da ponderação sábia. O que mais nos caracteriza é nossa capacidade de querer, desejar, cobiçar, ansiar por e, geralmente, entregar-se à luxúria. Queremos saber o que há atrás do morro, queremos vê-lo, e então possuí-lo, junto com tudo o que há acima e abaixo do solo... depois queremos saber o que há atrás do morro seguinte. Isso explica por que levamos menos de apenas 60 mil anos para colonizar a maior parte do planeta Terra. E é o motivo pelo qual deveríamos chamar-nos, na realidade, *homo expetens* — ou "homem que quer". Movida pelo desejo, a arquitetura básica de nossos cérebros evoluiu durante o fim da era plistocênica, entre 130 mil e 200 mil anos atrás. Nossos instintos foram moldados pelo comportamento voraz de pequenos grupos de caçadores-coletores sobrecarregados, que gradualmente se transformaram nos primeiros camponeses, observando aflitos suas culturas malograrem com uma frequência assustadora. A vida era extremamente difícil. Num ano tão recente quanto 1321, acredita-se que um em cada cinco ingleses morria de fome. Mais de 150 epidemias de fome foram registradas antes de 1620, e episódios de canibalismo ocorreram na Inglaterra em 1563.

Os ávidos instintos básicos do *homo expetens* asseguraram que alguns de nossos antepassados conseguissem sobreviver a todas as eras de gelo e os longos anos de penúria. Nos raros períodos de abundância, nossos ancestrais se empanturravam tentando se preparar para os dias de penúria adiante. Nunca se desenvolveram a ponto de dizer "Chega de comida". Se o tivessem feito, provavelmente não estaríamos aqui. Mas os instintos que eram vitais para sobreviver ao próximo período de fome agora dificultam nossa passagem sobre o próximo obstáculo evolucionário. E isto porque, se você oferecer a um onívoro voraz a oportunidade de criar seu próprio ambiente ideal, ele se precipitará de cabeça num mundo "coma tudo o que puder" repleto de açúcar e gordura e chafurdará ali até que lhe saia comida pelo nariz. É pornografia num prato. Em vez disso, deveríamos desenvolver uma cultura de "chega de comida", com o objetivo de desarmar nossos mecanismos de mastigação profundamente arraigados.

Atualmente, deveríamos saber o suficiente a respeito de nossos instintos de ingestão para tratá-los com extrema cautela. Nos anos 1990, cientistas descobriram o motivo pelo qual comer é um prazer tão atraente: quando digerimos algo doce ou gorduroso, o cérebro se autorrecompensa com produtos químicos parecidos com heroína, chamados opioides endógenos. Isso significa que lanches como biscoitos doces estimulam os mesmos centros de prazer que respondem a drogas causadoras de dependência. Estudos mais recentes mostram que o mero ato de pensar em um delicioso sorvete tem o mesmo efeito nos centros de prazer em pessoas saudáveis que fotos de cachimbos em usuários de crack. Também recebemos um estímulo viciante quando empanturramos fisicamente nossos estômagos, de acordo com um experimento que excitou eletronicamente os nervos vagos em pessoas com excesso de peso. O vago é uma ligação entre o estômago e a cabeça que diz ao cérebro inferior primitivo quando nossa pança está cheia até a borda. Quando ele era artificialmente ativado, podia-se ver na mente dos voluntários picos semelhantes aos observados em viciados.

Então, quer dizer que gostamos de comida. Muito. E nosso cérebro não nos deixa esquecê-la — novamente, graças aos nossos ancestrais. O segredo do caçador-coletor é ser capaz de encontrar tudo o que for comestível mais rápido que o camarada ao lado. Os melhores sobreviviam e passavam seus genes adiante e, portanto, herdamos mentes gastrólatras que ruminam constantemente sobre onde comemos, o que comemos, qual era o sabor e como poderíamos voltar a comer. Assim, nossos centros de recompensa nos atormentam persistentemente para que repitamos a experiência. Tudo isto faz com que, para muitos de nós, seja extremamente difícil seguir uma dieta. Estudos mostram que leva quatro meses de abstinência completa para que comecemos a perder nossos desejos ardentes por alimentos proibidos que engordam.

Há também um obstáculo físico à perda de peso: depois de termos criado gorduras, o pneu tende a permanecer porque nosso corpo aprendeu a agir como bochechas de hamsters, armazenando calorias. A constituição humana contém cerca de dez vezes mais células para armazenar gordura, em relação à sua massa corpórea, que a maior parte dos animais (os ursos-polares apresentam quantidade de gordura similar). Nossas constituições resistentes à fome possuem fortes mecanismos para barrar a perda de peso, mas sistemas fracos para prevenir o ganho de peso. Se você perde dez por cento do seu peso, seu corpo pensa que está ocorrendo uma emergência. Assim, ele queima menos combustível ao reduzir seu metabolismo e baixar a sua temperatura. Este efeito é ativado aproximadamente depois da oitava semana de dieta. Então, a perda de peso estaca, o moral despenca e os desejos desenfreados permanecem.

Fazer dietas também leva nosso metabolismo a responder no sentido contrário. Uma análise de 31 estudos clínicos de longo prazo descobriu que, no fim das contas, as dietas não funcionam. Dentro de cinco anos, cerca de dois terços das pessoas que fazem dietas recuperam o peso que perderam — e mais um pouco. A conclusão é que a maioria delas estaria melhor se não tivesse se submetido a dieta alguma: seu peso seria aproximadamente o mesmo, e seu corpo não teria sofrido o desgaste do efeito sanfona. Esse tiro pela culatra é pior entre os adolescentes: pessoas que começaram a fazer dietas sistematicamente quando jovens costumam ficar significativamente mais pesadas cinco anos depois que adolescentes que nunca fizeram dieta. Os jovens que estão de dieta tendem a pular o café da manhã, e então ir à forra mais tarde, durante o dia, exatamente como seus cérebros primitivos os incitam a fazer. Assim, estabelecem o padrão para o resto de sua vida. Todas essas respostas físicas são parte de uma estratégia de sobrevivência fantástica para a idade plistocênica, mas um golpe cruel no século XXI.

Contudo, esse não é o golpe mais cruel de todos. A mãe natureza parece ter nos projetado para operarmos como máquinas de perpétua insatisfação. Um estudo publicado no *Journal of Neuroscience* afirma que o cérebro dos mamíferos parece ser constituído de menos mecanismos para sentir prazer que para sofrer ataques de desejo. Os experimentos da Michigan University relatam que nossas sensações de desejo e satisfação são originadas em dois circuitos de "pontos quentes hedônicos" separados — profundamente inseridos dentro do cérebro. O circuito do desejo parece ter aproximadamente trinta por cento mais influência sobre nosso comportamento que o da satisfação. Isso significa que nossa instalação elétrica pode nos condenar a querer continuar girando aquela roda de hamster para sempre, independentemente de quanto prazer obtivermos com isso. As pessoas cujos circuitos de desejo são muito mais avantajados do que os de satisfação podem sofrer uma ampla gama de problemas ligados à dependência. Porém, essa não é uma preocupação somente para os que têm os circuitos conectados de maneira errada. Criamos um ambiente que instiga persistentemente os circuitos do desejo com a perspectiva tentadora de conseguir mais — especialmente mais comida.

Este é o ponto em que acrescentamos o cão de Pavlov ao nosso monte de dificuldades. Nossos sistemas de recompensa gravados pelo desejo não apenas são automáticos, mas também podem ser intensificados por condicionamento. Pavlov tocava uma campainha toda vez que seu cão comia uma refeição. Depois de um tempo, o cão começou a salivar sempre que ouvia a campainha tocar, o que deu origem à psicologia comportamental (e a um capacho melado). De maneira análoga, nossos instintos de querer comida foram condicionados a um estado de salivação permanente por um ressoar perpétuo de anúncios e propagandas. O cérebro de pessoas normais se enche de produtos químicos de recompensa à mera visão daquilo tudo. E a reação a este prazer estimulado visualmente é mais forte do que a que obtemos ao comer a própria comida, observa Dra. Nora Volkow, diretora do US National Institute of Drug Abuse. Segundo a especialista, este é o motivo pelo qual o marketing de junk food tem um efeito tão forte sobre as pessoas: "É um antigo mecanismo pelo qual a natureza se assegura de que consumamos comida sempre que ela estiver disponível. Nunca sabemos quando haverá alimento acessível. Bem, atualmente sabemos, porque temos lojas de conveniência. Mas, quando estávamos evoluindo, elas não existiam, e, se conseguíssemos obter a comida, então tínhamos que comê-la. Infelizmente, criamos um sistema em que somos inundados de informações sobre comida."

É como sair continuamente para jantar com o infame francês Père Gourier, um rico proprietário de terras do século XVIII que tinha um gigantesco apetite e que assassinava as pessoas por diversão, persuadindo-as a banquetear com ele pratos ricos e pesados, até que morressem devido ao excesso. Cada uma das vítimas do *Diable Gourmand* era levada a empanturrar-se todas as noites nos melhores restaurantes de Paris. Os *maîtres d'hôtel* sabiam perfeitamente o que o Père Gourier pretendia, mas legalmente não havia nada que pudessem fazer para impedi-lo. Inclusive, ele se vangloriava dos seus feitos. Quando um garçom perguntava por um recente companheiro de jantar, Gourier respondia: "Eu o enterrei hoje de manhã. Ele não era de nada. Peguei-o em menos de dois meses." A média de mortes causadas por Gourier era de cerca de uma vítima por ano durante o período de oito anos em que reinou o terror da mesa de jantar.

O sucesso de suas táticas homicidas ilustra outro de nossos problemas centrais com comida: nosso corpo simplesmente não sabe quando parar de comer. Temos que depender, então, de dicas externas, como quanta comida as outras pessoas à mesa estão consumindo. Portanto, em nossa sociedade, do consuma mais!, é muito fácil deixar-se levar pela multidão. Mesmo sem os ardis de um malvado epicurista francês para incitar-nos, tendemos a aumentar ou diminuir nossa ingestão de alimentos em mais de um quinto para acompanhar nossos comensais, alerta o professor Brian Wansink, que dirige o Food and Brand Lab da Cornell University.

Wansink expôs perfeitamente nosso problema relativo a dicas de saciedade por meio de seu próprio subterfúgio saboroso — um truque chamado "experimento da sopeira sem fundo". Ele e sua equipe fabricaram uma sopeira que podia ser reabastecida secretamente por meio de um tubo ligado à sua base e que, como a panela mágica de mingau, nunca podia ser esvaziada. Ele a utilizou para descobrir quais tipos de estímulos levariam as pessoas a parar de comer: dicas visuais ou a sensação de saciedade. Enquanto as pessoas que usam sopeiras normais comem aproximadamente 260ml, aquelas que eram servidas das sopeiras sem fundo consumiram em média em torno de 430ml. Algumas comeram mais de 900ml e só pararam quando lhes foi dito que o experimento de vinte minutos havia terminado. Quando se pediu para que estimassem quantas calorias haviam ingerido, os comedores das sopeiras sem fundo estavam convencidos de terem comido a mesma coisa que as pessoas com sopeiras normais — em média, cerca de 113 calorias a menos do que realmente haviam consumido. Outros estudos mostraram que tomamos mais de duzentas decisões relacionadas a comida todos os dias e dentre elas muitas determinadas por estimativas aproximadas, baseadas em dicas visuais enganosas, provenientes do mundo à nossa volta. Pratos maiores, colheres mais largas, pacotes mais fundos — além de companheiros alucinados por comida — tudo isto nos leva a comer mais.

A hospitalidade homicida do *Diable Gourmand* continuou inabalada até que ele encontrou um páreo duro na figura de seu conviva número nove, um homem chamado Ameline, sobre o qual se dizia ter pernas ocas — e que era também o segundo assistente de um executor público. Durante dois anos, a dupla disputou sua batalha, armada de facas, garfos e colheres, sobre as mais finas toalhas de mesa de Paris. Ameline, sabendo que Gourier não podia ser processado pelas mortes, provavelmente decidira vencê-lo de acordo com suas próprias regras. Ele costumava desaparecer por dois ou três dias seguidos, sob a alegação de "viagens a serviço público", quando, na realidade, estava purgando seu corpo com óleo de castor e outros laxantes. Ele nunca engordava um quilo sequer. Frustrado, Père Gourier começou a alimentá-lo com os mais ricos e pesados pratos conhecidos na cozinha gaulesa, comida que até mesmo o diabólico anfitrião tinha dificuldade para digerir. O fim chegou certa noite, no Cadran Bleu, o mais caro restaurante da cidade. Ameline engolia seu 15º bife de lombo de vaca quando Gourier, lutando com uma desvantagem de um bife, ficou pálido, arfou e desabou para dentro de seu prato, morto.

Morto, mas não desaparecido. A vida moderna é assombrada pelo fantasma de Gourier, incitando nossas antigas inclinações a comer sempre mais, usando tramoias infernais constituídas de *amuse-bouches*, que se manifestam na forma de anúncios, propaganda, conveniências, pacotes para viagem, junk food, programas de culinária, doces, lanches, restaurantes coma tudo o que puder e — à última moda de Gourier — finas "delicatessens" (chamadas pelo pessoal do marketing de "setor de luxo") que são sempre os mesmos velhos superaçúcares e supergorduras disfarçados em roupagens bacanas. Porém, nem tudo está perdido. Há maneiras pelas quais podemos exorcizar muitos desses pesadelos incitadores de instintos — ao praticar a suficiência.

Os planejamentos de dietas comerciais convencionais são maravilhosamente fantásticos num aspecto: continuam vendendo livros que se tornam campeões de vendas. Porém, se um único programa de dieta baseado em receitas realmente funcionasse de maneira sustentável, não haveria necessidade de novos livros nessa área. Os planejamentos modernos oferecem soluções de preparo fácil e de curto prazo: regimes que chamam atenção, do tipo só-repolho ou nada-de-carboidratos, que prometem resultados rápidos para que as pessoas possam voltar para a vida "normal" — aquela que as fez engordar, antes de mais nada. Mas as dietas de redução alimentar tropeçam em um problema básico: encorajam as pessoas a ficarem obcecadas com comida.

Isto só faz exacerbar o que nossos corpos já fazem conosco. Quando nossa ingestão calórica cai significativamente, nossos circuitos, que têm pânico de fome, enviam à nossa mente alertas químicos, mandando-a se concentrar numa tarefa essencial: procurar comida, a qualquer custo. Testes laboratoriais realizados por cientistas da Uppsala University mostram que a diminuição do consumo de comida ativa o sistema mesolímbico de dopamina do cérebro, um dos nossos mais importantes mecanismos de motivação relacionada à recompensa. Novamente, também é uma área estimulada por heroína e cocaína, bem como por prazer físico. Ela pode levar-nos a procurar sexo, drogas e — em tempos de fome — rolinhos de salsicha. Por isso, em vez de ficarmos obcecados com comida o tempo inteiro, precisamos tentar concentrar nossa mente em qualquer outra coisa.

O suficientismo não oferece uma estratégia com enfoque na comida. Tampouco faz promessas no estilo "isto vai cortar seu peso corporal pela metade em milésimos de segundo". Trata-se de adotar alguns hábitos de vida de longo prazo e com bases científicas, que ajudem a bloquear, combater ou esquivar-se da avalanche de estímulos alimentares que nos cerca. O suficientismo envolve curtir uma relação saudável e de longo prazo com nosso próprio apetite. Não há regimes recém-descobertos, nada de celebridades, de planejamentos diários e de alimentos banidos.

Wally, um ex-membro da equipagem de um bombardeiro de Lancaster durante a Segunda Guerra Mundial, alertou-me para a ideia de que os hábitos podem determinar como você come. Wally e eu trabalhamos juntos numa fábrica de papel terrivelmente obsoleta, que produzia aqueles pequenos rolos que entram nos compartimentos das caixas registradoras para emitir os recibos. Foi meu primeiro emprego em tempo integral e, provavelmente, o último de Wally. Ele era magro e rijo, extremamente perspicaz e quase maníaco de tão vivaz — e estava muito além da idade de aposentadoria. Além de alegrar nossos dias chatos com suas histórias de noites passadas nos céus inimigos a 6 mil metros de altitude, Wally possuía outro truque surpreendente: ele sabia dizer as horas baseando-se apenas em seu estômago. Seus dias giravam em torno de um mecanismo de horários rigidamente determinados pelas refeições. O regime fora-lhe inculcado em seus dias de Força Aérea e ele se ativera a ele desde então. "Eu nunca sinto fome, a não ser que faltem quinze minutos para a refeição", vangloriava-se.

Eu também era extremamente magro, naqueles dias de fábrica. Contudo, quando cheguei aos 20 e poucos anos, ficou tristemente evidente que eu havia herdado a propensão genética de meu pai para criar um pneu na barriga (além de ser baixinho, que coisa!) ao chegar à plena flor da idade. Desmoralizante. E perigoso.

Meu pai havia sucumbido na plataforma de uma estação de trem, com 54 anos, vítima de um intenso e inesperado ataque cardíaco. Foi declarado morto ao chegar a um hospital londrino das proximidades. Ele trabalhava em jornais de âmbito nacional. Viajava diariamente de Brighton para Londres. Estava acima do peso. E fumava. As advertências eram claras. Determinado a nunca repetir seus erros, acabei por trabalhar como jornalista em diários de âmbito nacional. Ooops. E me desloco de Brighton para Londres. Pelo menos, deixei de fumar e parei de viajar diariamente.

O peso continua a ser um desafio. Na melhor das hipóteses, meu corpo ficará num estado perpétuo de prontidão pré-suína, pronto a avolumar-se de um momento para outro. E, muito provavelmente, meu coração não será capaz de lidar com isso. Como muitos de nós, sou uma bomba-relógio metabólica ambulante. Contudo, consegui prevenir o acúmulo de peso, não a partir de uma sucessão sombria de dietas ioiô, mas com um regime de hábitos determinados, parecido com o de Wally, e que apresenta o efeito colateral de encorajar uma abordagem suficientista da vida. Sempre tomo um ligeiro café da manhã para começar o dia (nos últimos anos, tem sido uma banana congelada picada, nozes e outra fruta, batidas no liquidificador); o almoço é às 13h30 e o jantar, em torno das 20 horas. Penosamente previsível. Meu estômago sabe precisamente quando reclamar, o que me possibilita dizer: "Sai fora lanchinho!" O mecanismo que está por trás disto será explicado a seguir, junto com outras nove estratégias.

Coma o suficiente

Deixe que saborear seja sua salvação

O ato de saborear está no cerne da arte do suficientismo. No que tange à alimentação, isso constitui uma forma comprovada de reduzir sua ingestão calórica e fazer você se sentir satisfeito por mais tempo. O problema é que saborear contradiz a maneira como nossa cultura nos encoraja a viver. Frequentemente, temos a sensação de não ter tempo para saborear nossa comida. Em vez disto, ela vai ricocheteando direto por nossa laringe. Há vinte anos, gastávamos em média 33 minutos no jantar, mastigando e conversando com entes queridos. Agora, esse tempo encolheu para ofegantes 14 minutos e 27 segundos. As refeições são engolidas sem mastigar quando nos reabastecemos negligentemente sentados às nossas escrivaninhas, em estações de trem, na frente da tevê, lendo, mandando mensagens ou falando ao telefone. Uma pesquisa realizada em 2006 descobriu que menos de vinte por cento dos britânicos dedicam regularmente plena atenção a seus pratos.

Mas comer enquanto estamos com pressa ou preocupados não nos faz bem. A resposta natural do corpo ao estresse ainda é ou enfrentar ou fugir, não se alimentar. O corpo desvia o sangue — que deveria ir para o estômago, para prepará-lo à digestão, para os músculos, para que estejamos prontos para a ação. Dificilmente isto pode ser considerado uma receita que produza satisfação. Um estudo japonês realizado com 4.700 voluntários revelou que as pessoas que comem rapidamente pesam em média 7 quilos a mais que as que mastigam devagar. Os pesquisadores acreditam que comer rápido demais gera insulina excessiva e pode elevar o risco de diabetes. De acordo com a revista *Appetite*, quando estamos preocupados ou estressados, também comemos mais do que deveríamos, particularmente se estivermos tentando fazer uma dieta. Nossa mente deixa de experimentar toda a gama de prazer que pode obter do consumo de alimentos. A mensagem "já comi horrores, obrigado" deixa de ser enviada ao corpo pelo cérebro e logo surge a ânsia por um novo lanche. Esse efeito é particularmente acentuado em crianças que comem em frente à tevê.

A ideia de que comer calmamente pode reduzir as calorias foi sugerida pela primeira vez há mais de trinta anos. Vinha sendo considerada quase como uma lenda popular até que, em 2006, Kathleen Melanson, professora de nutrição na Universidade de Rhode Island, testou-a cientificamente. Pediu para que trinta estudantes mulheres viessem visitá-la duas vezes em seu laboratório. A cada vez, elas recebiam um grande prato de massa e a recomendação de comer quanto quisessem. Quando se pedia para que comessem rápido, consumiam 646 calorias em nove minutos, mas quando eram encorajadas a parar entre cada garfada e mastigar cada bocado entre 15 e vinte vezes, acabavam comendo apenas 579 calorias em 29 minutos. Quando as mulheres comiam atentamente, também gostavam mais da comida, se sentiam mais satisfeitas no fim da refeição e, horas depois, ainda estavam mais saciadas.

"Claramente, os sinais de saciedade precisam de tempo para se desenvolver", diz Melanson. Outra pesquisa indica que leva vinte minutos para o cérebro perceber que nosso estômago está cheio, portanto, tomar o tempo de mastigar possibilita à nossa mente quantificar o que engolimos. Ter mais oportunidade de beber água junto com as refeições também pode ajudar. As voluntárias no experimento de Melanson recebiam jarras e copos junto com suas refeições e, quando comiam vagarosamente, tinham consideravelmente mais tempo para bebê-la — e para reparar que estavam ficando com sede, também. A água pode ter aumentado sua sensação de saciedade. Além de esvaziar seu copo de água, Melanson aconselha: "Largue o garfo entre bocados, pare para conversar e prolongue sua refeição."

Dedicar uma concentração prazerosa às texturas, sabores e contrastes daquilo que você está comendo pode transformar-se numa experiência de meditação. Um sanduíche de salada de *homus* torna-se uma pequena aventura — sentir lentamente o crocante da crosta, o dissolver do pão, o gosto penetrante do *homus* cortando a acidez do pepino. E qual é o sabor real do alho, além de, hum, alhento?

Jante somente em pequenos restaurantes

Além do ambiente, da privacidade e do fato de que você provavelmente será alimentado por pessoas que gostam de seu negócio, há outro bom motivo para jantar em pequenos estabelecimentos em vez de em grandes redes cavernosas: é bem provável que você consuma menos. Estudos feitos com crianças indicam que somos incentivados a nos empanturrar quando nos encontramos em ambientes apinhados.

A pesquisa descobriu que as crianças comem em maior quantidade, mais rapidamente e durante mais tempo quando estão em grupos maiores. E também conversam menos. Por quê? Esse comportamento de urgência e insociabilidade é interessante — parece que os humanos têm uma resposta primitiva quando comem em grupo. Imagine: os caçadores finalmente conseguiram matar um animal e a presa é dividida entre a tribo voraz. Então, seus circuitos de sobrevivência dizem-lhe para você se apropriar de tudo o que puder comer, antes que todo mundo o faça. Não há tempo para brincadeiras. Os pesquisadores concluem que a visão e o som de muitos outros humanos comendo parecem se sobrepor aos sinais normais de saciedade do cérebro. Não é de se estranhar que as redes de fast-food se mostrem tão ávidas por promover festas infantis. E também não resta dúvida de que o efeito é o mesmo em adultos.

Evite refeições com muita variedade

A variedade é uma das grandes promessas da atual cultura alimentícia. Afinal, você não quer ficar *entediado* enquanto come. As opções de comida nas prateleiras dos supermercados aumentaram exponencialmente durante as últimas décadas, particularmente no que diz respeito a últimos lançamentos muito gordurosos ou açucarados, e de baixo teor nutritivo. E, enquanto é verdade que há uma ampla gama de alimentos saudáveis, quando eles estão misturados dentro de uma mesma refeição, frequentemente acarretam um consumo exagerado.

Estudos sobre a alimentação humana mostram que nosso apetite é parcialmente governado por um mecanismo chamado de saciedade sensorial específica. Nosso corpo sente-se cheio mais rapidamente se estivermos comendo somente um alimento. Sabe como é, você acabou de comer um prato cheio de carne com batatas e acha que vai estourar se comer apenas mais uma garfada... então, chega o pudim e você devora tranquilamente uma taça inteira. Parece que você desenvolveu magicamente um segundo estômago. Não é apenas o sabor da comida que influencia a saciedade sensorial específica. A variedade de cores e formatos também nos convence a comer mais do que intencionávamos. As pessoas consomem mais sanduíches quando são oferecidos três recheios diferentes, e mais massa quando ela vem com várias formas.

Esses mecanismos foram cruciais nos nossos dias de caçadores-coletores, quando a abordagem de colher e misturar era essencial para satisfazer toda a gama de necessidades nutricionais. Agora, devemos agir de forma a prevenir este impulso, para evitar a morte por novidade. Evidentemente, não se deve levar esta ideia de não variar demasiadamente longe, sob pena de acabar como Lord Lucan, notório aristocrata, já falecido, que comeu costeletas de cordeiro como almoço todos os dias de sua vida adulta (fritas no inverno, grelhadas no verão). Mas cozinhar refeições simples e sadias, embrulhar um almoço modesto ou colocar somente dois tipos de alimento em seu prato podem ser maneiras fáceis de controlar esse instinto hiperconsumidor.

Tenha boa companhia

Todos já passamos por momentos em que dizemos "Ah, bem, então também não vou comer pudim", num restaurante com amigos (e também por aqueles em que afirmamos: "Bem, se vocês vão comer sobremesa, vou comer bolo para acompanhar.") A autodisciplina pode necessitar de duas pessoas, como Gourier sabia perfeitamente. Nossa força de vontade e o sentido de proporção das porções são largamente determinados pelos apetites das pessoas com quem comemos. Portanto, o melhor é compartilhar a mesa com pessoas moderadas, sempre que possível.

Torne suas refeições sagradas

Como o velho Wally descobriu, fazer refeições em horários regulares pode ajudar a treinar seu cérebro a largar a tendência, exacerbada pelo ambiente, de pensar em comida o dia inteiro. Tal autodisciplina também envolve tomar decisões suficientistas sobre a quantidade que você aceita de trabalho, de informação, de coisas e de pressa, devido à necessidade de construir três espaços sagrados dentro do seu dia, para café da manhã, almoço e jantar. Eles devem ser dedicados exclusivamente a comer devagar e com atenção — e, de preferência, em boa companhia.

O aspecto social pode ser particularmente benéfico para os adolescentes. Aqueles que comem regularmente com suas famílias apresentam níveis mais saudáveis de peso corporal. Pesquisas sugerem que o ritual cuidadoso de compartilhar as refeições pode ajudar a aliviar a tensão da vida acelerada dos adolescentes e reduzir o impulso de buscar refúgio nas calorias.

Tempos fixos para as refeições apresentam outros benefícios culturais. Uma comparação da maneira como os franceses e ingleses consomem alimentos, realizada por nutricionistas da Nottingham University, confirmou que os estereótipos tendem a ser verdadeiros. Tradicionalmente, os franceses cozinham com ingredientes básicos, comem em grupo, com horários preestabelecidos, e raramente lancham. Os hábitos ingleses comuns envolvem refeições de micro-ondas, comer sozinho e apressadamente e ficar beliscando o dia inteiro. Isso ajuda, em parte, a explicar os níveis de obesidade significativamente diferentes entre as duas nações.

Hoje em dia, até mesmo essa particularidade dos franceses encontra-se sob a investida do mundo do consumismo. O governo francês está tendo que combater um surto repentino de obesidade juvenil causado pelo surgimento de redes de fast-food e de lojas de conveniência. Advertências sobre os riscos para a saúde estão sendo afixadas em embalagens de junk food, embora esta tentativa de contrabalançar o consumismo possa revelar-se meramente retórica. A cultura ocidental das calorias continua a expandir-se cada vez mais, trazendo o fantasma de Gourier de volta a sua pátria. Se os franceses perderem suas salvaguardas culturais, terão de aprender a dizer "chega!" enquanto indivíduos.

Passe mais tempo ao ar livre

A desordem afetiva sazonal (do inglês Seasonal Affective Disorder; sua sigla, SAD, significa também tristeza, um dos sintomas do distúrbio) é o nível extremo de um fenômeno que nos atinge no inverno, ou quando passamos os dias de luz natural dentro de casa, na frente dos computadores. Quando nossa vida se torna carente da luz do sol natural, nosso corpo prepara-se para uma estação de penúria e solidão ao entrar num modo de semi-hibernação. Caem os níveis de serotonina, neurotransmissor responsável pelo bem-estar, os de fome elevam-se e as taxas de atividade diminuem. A maior parte das pessoas com SAD relata ansiar por carboidratos, comer mais e ganhar peso. Médicos norte-americanos chamam esse fenômeno de "blizzard bloat" (inchaço de nevasca). Sair ao ar livre para iluminar a glândula pineal fotossensível de seu cérebro com uma boa dose de luz solar é a solução — embora isso requeira uma diminuição no tempo que você passa em escritórios iluminados artificialmente. Saia pelo menos durante a hora do almoço para curtir sua comida.

Durma bem, durma leve

Cansaço, noites insones e maldormidas produzem um estrago em nossos hormônios do apetite. Um estudo da Chicago University que reduziu a noite de sono de 12 homens jovens para apenas quatro horas descobriu que seus níveis de grelina, um hormônio que aumenta o apetite, elevaram-se em 28 por cento após apenas dois dias. Simultaneamente, seus níveis de leptina, o hormônio que diz para o cérebro que o estômago está cheio, caíram em 18 por cento. Os homens também declararam que a falta de sono os fazia desejar alimentos com altos teores de carboidratos.

Outro estudo, que comparou os padrões de sono e níveis hormonais de 1.024 pessoas, verificou que quem dormia em média cinco horas ou menos por noite apresentava 15 por cento a mais de grelina que as pessoas que dormiam oito horas, e 15 por cento menos leptina. Essas alterações hormonais podem resultar de outro antigo instinto de sobrevivência. A maior parte dos animais deixa de dormir apenas se precisar de mais tempo para encontrar alimento.

Não é preciso muito tempo de sono adicional para corrigir os danos. Uma pesquisa publicada em *Archives of Internal Medicine* mostra que apenas vinte minutos a mais de sono podem estar vinculados ao fato de ser mais esbelto. Porém, novamente, isso implicará decisões de vida suficientistas, como trabalhar menos horas ou assistir a menos tevê. Há outro motivo prático para que pouco sono se traduza em mais gordura: pessoas bêbadas de sono dificilmente vão cozinhar para si. Estão cansadas demais para se incomodar, então se enchem de fast-food.

Mude sua cozinha

Sua cozinha é aconchegante demais? Luz branda nos encoraja a comer mais, porque nos deixa demasiadamente relaxados. Transformar a cozinha no centro da casa também pode causar problemas porque os principais estímulos que nos levam a comer em excesso são a visão e o cheiro de comida. Quanto mais tempo você passar na cozinha — conversando ou trabalhando na mesa —, mais provável será que se exceda na comida. Se você não consegue se afastar da cozinha, pode pelo menos reduzir os utensílios. É um artifício simples, porém altamente eficaz. Estudos feitos em restaurantes mostram que consumimos muito mais quando recebemos porções maiores. Simplesmente trocar seus apetrechos de cozinha por outros de tamanho menor pode ludibriar seu cérebro, levando-o a crer que você está comendo mais.

Coma em lugares pequenos e tranquilos

O sistema nervoso humano é planejado para reagir a elevados níveis de barulho com uma batida cardíaca acelerada e pressão sanguínea mais elevada, de maneira a estar fisicamente preparado a fugir de algum perigo. Em restaurantes badalados e notoriamente barulhentos, as pessoas reagem comendo mais rápido (portanto, em maior quantidade) e bebendo mais álcool. Os donos do estabelecimento adoram isso, porque reduz o tempo de ocupação das mesas.

O truque dos copos mágicos

Se você quiser melhorar o equilíbrio entre uma bebida extremamente calórica e uma hidratação sadia, dê uma olhada em seus copos. Quando estiver se encharcando com líquidos saudáveis, como água ou sucos de fruta, use copos baixos e largos. E quando estiver bebendo álcool, use copos altos e estreitos. Trata-se de uma ilusão de óptica: uma análise de hábitos de beber realizada pela Cornell University, publicada no *British Medical Journal*, descobriu que as pessoas vertem maior quantidade de líquido em copos baixos, achando que os copos altos têm maior capacidade — mas, na verdade, não há diferença.

3 | **CHEGA** de coisas

Há somente duas tragédias na vida: uma é não conseguir o que se quer, e a outra é consegui-lo.

Oscar Wilde

Goste você ou não, uma vistosa Ferrari vermelha é garantia de exclamações de admiração! Duas estacionadas juntas, então, são uma festa para qualquer fã da escultura automobilística. O mesmo pode se dizer de três, e talvez até de dez. Contudo, em algum momento, a aura dispendiosa começa a evaporar. Quando chegam a vinte, estacionadas como táxis diante de fileiras de Aston Martins, com a mesma quantidade de Rolls-Royces e Bentleys amontoados atrás desses, os automóveis perdem seu fulgor suntuoso. Encontro-me numa quadra de armazenamento de alta segurança em algum lugar do setor oeste de Londres, olhando para todos esses ícones de sucesso abandonados em fileiras de coisas metálicas raramente usadas. Quase nunca veem a rua. Tampouco chegam a juntar poeira, porque a equipe deste gigantesco depósito é paga para lhes dar polimento toda semana. Os funcionários também viram os motores a cada quinze dias, para que não travem, e empurram os carros para a frente e para trás para impedir que os pneus (que custam cerca de mil libras o jogo) fiquem marcados em um determinado lugar.

Aqui está a resposta à atormentante questão de o que fazer depois de ter realizado o sonho da sua vida, de se juntar à turma da Ferrari e ter um possante veloz como um foguete, que leva os meninos a apontarem com o dedo e as supermodelos a emitirem gritinhos agudos. Evidentemente, você poderia tentar dirigir a coisa como um transporte normal. Bem, trata-se de uma experiência delicada, torrando a embreagem ao circular pela cidade em primeira marcha, ficando de olho na pintura, atento a todos os motoristas descuidados com seus carros mais baratos. E fora, nas estradas, caso seja possível achar alguma estrada desimpedida, coloca em risco sua carteira de motorista no rastro das câmeras da fiscalização eletrônica e dos radares. E, se resolver estacionar para fazer umas compras, sua máquina lustrosa atuará como um imã para jovens empunhando chaves, moedas e canivetes. O melhor é escondê-la das vistas. E pagar para que fique lá. O medo que aflige as pessoas que possuem superautomóveis se traduz em lucro para firmas de armazenamento de veículos de luxo. Colin McCoy, chefe do depósito, dá de ombros para o espetáculo que se acumula do lado de fora de seu escritório mínimo: "Não sei por que algumas pessoas os têm", diz. "Um sujeito com uma Ferrari de cem mil libras simplesmente aparece por aqui, leva o carro para dar uma volta no quarteirão e retorna. Outros só sentam dentro do carro, cheiram o couro e ouvem som."

Automóveis que não se pode dirigir são apenas um exemplo extremo de todas as outras coisas pelas quais anelamos, nos empenhamos e trabalhamos. Ansiamos por elas quase tanto quanto desejamos comida. Nosso mundo consumista atiça nossos apetites com a isca de ícones de prazer ilimitado, sempre melhores, maiores, mais velozes e mais *caros.* É uma pena que eles roubem nossa vida e arruínem o meio ambiente. É uma pena, também, que, quando finalmente conseguimos adquiri-los, invariavelmente descobrimos que não cumprem sua promessa de tornar a vida melhor. Invariavelmente? Os psicólogos chamam esse processo de "adaptação hedônica". No início, dá uma grande onda tornar-se essa coisa rara e impressionante: proprietário de uma *Ferrari* (ou de um Rolls, ou de um Range Rover, ou de um GTi etc.) Uau! Porém, depois de um tempo, a glória e o prestígio que vieram junto com esse novo status elevado começam a esvaecer-se. O senhor ou a senhora carrão começa, então, a se sentir insatisfeito de novo. Uma alternativa é simplesmente adquirir outro símbolo de status que reavive sua autoestima. Por que não sair por aí ostentando uma lancha? (Pode constituir-se num perfeito totem de consumo: a maior parte das pessoas que possuem embarcações de lazer consegue tirar dois dias de prazer legítimo de uma embarcação de luxo — o dia em que a compram e o dia em que a vendem. O resto são taxas de ancoradouro.) Porém, muitos de nós possuem todas as coisas materiais necessárias para gozar uma vida prazerosa e gratificante. Então, por que continuar a desejar mais coisas?

Há muito fomos avisados sobre a ganância. Epicuro, antigo filósofo grego, advertiu que, enquanto o prazer é a base do contentamento, a extravagância dificilmente pode trazer alegria. Contudo, uma das coisas que torna a nós humanos singulares é nosso desejo de adquirir coisas. As gralhas podem roubar objetos brilhantes e os polvos podem coletar itens resplandescentes para seus jardins, mas nós somos parte de uma categoria absolutamente diferente. Colecionar é um hábito humano antiquíssimo: acúmulos de fósseis pré-históricos foram encontrados em vilas romanas na Grã-Bretanha. O imperador Adriano colecionava mármores gregos e antiguidades egípcias. Nossos predecessores achavam conhecer a razão de nossos instintos materialistas.

Naquelas cabeças de frenologia em porcelana que se encontra em antiquários, pode-se ver a representação do "órgão da aquisitividade" do cérebro. Um certo Dr. Vimont, escrevendo no *Phrenology Journal* em 1850, localizou o centro de compras do cérebro no "ângulo anterior inferior do osso parietal". Também era conhecido como o "órgão da cobiça". Dr. Vimont escreveu: "A faculdade primitiva manifesta pelo órgão parece ser o sentido de propriedade, do qual a forma ativa é o desejo de adquirir." Evidentemente, isso era pura besteira. Entretanto, recentemente especialistas tentaram oferecer outras explicações, com base científica.

Karl Polanyi, falecido antropólogo e historiador econômico, tentou persuadir todo mundo de que a mania atual de bens materiais está mais relacionada a aprendizado que a instintos. Ele alegava que, enquanto todas as sociedades se propõem a suprir as necessidades básicas de seus membros, somente os países capitalistas modernos se concentram intensamente na ganância material. Não precisamos ser assim, dizia, argumentando que as sociedades pré-capitalistas atribuíam valores mais elevados à família, ao clã, à religião, à honra e à tradição que a objetos lustrosos. Na opinião de Polanyi, o atributo humano mais básico é a necessidade de relacionar-se com outros e sentir-se parte de uma comunidade. Somos animais sociais acima de tudo, insistia, e o consumismo é apenas um embuste social por parte de uma pequena elite rica para aumentar seu próprio poder. Talvez, mas, por outro lado, Polanyi simpatizava com as ideias tradicionais da velha esquerda. Era líder de um movimento estudantil radical na Hungria, onde nascera, e dava aulas na Associação de Educação dos Trabalhadores na Inglaterra. Talvez a visão romanticamente otimista de Polanyi da inata nobreza humana seja um pouco ingênua demais. Afinal, era muito mais fácil orgulhar-se de família, clã, religião, honra e tradição nos dias em que não havia carros esportivos e lanchas excitantes para atiçar nosso gosto materialista.

Suas alegações vão radicalmente de encontro às evidências que o psicólogo infantil Bruno Bettelheim reuniu quando viveu em kibutzim israelenses, que, por sua vez, são fruto de velhos ideais socialistas de comunhão. Bettelheim descobriu que as crianças dos kibutzim eram tudo, menos comunistas natas. Iniciavam a vida com um forte instinto de possuir patrimônio pessoal que só podia ser desaprendido por meio de persistente reprogramação por parte dos seus pais. Em seu livro *Children of the Dream* (Filhos do sonho), Bettelheim afirma que a inexistência de pertences privados no kibutzismo danificou sua capacidade de manter relações pessoais: "O kibutz me mostrou, como nenhum lugar, o grau de relação entre a propriedade e as emoções privadas, nas camadas profundas da mente. Se a primeira estiver ausente, as outras também tendem a estar." Tire minhas tralhas, tire minha alma? Eu gostaria de acreditar que desconfio da posse material, mas, por outro lado, se alguém saísse levando minhas coleções de motos, livros, violões e discos, minha noção abrangente do eu seria, para ser sincero, mortalmente abalada.

As evidências científicas parecem dar razão a Bettelheim. Uma dica significativa neste sentido pode ser encontrada nos artefatos espalhados que os arqueólogos desenterraram em cavernas neolíticas. São machados. Milhões deles. Numa quantidade muito superior do que qualquer hominídeo manejador de ferramentas poderia precisar. Mas não se trata apenas de pedras cuidadosamente lascadas: são os protótipos neolíticos de sapatos Gucci e relógios Rolex. Nossos ancestrais da idade da pedra tornaram-se extremamente habilidosos em transformar pedaços de pedra em ferramentas cômodas, mas parece que esses dispositivos não eram valorizados unicamente como objetos práticos para golpear inimigos ou fatiar bisontes. Hoje em dia, os antropólogos acreditam que também desempenhavam outro papel crucial como forma de ostentação de exemplares de tecnologia de design, precursores entalhados dos espremedores de limão Philippe Starck e das facas Sabatier.

Afiar suas habilidades para produzir ferramentas podia transformar alguém num atraente herói da machadinha na idade da pedra, defende o psicólogo evolucionário Geoffrey Miller (que, no primeiro capítulo, nos alertou sobre os perigos da vida virtual): "As ferramentas eram fabricadas de maneira a ostentar a simetria, a perfeição da superfície, a qualidade do artesanato", diz. "Eram claramente produzidas por razões estéticas. Em algumas escavações arqueológicas, encontraram dezenas de milhares dessas coisas. Era uma competição descontrolada, como se a alta moda estivesse surgindo dentro das cavernas." Miller acredita que a arte, de forma geral, evoluiu como um expediente de atração sexual, porque exibe a destreza, a criatividade, a imaginação e a inteligência do artista.

Hoje, entretanto, esse instinto tem sido astuciosamente subvertido: somos encorajados a pensar que podemos adquirir pedaços de amuletos para atrair parceiros, então puxamos um cartão de crédito e pagamos por itens produzidos em massa e batizados com marcas que causam impressão. É aflitivo que os amuletos se desgastem tão rapidamente. Porém, é isto que mantém o nosso sistema esbanjador funcionando — sempre há uma machadinha aperfeiçoada, mais impressionantemente moderna, pronta para entrar na linha de produção assim que você tiver terminado de pagar pela sua. Isso também ajuda a explicar a atual obsessão de nossa cultura de ter sempre tudo novo e na moda, em vez de itens que são construídos de forma sustentável para durar longos anos.

O que é ainda mais incitante para nosso pobre e velho cérebro neolítico é o fato de que todos os produtos ainda mais novos e melhores sempre pertencem a pessoas bonitas. Temos Liz Hurley com um perfume arrebatador pertencente a uma nova linha de cosméticos, Daniel Craig batendo virilmente num conjunto de laptop e telefone celular enquanto interpreta James Bond. Nossa mente tende a identificar-se demasiadamente com as celebridades porque evoluímos em pequenos grupos tribais. No período neolítico, quando você conhecia alguém, essa pessoa também conhecia você. E, se vocês não se atacassem mutuamente, então provavelmente eram amigos. Nossa mente ainda funciona dessa maneira — o que nos dá a falsa ideia de que, de alguma forma, as celebridades sobre as quais tanto ouvimos são nossas conhecidas.

Os seres humanos também são imitadores natos — um talento que explica grande parte do sucesso de nossa espécie, uma vez que foi o que permitiu que nos adaptássemos aos ambientes inconstantes muito mais rapidamente que nossos competidores, que só podiam fazê-lo a partir da evolução biológica. O que nos colocou muito à frente dos outros primatas foi nossa atenção aos detalhes. Um macaco pode ver outro enfiando um pedaço de pau dentro de um formigueiro e então imitar a ideia básica, mas somente os humanos podem replicar uma técnica engenhosa com exatidão. Consequentemente, precisamos escolher com muito cuidado quem vamos copiar. Não faz sentido imitar o membro mais bobo de seu grupo, a não ser que queira fazer uma piada. Assim, nos desenvolvemos emulando os costumes, idiossincrasias e roupas das pessoas mais bem-sucedidas que vemos, na esperança de que a imitação nos eleve ao nível delas. Isso ajuda a explicar o motivo pelo qual tantos dentre nós se sentem compelidos a tentar igualar-se materialmente às celebridades, os alfas míticos de nossa aldeia global.

Porém, há um lado obscuro do efeito celebridade. Queremos tanto fazer parte do grupo mais importante de nossa tribo que ficamos constantemente temerosos de sermos rejeitados por ela. O fato de nos sentirmos excluídos deixa-nos tão chateados que nossa inteligência despenca. Isso foi demonstrado por uma série de testes que consistiam em fazer alguns estudantes se sentirem completamente excluídos (como os psicólogos se divertem!). Roy Baumeister, psicólogo da Case Western Reserve University, convidou estudantes de graduação para conhecer um grupo de estrangeiros notáveis e então pediu-lhes para citar dois membros do grupo com quem gostariam de trabalhar num projeto. Contudo, em seguida, dizia-se aos estudantes que, lamentavelmente, os estrangeiros não os haviam aceitado. O QI dos estudantes rejeitados despencou cerca de um quarto de seu valor durante várias horas. Seus níveis de agressividade se elevaram. Baumeister afirma que seus testes revelam como a rejeição tribal interfere em nosso autocontrole: “Desfere um golpe que parece influenciar em nossa habilidade para raciocinar de uma forma complexa”, comenta. “Você pode fazer coisas estúpidas.” Assim, nossa perpétua exclusão da turma das celebridades torna-nos mais sujeitos a comprar coisas irracional e impulsivamente, só porque elas são respaldadas pelas pessoas pelas quais queremos tão desesperadamente ser amados.

Tudo isto levou-nos a criar um mundo no qual estamos cercados por tantos utensílios, novidades e coisas efêmeras que nossa capacidade de referência em relação a eles foi para o brejo. Chamamos isto tudo de "coisas". As coisas de preço mais baixo frequentemente prometem resolver alguns dos pequenos aborrecimentos de nossa vida, embora na maioria das vezes esses itens sirvam apenas para saciar temporariamente a entediante necessidade de comprar *alguma* coisa. Há algum tempo, minha amiga Kay sugeriu que fôssemos lanchar numa tarde de domingo. Porém, caso eu não tivesse objeções, iríamos pela avenida principal porque ela precisava resolver alguns pequenos assuntos antes. Entramos em cinco lojas, variando desde butiques chiquíssimas a lojas de departamentos labirínticas. Nas cinco ocasiões, Kay extraiu um item de sua bolsa e contou para alguém da equipe de vendas: "Comprei isto ontem, mas percebi que não é o que quero. Gostaria de devolvê-lo, por favor." A cada vez, a funcionária sorria, pegava o batom, a blusa, o sutiã ou o item em questão e entregava-lhe um cupom de crédito. Kay ficava satisfeita. Ela poderia usar o crédito no futuro, para comprar alguma outra coisa que ela subsequentemente poderia não querer mais. "Você deve ter tido um sábado de compras muito complicado", comentei com ela. "Oh não", respondeu. Ela faz isso o tempo todo. Kay se autodenominaria uma compradora sagaz, em conformidade com os modos da vida moderna de consumo. Mas tal comportamento pareceu-me estranho.

Na semana seguinte, precisei comprar um par de sapatos para o trabalho, num estabelecimento pertencente a uma cadeia de lojas. Perguntei ao vendedor se muitas pessoas devolviam o calçado que haviam comprado às pressas no sábado. "Meu Deus, e como", respondeu. "Temos umas vinte mulheres vindo todas as segundas-feiras de manhã. Algumas delas são devolvedoras regulares, que chamamos de *shoe-limics**."

Qual a razão disso? Devemos pôr a culpa em nossa velha amiga dopamina, o hormônio do prazer, por desencadear uma onda emocional de intrepidez do tipo "quer saber? vou comprar!" Neuroimagens obtidas por pesquisadores da Emory University mostram que o neurotransmissor dopamina é emitido aos montes assim que os compradores veem um produto e quando pensam em comprá-lo. Mas a dopamina tem tudo a ver com a caça e não com o troféu. É somente a antecipação, e não a compra em si, que esguicha dopamina pelo nosso crânio. E não passa de um efeito passageiro. Assim que o negócio tiver sido fechado, o pico químico se esvaecerá em poucos minutos, não raro deixando uma sensação de arrependimento que os donos das lojas chamam de "remorso do comprador".

Pelo menos os *shoe-limics* devolvem suas compras indesejadas. Uma pesquisa entre mil britânicos mostra que frequentemente nos arrependemos de abarrotar nossa vida com mais compras, desperdiçando mais de nove bilhões de libras em dispositivos que raramente usamos, se é que chegamos a utilizá-los. No topo da lista estão as sanduicheiras. OK, não são Ferraris, mas, huuumm, aqueles sanduíches tostadinhos, hein? Cerca de 15 milhões de pessoas compraram balanças de cozinha que só viram a luz do dia uma ou duas vezes. O mesmo vale para máquinas de café, massageadores para os pés e facas elétricas. Esses produtos têm uma

---

* Em *shoe-limic*, o autor faz um trocadilho com bulimic, que funciona tanto do ponto de vista fonético, como comportamental, já que os bulímicos "devolvem" a comida. (*N. do T.*)

coisa em comum: a promessa sedutora de que, ao comprá-los, seremos transportados para um mundo de sofisticação prazerosa em que teremos tempo de pesar ingredientes para refeições deliciosas, fazer café de verdade e andar por aí bebericando-o em trajes felpudos.

É possível observar esse fenômeno no eBay. Dê uma conferida nas pranchas de windsurf, motocicletas, kits massageadores caseiros, violões — escolha qualquer brinquedo que denote estilo de vida e encontrará exemplos cristalinos abarrotando as páginas de ofertas, cada um com um vendedor lamentando: "É uma [bicicleta, prancha de surfe, violão, massageador, sanduicheira, coisa] maravilhosa, mas simplesmente não tenho tempo para usá-la." Você quase pode ouvir o suspiro de perturbação do vendedor. Comprou o objeto num frenesi de antecipação, arrastou-o para casa, tirou-o da caixa e descobriu, para seu assombro, que não veio com um pacote de tempo extra para poder curti-lo. Grande parte daquele tempo precioso foi gasto trabalhando para adquiri-lo. E preenchendo um formulário de eBay para revendê-lo.

Então, pode ser que compremos outra coisa, na esperança de que resolva o problema — seja ele qual for: talvez ela o transforme num cozinheiro gourmet, num espírito livre, num ícone sexual ou num surfista. Em nosso mundo de consumo, não há limite para o que você pode comprar, contanto que seu crédito esteja bom. Mas, se o seu crédito não estiver bom, então talvez você esteja sofrendo de uma doença. Dra. Lorrin Koran, da Escola de Medicina da Stanford University, alega que um em cada vinte adultos norte-americanos sofre do "vício de comprar", que lhe causa consequências adversas — principalmente (*que surpresa!*) dívidas. A disfunção tem até nome clínico, oneomania, derivado do grego antigo *onios*: à venda. Koran afirma que "viciados em compras" adquirem coisas de que não precisam, que não usam e que não podem comprar com o dinheiro que possuem. Perdem o interesse em suas compras, têm problemas para pagá-las e então brigam com os cônjuges.

Para escrever seu trabalho, publicado no *American Journal of Psychiatry*, Koran inquiriu mais de 1.200 adultos sobre seus hábitos de compras e descobriu que pelo menos um a cada vinte preenchia os critérios de comprador compulsivo. Homens e mulheres têm tendências iguais, segundo Koran, que aconselha: "As pessoas que têm esse problema devem procurar tratamento." O que é interessante, entretanto, é que as pessoas identificadas como compradoras doentes geralmente tendem a ganhar menos dinheiro que aquelas que mantêm suas compras "sob controle". Portanto, a lógica é a seguinte: se puder se dar o luxo de gastar em algumas coisas a mais do que precisa, você está em boa saúde — porém, se não puder bancar suas extravagâncias, então é um oneomaníaco. Isso revela muito sobre nossa cultura. E pode-se traçar um paralelo com o comunismo da ex-União Soviética, em que o regime estava tão convencido de sua perfeição que achava que a única razão pela qual as pessoas discordariam politicamente era porque estavam afetadas por uma doença psiquiátrica e precisando de "tratamento". No mundo do consumo, só existe um tipo de insanidade envolvida em comprar coisas em excesso de maneira esbanjadora e insensata: é quando seu crédito não pode pagá-las.

Essa não é a única nova doença de compra que os psicólogos identificaram. Há, também, o distúrbio de consumo compulsivo (DCC), que descreve pessoas que compram continuamente e armazenam as coisas até que suas casas estejam lotadas do chão ao teto. Esse distúrbio pode, inclusive, matar. Num determinado caso, policiais atenderam a uma denúncia de pessoa desaparecida feita por um marido preocupado e encontraram todos os aposentos da casa abarrotados com roupas, louças e caixas. O chefe de polícia Terry Davenport, de Shelton, Washington, diz que, depois de uma busca de dez horas, seus homens encontraram a esposa do homem, Marie Rose, de 62 anos, esmagada sob uma pilha de coisas misturadas. Seu marido acredita que ela estivesse procurando o telefone. Pesquisadores psiquiátricos alegam que esse tipo de compulsão pode afetar até dois milhões de pessoas nos Estados Unidos. Um experimento feito com estudantes universitários mostrou que a ansiedade pode aumentar, em determinadas pessoas, a propensão para o excesso. Também há uma explicação evolucionista para isso: em tempos de ameaça, o afã de estocar provisões teria evidentemente melhorado as chances de sobrevivência de nossos ancestrais. Esse instinto residual também pode ajudar a explicar como as campanhas de vendas podem funcionar em massa, aproveitando-se coletivamente de nossas inseguranças mais profundas — você está com um cheiro esquisito, não é suficientemente bom, ninguém gosta de você.

Também podemos atribuir nossa aquisitividade a uma crise de confiança muito mais ampla. Talvez tudo gire em torno de tentar comprar algum propósito num cosmo sem divindade. Deixando de lado os ovos de Páscoa e os presentes de Natal, de pouco adiantam as marcas religiosas para a vida secular. De modo geral, nós, ocidentais, acreditamos que o velho Deus superpoderoso está morto e que ninguém vê nossos dramas cotidianos ou ouve nossos pensamentos íntimos. Assim, a única alternativa que nos resta para atingir qualquer tipo de imortalidade é obter aclamações nesta vida material, sob a forma das coisas que possuímos e vestimos.

É uma compensação existencial. E, além do mais, o que fariam milhões de pessoas com seu tempo e sua sensação de propósito se não houvesse as compras e o tempo gasto em ganhar dinheiro para ir às compras?

Esta questão nos leva a uma ideia fascinante que explica por que fazer compras é muito mais do que mera "terapia a varejo" — na realidade, é uma maneira de fortalecer nosso instável universo mental. Num trabalho intitulado "Por que as pessoas precisam de autoestima?", o psicólogo norte-americano Thomas Pyszcynski desenvolveu uma ideia chamada teoria do gerenciamento do terror. Ele argumenta que a autoestima sustentada pelo varejo é "um escudo concebido para controlar o terror potencial que resulta da consciência da aterrorizante possibilidade de que nós, seres humanos, somos meramente animais transitórios tateando pelo caminho para sobreviver num universo sem sentido, destinados apenas a morrer e desintegrar-se". Para bloquear esta visão da vida como um interminável roteiro de Samuel Beckett, criamos uma sociedade que oferece roupas que nos transformam de mortais em deuses da moda, e utensílios de cozinha que nos elevam ao status de divindades domésticas. Pyszcynski arremata acrescentando que nós realmente podemos não ter maior significado no universo do que "qualquer batata, abacaxi ou porco-espinho". Com exceção do fato de que, bem, você já viu alguma vez uma batata, um porco-espinho ou um abacaxi prejudicar nosso ecossistema com suas incursões ao varejo?

Bem, então, aqui estamos, uma espécie condicionada por circuitos, compelida e drogada com hormônios para querer coisas. E estamos circundados por coisas. Talvez devêssemos simplesmente nos resignar a seguir uma espiral de consumo até o dia em que formos enterrados vivos debaixo de tudo isso. Claro que não, argumenta Aleksandr Solzhenitsyn, prêmio Nobel de literatura e ex-dissidente soviético. Ele calcula que a única maneira de reavivarmos nossa sensação de finalidade humana é *não* fazer compras — e retomar as rédeas de nosso impulso de gralhas e polvos.

A despeito de suas objeções ao antigo regime soviético, Solzhenitsyn tem uma visão igualmente perniciosa da vida ocidental. Ele argumenta que agora que jogamos fora nossas antigas estruturas religiosas e morais, perdemos nosso senso de comunidade e do significado mais elevado da vida. Nossa sede por posses e prazeres pessoais é quase tudo o que sobrou, reduzindo-nos a pouco mais que um monte de consumidores atomizados e alienados. O remédio preconizado por Solzhenitsyn é o autodomínio — um termo que garantidamente provocaria fisionomias azedas nos shopping centers. O velho dissidente propõe que, em resposta aos constantes avanços da tecnologia da humanidade e a todas as maravilhas que ela traz consigo, precisamos aprender uma nova habilidade — a arte de autodisciplina, que hoje, segundo ele "parece-nos algo totalmente inaceitável, constrangedor e até repulsivo. Nossos ancestrais viveram com restrições muito maiores e tinham bem menos oportunidades. Somente agora a importância suprema do autodomínio apareceu à humanidade em sua inteira premência."

Então, como fazer para nos refrear? Solzhenitsyn sugere que cultivemos uma noção de espiritualidade desinteressada, educadamente recusando nossa oportunidade sem precedentes de esgotar os recursos do planeta de uma só vez: "Só pode haver uma verdadeira evolução: a soma total dos progressos espirituais dos indivíduos. A autolimitação é o passo fundamental e mais sábio de um homem que conquistou a liberdade. É também o caminho mais seguro para alcançá-la."

Bem, este é o tipo de frase que deveria vir acompanhada de uma banda. E por que não reivindicar um aspecto espiritual para praticar a moderação diante do mundo do consumismo? Se a jornada para a iluminação (conforme alegam as principais tradições religiosas) envolve aprender a enxergar além de seu próprio ego de macaco ávido, então optar por sair do estouro da boiada de consumidores deve ser parte do preço a se pagar por isso. Além disso, agora temos um imperativo de ordem ecológica para sairmos de nossa condição de criança enraivecida que grita "eu mais, eu mais, eu mais" e evoluirmos para uma espécie que sabe dizer "Nós, e para todos. Agora e para depois." O suficientismo pede que passemos da autoestima para uma estima do nós. Aprender a enxergar além de nós também permite que vejamos a abundância da Terra de maneira sustentável: aceitar que não é nossa, mas pertence ao universo, assim como nós. Não somos os donos da Terra — na melhor das hipóteses, somos seus administradores. Portanto, precisamos perder a ilusão de que realmente "somos donos" das coisas que possuímos e consumimos — trata-se mais de um conceito criado pela lei do que de uma propriedade cósmica livre.

Normalmente, essas ideias são dispensadas como insensatez ingênua de hippies, mas elas parecerão cada vez mais pragmáticas conforme formos aproximando-nos da alternativa — um mundo devastado com pouco a oferecer para as gerações futuras. E até mesmo do ponto de vista do nosso próprio interesse, você e eu parecemos fadados a viver como velhos vulneráveis entre os jovens atingidos pela ecomalignidade. Eles bem que terão todo direito de julgar-nos como velhos degenerados e descuidados que puseram a perder seus direitos natos em troca de um punhado de baboseiras. Não é uma perspectiva encantadora.

Do ponto de vista mais imediato, há outro problema espiritual com o consumismo: ele é ferozmente tóxico ao nosso ambiente interpessoal. Tomemos, como um único exemplo, a entrada da escola. A vinte metros de distância da minha casa, há o portão de acesso a uma pequena e movimentada escola primária. Durante décadas, nossa antiga rua estreita e de mão única gozou de uma ecologia gentil e alegre; as crianças e seus pais caminhavam, corriam e brincavam no caminho da entrada. Porém, agora, eles passam bem longe do meio-fio e se arrastam contra as paredes. Isto, porque, cerca de seis anos atrás, apareceu o primeiro 4x4 imundo. Talvez a mãe o tenha comprado por se sentir impelida ao ver fotos tiradas por paparazzi de pessoas de categoria A dirigindo maciços veículos off-roads (que é o motivo pelo qual os fabricantes de automóveis presenteiam suas celebridades preferidas com tais veículos). Talvez ela quisesse passar mais rápido por sobre os quebra-molas do trânsito. Talvez se sentisse vulnerável em seu carro de tamanho normal. Talvez sua personalidade frágil precisasse ser realçada com um superego gigante de metal. Lá veio aquela coisa grande descendo por nossa pequena rua, espremendo suas laterais entre os obstáculos, quase estropiando os carros estacionados, os postes de luz, os pais e as crianças. Absurdo, antiecológico e perigoso. Racionalmente, poderíamos imaginar que todos fossem evitar o terrível 4x4 e condenar sua dona ao ostracismo. Contudo, a cada semestre aparecem mais mães dirigindo esses mais-por-mais.

O mesmo acontece do lado de fora das escolas de todo o país. Aquele primeiro 4x4 envenenou a ecologia emocional. Abriu seu caminho pela sensação coletiva de prosperidade relativa, elevou o padrão de ostentação e espalhou o temor renovado de não estar à altura. A indignação inicial das outras mães cedeu rapidamente quando seus instintos competitivos começaram a persuadi-las que aquele grande e feio invasor de espaço psíquico era, na realidade, bastante atraente. Os veículos de tração nas quatro rodas podem elevar você tanto psicológica quanto física e financeiramente, porque a posição da direção põe o motorista bem acima das pessoas que dirigem os carros normais — portanto, é como ocupar o trono do macaco-chefe no topo de uma pedra. Uma noção física de medo também entra na jogada: nosso mundo saturado por notícias parece repleto de perigos e, assim, quando nosso sistema de alerta avançado percebe um mamute metálico assomando, o relacionam imediatamente àquela trepidação. Isso é reforçado ainda pela simples evidência física de que a melhor chance de sobreviver a uma colisão com um 4x4 é também estar entrincheirado dentro de um deles. Aos poucos, a ideia de se tornar dona de um deles vai ficando tão atrativa para mães preocupadas com sua prole que os custos ambientais, pessoais e estéticos já não contam mais.

O resultado lógico desse tipo de corrida por status é que todas as pessoas inseguras acabam de volta à estaca zero, só que, nesse caso, a estaca zero agora contém mais carros superdimensionados, mais emissões de carbono e menos futuro para as crianças em idade escolar. O armistício emocional durará até que a mãe de alguém apareça num veículo pessoal blindado. Tomem cuidado com isso, crianças. Naturalmente, a parábola do 4x4 tóxico aplica-se a todos os outros itens desnecessários que, de alguma maneira, tornam-se obrigatórios. Caso não procuremos transcender nosso ego, estaremos fadados a sermos presas de corridas consumistas cada vez mais ridículas.

Enquanto isso, resta-nos tentar lidar com a realidade confusa de todas as coisas que somos encorajados a adquirir de maneira tão persuasiva. No início dos anos 1990, quando minha velha amiga Bebe fracassou em sua carreira nos palcos, conseguiu ser contratada por um caótico casal de ricos moradores de Manhattan para organizar seu apartamento e arquivar ou jogar fora todos os trastes com o qual não suportavam lidar. Todos debochávamos dos nova-iorquinos malucos e comparávamos o trabalho dela com o da robusta mulher do filme absurdo *One Way Pendulum*, de N.F. Simpson, que era paga para terminar com as sobras de comida da família. Porém, desde então, a necessidade de organizar nossos pertences que proliferam constantemente gerou uma mini-indústria, que chega a nos vender coisas para nos ajudar a lidar com as coisas que já compramos. Existem dúzias de livros "desobstrua sua vida" no mercado, bem como pilhas crescentes de CDs e DVDs a respeito. Você também pode purgar-se de modo vicarial ao assistir a séries de televisão como *Life Laundry* (Lavagem da vida) e *Declutter Your Life* (Ordene sua vida). Nos Estados Unidos, as pessoas estão apelando para grupos de apoio, tais como o programa de 12 passos dos Clutterers Anonymous (Desorganizados Anônimos).

Tampouco podemos mais oferecer coisas como presentes com segurança. Um leitor da revista *Spectator* escreveu recentemente à coluna de etiqueta da revista perguntando como poderia dizer educadamente aos parentes, amigos e gente bem-intencionada que ele não queria ganhar nenhum presente em seu aniversário de 60 anos. "Minhas necessidades materiais estão perfeitamente supridas. Nossa casa está cheia e não tenho tempo para novidades", queixava-se. E ele não está sozinho nisso: uma pesquisa da Abbey Banking afirma que o britânico médio ganha mais que o equivalente a 35 libras por ano em presentes indesejados — um total nacional de 1,3 bilhão de libras em gestos desnecessários. Um terço de nós se sente na obrigação de guardar as coisas. Os outros livram-se dos presentes dando-os para os pobres, revendendo-os ou passando-os adiante. Na semana depois do Natal, milhares de presentes indesejados recebem o mesmo destino das pranchas de surfe e dos massageadores para os pés: são vendidos no eBay. No Natal de 2005, o site acrescentou uma seção especial para os presentes redundantes. Artigos de perfumaria estão no topo dos indesejados, seguidos de perto por novidades, doces e chocolates. Isso desalenta os ávidos presenteadores? Não muito. Um quarto de nós admite ter dado a seus entes queridos presentes que sabíamos que eles nunca usariam. E se você não conseguir vender aquela coisinha sem sentido que você ganhou, sempre poderá empurrá-la para outra pessoa, praticando a obscura arte do "re-gifting" — remanejamento de presentes. Esta expressão foi originalmente cunhada nos anos 1990 pela comédia de costumes *Seinfeld*, mas de lá para cá tornou-se um vocábulo independente, inclusive com o próprio verbete no dicionário.

Se você não puder remanejar o presente, quais são suas outras opções? A resposta óbvia é enfiar o treco em algum lugar. Porém, onde? Nossos apartamentos, armários e garagens já estão cheios. Cada vez mais, a resposta é pagar por mais espaço para guardar aquilo tudo. Ano passado, minha mulher e eu nos encontramos na situação absurda de pagar 75 libras por mês para alugar um local do tamanho de um quarto de despejo numa fábrica reformada, onde guardávamos coisas provenientes dos nossos porões pré-maritais, de que provavelmente nunca precisaremos. Junto com os móveis velhos, livros, lembranças e álbuns de fotos, havia suficientes jogos de lençóis para enfrentar uma pequena crise humanitária. Por que fazer isto? Bem, em parte, porque nosso cérebro egoísta se autojustifica e nos informa que o problema é o seguinte...

"Eu não tenho espaço suficiente. Você tem coisas demais. Ele é um acumulador."

Nosso quarto alugado é apenas um dentre os novecentos que se alinham ao longo dos corredores da instalação. Quase todos estão ocupados. A companhia que lucra com a hospedagem de nossas coisas indesejadas, a Yellow Box, está se expandindo rapidamente pela Grã-Bretanha. Sua fórmula de sucesso oferece um armazenamento do tipo caseiro, em vez das tradicionais unidades de escala industrial. Desde seu lançamento, em 1998, já abriu 39 enormes instalações. Outras 19 estão sendo construídas. O conjunto da indústria de autoarmazenamento do Reino Unido faturou mais de 310 milhões de libras em 2005 e está crescendo em até quarenta por cento ao ano. Torne-se acionista dela. O britânico médio acumula mais de uma tonelada de pertences indesejados e um quarto de nós tem sido forçado a parar de usar um aposento de nossas casas por causa da quantidade de coisas que o abarrotam. Adrian Lee, diretor de operações da Yellow Box, afirma que minha esposa e eu somos fregueses típicos: "Conforme as pessoas se tornaram mais ricas, ganharam muito mais bens materiais. Mas também querem se desentulhar e ter casas bonitas com pisos claros de madeira. Ficam surpresas com a quantidade de coisas que acumularam." A alta estação é a primavera, quando as pessoas decidem expurgar suas casas dos itens cujo visual ou novidade não vai durar outra estação. Ou estão mudando de casa e percebem que melhor seria confinar muitos dos seus pertences perpetuamente num local distante e escuro.

Lee afirma que sua empresa foi inspirada pela expansão do armazenamento que ocorreu nos Estados Unidos, o que nos mostra o caminho pelo qual enveredamos. O espaço de autoarmazenamento norte-americano ocupa três vezes a área da ilha de Manhattan. Há mais de quarenta mil depósitos e essa indústria fatura mais que todas as casas de shows ou cinemas do país. E você não precisa ser rico para ter coisas demais — um terço das unidades norte-americanas é alugado por pessoas que ganham menos de 15 mil libras por ano. A maior parte dos locatários também possui espaços para armazenamento em garagens, sótãos ou porões — só que não o suficiente.

Esse comportamento de pegue-e-guarde é aparentemente "essencial" à saúde da economia mundial. Joseph Quinlan, principal estrategista do mercado de ações do Bank of America Corp declarou que nossa capacidade de ir entocando coisas em locais de armazenamento se constitui "num empurrão crítico para o crescimento global", já que as pessoas só continuarão a comprar se tiverem um lugar para enfiar suas compras. "Se os consumidores norte-americanos ficarem sem espaço para armazenamento, a economia global estará perdida", afirma. Tony DeMauro, ex-psicoterapeuta, também prevê um futuro promisor para essa idiossincrasia dos consumidores. Ele trabalhou durante uma década como analista, até que descobriu essa tendência lucrativa, livrou-se de seu divã e iniciou seu próprio negócio de armazenamento nos Estados Unidos. "Aprendemos a buscar bens materiais como um caminho para a felicidade", diz. "Quando perdemos nossas coisas, mesmo que se trate de um velho liquidificador, muitos de nós acreditam terem sido lesados de alguma maneira."

Porém, mesmo quando conseguimos nos separar de nossas compras indesejadas, frequentemente acabamos por realizar outros atos ilógicos e prejudiciais. Durante décadas, o depósito de lixo de Leyton Road, em Hove, foi o lugar onde nossa vizinhança jogava fora seus apetrechos domésticos indesejados, grandes peças que os lixeiros não recolhiam. Quando éramos crianças, eu e meu irmão entrávamos despercebidos por uma entrada lateral e convencíamos os homens do depósito a revirar o lixo em busca de velhas rodas de carrinhos para nossos karts caseiros, feitos de caixotes de madeira. Morávamos numa ladeira íngreme, então estávamos sempre espatifando pneus, aros e raios — e nossas canelas. Hoje em dia, as crianças não podem ir mendigar rodas velhas em Leyton Road: o centro de recolhimento de lixo opera numa escala completamente diferente. Dados do governo mostram que, na Grã-Bretanha, cada habitante joga fora em média o equivalente a seu próprio peso corporal em lixo a cada sete semanas. Os depósitos municipais de lixo tiveram que se profissionalizar para lidar com o interminável comboio de carros lotados de detritos domésticos.

Só que não é tudo lixo. De jeito nenhum, diz Peter Beck, o gerente da loja da Associação Cristã de Moços, que parece um tipo celeiro e fica na esquina do depósito de lixo. Ele e sua equipe interceptam as pessoas que lançam itens domésticos potencialmente valiosos nos contêineres. Nos três anos que se passaram desde que abriu a loja, ele tem observado uma elevação constante na qualidade dos refugos. Há tanta coisa boa que a loja fatura mais de 1.200 libras por semana, vendendo material jogado fora e resgatado para parcimoniosos membros do público. "É inacreditável o que as pessoas jogam fora", diz Beck, um homem arrumado de uns cinquenta e poucos anos que, em seu macacão azul, poderia passar por um ferragista dos anos 1950. "Recebemos aqueles kits de móveis modulados Ikea em caixas de papelão — guarda-roupas, armários e mesas que nem chegaram a ser montados. Novinhos em folha na embalagem original.

A loja Ikea mais perto de Hove fica a 160 quilômetros de distância dali, ao sul de Londres. Depois de chegar à cidade, são necessárias algumas horas para passear pelo local. Os produtos à venda custam dinheiro (evidentemente), que demoramos um bom tempo para ganhar (evidentemente). Até para jogar fora seu recém-comprado kit de móvel que nem chegou a montar, você tem de carregá-lo através da cidade e fazer fila no depósito. Todas essas coisas indesejadas requerem preciosas matérias-primas para serem feitas (mais uma vez, evidentemente) e produzem nuvens de efeito estufa durante o processo de fabricação (idem). Seu descarte só faz piorar a sobrecarga ecológica. Isso me faz lembrar como aqueles pequenos marcianos de lata dos comerciais de tevê do purê de batata instantâneo costumavam rir até perder os sentidos ao ver como os terráqueos amassavam suas batatas. Eles teriam que ser hospitalizados por hilaridade se testemunhassem esta parte específica da lógica humana.

Kits de móveis modulados são apenas um exemplo. "Recebemos um monte daqueles grills redutores de gordura George Foreman, normalmente utilizados apenas uma vez", comenta Beck. Sanduicheiras? "Às toneladas. E torradeiras comuns também. Nem sequer foram tiradas de suas caixas. Teve alguém que veio com uma lavadora/secadora novinha em folha, ainda no seu revestimento de proteção." Além da entrada cheia de trastes e da plantação composta por vasos jogados fora, há verdadeiros tesouros. Um amontoado de bicicletas está encostado ao longo de uma das enormes paredes de madeira do barracão. Você poderia esperar um monte de sucatas enferrujadas, mas elas estão num estado notavelmente bom — algumas estão imaculadas. "Esta precisava de um puxão no guidom, aquela, de ajuste nas marchas. Ambos os trabalhos levaram dez minutos. Mas as pessoas que as compraram não quiseram nem saber", comenta Beck. Perto das bicicletas, há dúzias de bolsas de tacos de golfe empilhadas. As marcas mais chiques vendem rapidamente. "Logo cedo nas manhãs de segunda-feira chegam os revendedores", conta Beck. "Eles vêm correndo procurando móveis antigos e outras coisas de alto valor. E querem descontos, inclusive. Mas nós não damos. Recebemos tantos móveis bons que os mandamos de caminhonete para três de nossas lojas em avenidas principais. Todo o material elétrico que resgatamos é levado embora, testado só por segurança e vendido em outro lugar, também."

A loja de Leyton constitui uma iniciativa rara. Beck não consegue entender por que não há uma delas em cada depósito municipal de lixo. Eu também não. Sua loja não recicla — revende. Esta diferença, aparentemente sem importância, é crucial. Muito embora o fato de jogarmos nossas compras descartadas em contêineres verdes e caçambas para reciclagem faça com quem nos sintamos virtuosos, gigantescas quantidades de energia, água e poluição são necessárias para levá-las embora, reduzi-las a formas recicláveis e transformá-las em outros bens pouco duráveis. A maioria dos recursos utilizados não pode ser substituída. Tudo isto faz com que a ideia de "consumo verde" pareça uma grave contradição — exatamente como "inteligência militar".

Até o governo notou isto: em 2007, o Conselho de Pesquisa Social e Econômica, patrocinado pelo governo, produziu um pequeno relatório no qual advertia que os esforços pela reciclagem na Grã-Bretanha correm risco de serem minados pela enorme quantidade de lixo gerado. Se nossos rejeitos domiciliares continuarem a aumentar em três por cento ao ano, o custo para a economia será de 3,2 bilhões de libras e a quantidade de emissões nocivas de metano duplicará até 2020. Contudo, os políticos tradicionais não se atrevem a encorajar-nos a fazer a coisa certa — pensar duas ou três vezes antes de comprar qualquer coisa — para não prejudicar nossa contínua expansão econômica. Assim, em vez disso, tentamos enterrar nossos itens indesejados longe da vista: ano passado, aproximadamente dois milhões de toneladas de lixo britânico foram levadas de navio para o outro lado do mundo, para aterros chineses. Dez anos antes, o total do lixo embarcado para a China perfazia apenas 12 mil toneladas. Os ambientalistas preveem que a economia chinesa em rápida expansão não será sequer capaz de lidar com o próprio lixo até 2020. E, então, o que vamos fazer com ele? Talvez possamos lançá-lo no lugar onde costumavam ficar as calotas de gelo polar.

A loja da ACM atesta que grande parte do nosso lixo está ainda perfeitamente útil sem sequer ter de ser reciclada — só sofreu o estigma de seu dono não o querer mais. Quando saio da loja, passando por uma caçamba repleta de monitores de computador (não há mercado para eles, mesmo que estejam baratos), um dos homens do depósito de lixo mete a cabeça pela porta de entrada: "Quer uma caixa de livros que encontrei? Eles estão realmente limpos", pergunta. "De jeito nenhum", brinca Beck. "Eu só quero os sujos!"

Visitar Beck causou-me tanta vergonha que resolvi mudar nossos próprios hábitos domésticos de desperdício. Depois de um período de negociações maritais, surgiu um consenso para uma política conjunta: sabíamos que não queríamos mais pagar para armazenar nossas coisas velhas, inclusive porque estava abrindo um rombo danado em nosso orçamento mensal. Contudo, não queríamos jogá-las fora de maneira potencialmente poluidora para o planeta. Na realidade, queríamos tentar fazer algum bem com elas, e não apenas porque gostaríamos de ser canonizados como santos amigos da causa do carbono, mas porque precisávamos mitigar o escrúpulo avassalador que nos dizia que estávamos realmente jogando *coisas boas fora.*

Lojas de caridade nos pareceram a solução óbvia. As pilhas de itens têxteis quase novos pareciam um bom lugar para começar. Fácil, hein? É só enfiá-los dentro de sacos de lixo pretos, largá-los na loja mais próxima e a coisa está feita. Mas não é bem assim que funciona, você é enxotado pelas velhotas brigonas que as gerenciam. As senhoras do câncer não queriam nossos lençóis. As senhoras da demência tampouco. Não tive coragem para tentar as senhoras dos ataques cardíacos. Muitas dessas organizações locais já receberam lençóis indesejados mais do que suficientes. E elas têm objeções quanto a serem usadas como um serviço barato de recolhimento de lixo por pessoas que estão tentando descarregar as coisas nelas como conveniência para limpar suas consciências.

Muitos donativos são simplesmente invendáveis: Lojas de Auxílio aos Idosos têm de pagar aos conselhos mais de trezentas mil libras por ano para se livrarem de mercadorias indesejadas. A Sociedade para as Crianças gasta aproximadamente a mesma quantia. Nossa atitude de descartar cada vez mais roupas é um dos principais problemas, explica Paul Tate, gerente de mercadorias da Sociedade para as Crianças: "Estamos perdendo vendas porque é possível comprar roupas novas a preços incrivelmente baratos. Então, as pessoas que compraram essas roupas as dão para nós na estação seguinte, e ninguém quer comprar o que foi um item de baixa qualidade desde o início."

Ficou claro que atirar para todo lado nas lojas de caridade não daria certo. Precisávamos ser mais objetivos e encontrar alguém que realmente necessitasse de nossos refugos. Anna, uma colega do jornal cuja mente é obsessivamente ecológica, recomendou Freecycle, uma agência de relacionamentos para a troca de bens indesejados, pela internet. O sistema foi lançado pelo ambientalista do Arizona Deron Beal, em meados de 2003, como uma lista de e-mail automatizada. Agora, é uma rede global, com mais de 3,5 milhões de membros em quatro mil grupos locais. O pessoal do Freecycle utiliza grupos Yahoo! moderados por voluntários para publicar oferta e procura, e tudo troca de mãos de graça. Na Grã-Bretanha, há mais de quatrocentos grupos, cada um com uma média aproximada de duzentos membros. Brighton, sendo a cidade hippie que é, tem mais de nove mil permutadores. Entrar para o grupo significou abrir as portas para uma torrente de presentes e desejos que passou a abarrotar minha caixa de entrada três vezes por dia.

Ali encontra-se tudo o que diz respeito à vida humana: Steve está oferecendo uma coleção de artigos de jornais sobre a morte da Princesa Diana. "Mint" quer se desfazer de um vestido de noiva, tamanho 42, fabricado na Itália: "Gostaria de me desfazer dele o quanto antes, por favor", diz. Outras ofertas incluem "grande panela de tagine, chinelos de dedo e uma vela perfumada parcialmente usada", bem como dados de pôquer, um assento de privada e "um saquinho de feijão azul-marinho, de tamanho médio. Um pouco gasto". Todos esses itens foram apanhados, inclusive "uma grande bolsa cheia de cabides" e "vários itens budistas". Cantarolando uma música infantil, redigi ofertas separadas para três itens diferentes: um forno de micro-ondas Panasonic, com pouquíssimo uso; conjuntos de lençóis de solteiro: limpos, praticamente novos e alguns ainda em suas embalagens originais; e um par de almofadas para espreguiçadeiras de jardim.

A resposta foi instantânea e ávida. Dez pessoas precipitaram-se para recolher as almofadas para espreguiçadeiras. Algumas dentre elas ornamentaram seus pedidos com histórias tristes de desventuras com espreguiçadeiras duras. Mas ninguém disse querer o micro-ondas. Tampouco desejaram os lençóis. Permaneceram ali durante dias, enquanto multidões de felizes Freecyclers trocavam tagines, sacos de feijão e velas semiusadas entre si. Talvez os lençóis e o micro-ondas não fossem suficientemente representativos de um estilo de vida. Talvez eu não devesse ter mencionado que os lençóis tinham uma estampa florida. No entanto, eu me sentira na obrigação de ser honesto. Finalmente, Clara entrou em contato e solicitou os lençóis e as fronhas. Ela estava alugando quartos para estudantes durante o verão e achou que podiam quebrar um galho. Não obstante, não creio que ela os quisesse tanto assim. Levou oito dias e vários lembretes para que finalmente fosse recolhê-los. Isso foi depois de ela ter me enviado por e-mail um número de telefone residencial errado, que pertencia a um aposentado notavelmente irascível. O micro-ondas só se foi depois de ter sido anunciado continuamente durante 15 dias. Jo, que foi apanhá-lo, disse que possuía um celeiro que ela costumava alugar a amigos artistas, e achava que eles poderiam gostar de esquentar bebidas e sopas.

Mais ou menos na mesma época, uma frustrada Myfanwy soltou um violento *cri du coeur* no site de troca: "Ninguém quer meu monitor?", perguntava. "Eu já o anunciei duas vezes no Freecycle; a ACM não o quer e o pessoal da reciclagem cobra para levá-lo. Será mesmo que é impossível se livrar de um monitor de computador que não seja de tela plana, hoje em dia, a não ser dando uma gorjeta?" O enigma despertou em Myfanwy um humor filosófico: "Os tempos mudaram, né?", suspirou. "Parece-me que, dez anos atrás, Freecycle não poderia ter funcionado porque as pessoas não teriam se desfeito de suas coisas de graça. Agora, está à beira de não funcionar de novo porque todo mundo está assoberbado pelo mero volume de seus pertences e, caso queiram alguma coisa nova, normalmente podem sair e comprá-la — o que não é necessariamente o que idealizamos há uma década." Coitada da Myfanwy.

Sobrava uma alternativa que eu queria esgotar. Enchemos nosso pequeno Peugeot com móveis excedentes e nos pusemos a caminho de Emmaus. Trata-se de uma viagem curta, de cerca de cinco quilômetros da nossa casa, até um velho sobrado vitoriano dilapidado que foi legado a uma ordem de freiras em 1900. Quando o número de freiras baixou para quase nenhuma, na década de 1990, a ordem o doou à Emmaus, uma obra de caridade idealizada em 1949 por Henri-Antoine Groues, um padre católico que havia estado na resistência francesa durante a Segunda Guerra Mundial. Depois da libertação da França, ele começou a fazer campanha pelos direitos de milhares de pessoas que haviam ficado desabrigadas durante o conflito. Fundou um albergue da juventude, que chamou de Emmaus, em homenagem à cidade bíblica palestina de Emaús. Então, percebeu que alojar as pessoas não era o suficiente — ele tinha de ajudá-las a encontrar novas motivações: "Uma cama e um motivo para sair dela" tornou-se seu bordão. Na França do pós-guerra, não havia trabalho facilmente disponível para os hóspedes de Groues, até que começaram a realizar uma das tarefas mais humildes que há: recolher refugos e lixo das casas das pessoas e transformá-los em algo vendável. O que era humilde, então, tornou-se ecológico hoje em dia. Esta missão de reciclar, junto com o *ethos* coletivista de Emmaus (os membros são chamados "companheiros"), viu a caridade crescer até englobar 310 grupos em cinquenta países.

Eu estava muito curioso para ver o velho convento. Trata-se de um dos locais mais antigos de nossa cidade e a história do sobrado soava nobre e glamourosa. Porém, entrar nesse lugar era como ir a uma gigantesca feira. Primeiro, dirigimo-nos ao depósito de entrega e perguntamos animadamente a um dos companheiros que tipo de itens eles aceitavam. "Oh, qualquer coisa", respondeu, dando de ombros, "... menos televisores." Sentir profunda gratidão por alguém lhe dizer que você pode doar alguma coisa é algo ligeiramente estranho, (deve haver alguma longa palavra alemã que descreva isso). Talvez seja algo com que precisemos acostumar-nos rapidamente.

Depois de termos retirado do carro mesas, cadeiras, armários de cozinha, roupas e toalhas, fomos até "a loja superior de segunda mão". Ninguém havia se dado o trabalho de decorar o lugar, e cada um dos velhos quartos cavernosos abria-se numa visão de rejeitos tematicamente organizados. Dobrando uma esquina, deparei-me com uma figura vagamente familiar, uma amiga de uma amiga, com seus filhos a reboque. Ela estava pelejando com um puxador de gaveta recalcitrante. "Estamos procurando uma mesa de cabeceira", disse, alegremente. "Vocês vieram para quê?" De repente, fiquei sem palavras: "Oh, nós estamos, uhm, só deixando umas coisas", respondi, introduzindo com primor um embaraço social injustificado no processo. Ficamos olhando uns para os outros até que o vazio da conversação começasse a estender-se além do tolerável e cortei: "Bem. É melhor deixarmos você resolver o assunto. Boa sorte." Se há uma etiqueta de classe média que estabelece o comportamento a ser seguido ao encontrar com alguém inesperadamente numa loja de caridade e que está procurando exatamente o tipo de coisa que você acabou de doar, então eu simplesmente a desconheço. Mais uma vez, é algo com que deveríamos tentar nos acostumar, e rapidamente.

Tenha o suficiente

Não compre essa coisa (até ter feito esses nove grupos de perguntas)

- Preciso disto? Eu verdadeiramente, realmente, *preciso* disto, ou somente o quero?
- Meu desejo por esta coisa foi implantado por técnicas de marketing?
- Quero isto porque quero estar mais em forma, ser mais esperto, mais livre ou apenas mais legal? Se assim for, este item de consumo realmente fará este milagre?
- Há qualquer outra maneira de conseguir meu objetivo sem acrescentar mais coisas?
- Quantas horas a mais vou ter de trabalhar para pagar por isto? Que outra coisa eu poderia fazer com esse tempo de trabalho que me traria maior realização que este item de consumo?
- Não há algo que eu já tenha que poderia substituir isto?
- Eu quero mesmo ter de espanar, lavar a seco, pagar para fazer manutenção ou manter esta coisa de qualquer outra maneira?

- Caso eu esteja substituindo alguma coisa que já tenho, qual é o problema do item velho?
- Caso eu realmente necessite desta coisa, não há alguma maneira de eu consegui-la num site de troca, ou pegar emprestada com um amigo, vizinho ou parente?

Faça você mesmo

Nossos instintos herdados garantem que sempre precisaremos ter coisas que nos façam sentir orgulho. Porém, este é apenas um aspecto da história. Até muito recentemente, muitos dos objetos que tínhamos eram feitos por nossas mãos — frequentemente, apenas coisas pequenas, mas que testemunhavam nossas habilidades. Nossa relação com tais objetos existia num plano diferente daquele que temos com itens de consumo anônimos comprados em lojas, cuja fabricação não entendemos e cuja compra não raro só nos traz alegria temporária. Nossa capacidade criativa tem sido amplamente minada pela sociedade de consumo, por sua mensagem segundo a qual qualquer coisa que não seja do modelo deste ano é irremediavelmente sem valor. Porém, você pode recuperar sua criatividade dedicando tempo para aperfeiçoar qualquer artesanato que desejar — costura, arte, e até coisas muito complexas como tocar instrumentos musicais. Isso lhe fornecerá alguma coisa compensadora, atrativa, meditativa, produtiva e sustentável para desafogar seus ímpetos possessivos. Também lhe dará aquela duradoura emoção hedônica de verdadeira propriedade que motivava nossos ancestrais a fazerem e reformarem suas coisas.

Seja mais materialista

Todos concordamos que energia e recursos sustentáveis são coisas boas. Porém, o que dizer de pertences sustentáveis? A ideia de escolher coisas por sua durabilidade foi amplamente retirada dos critérios de compra desde os anos 1960 — porque fomos seduzidos pelas palavras "novo", "mais" e "moda". Contudo, comprar coisas que não duram é tóxico para nossa ecologia pessoal. Isso faz com que trabalhemos, nos preocupemos e queiramos sempre mais. Nós realmente precisamos ser mais materialistas — no sentido de cuidar de nossas coisas materiais, em vez de apenas usá-las e descartá-las. Precisamos redescobrir os deleites de (pode corar) relações materiais sentimentais. O terno dos anos 1950, que comprei de segunda mão há mais de dez anos, ainda está com um bom aspecto, muito tempo depois de os ternos recém-comprados que adquiri subsequentemente ficarem surrados. Da mesma maneira, nosso velho Peugeot, que agora virou uma lata-velha amassada que me causa constrangimento em estacionamentos de hotéis, pode ser uma opção razoavelmente ecológica se o mantivermos por toda sua vida útil. O gigantesco custo energético para fabricar e reciclar grandes peças de metal significa que comprar um novo carro ecológico em intervalos de alguns anos não passa de mais uma maneira destrutiva de abrir buracos no céu.

Dispense o crediário

A usura — o empréstimo de dinheiro para cobrar juros sobre ele — foi condenada durante séculos na Europa, graças a decretos de indivíduos como Moisés, Jesus, Maomé e Aristóteles. O Velho Testamento situa os que emprestam dinheiro no mesmo nível de pecado que os "derramadores de sangue, os corruptores da mulher do próximo, os opressores dos pobres, os destruidores por violência e os que violam seus votos". Condenava-os a mortes excruciantes. Diga isso ao gerente de seu banco. Por outro lado, a usura sempre conviveu conosco e o crédito ao consumidor dificilmente pode ser considerado uma novidade recente: a vida na Grã-Bretanha e na América no século XVIII era caracterizada por pagamentos mensais, cobranças de empréstimos e meirinhos. No entanto, a maior parte das pessoas daqueles tempos usava o crédito para comprar coisas de que realmente precisava. Hoje em dia, o crédito "fácil" serve principalmente para comprar coisas que apenas queremos, e queremos já. O crédito já não é mais um alívio temporário para o pobre, mas uma escravidão autoinfligida pelos ricos homens modernos. Temos de continuar a trabalhar para arcar com as constantes faturas. O crédito também substitui o lento prazer da antecipação pelo excitamento de curta duração da compra. Praticar o suficientismo significa usar apenas o crédito essencial — como um financiamento para a compra de um imóvel —, pedir emprestado o mínimo possível e saldar a dívida o mais rápido que conseguir.

Não toque nesse plástico

"É chocante verificar como as pessoas acham muito mais fácil comprar coisas com um cartão de crédito", diz Drazen Prelec, psicólogo do Massachusetts Institute of Technology que estuda as decisões de compra no cérebro. Seus testes mostram que estamos dispostos a gastar o dobro em uma mesma compra quando a pagamos com um cartão de crédito. Existem duas possíveis explicações para este fato, alega. A primeira é que, quando você paga com cartão, não sente a dor do gasto. A segunda possibilidade é que os cartões de crédito criam um desejo físico, de maneira que quando você vê e toca o plástico é quase como sentir o cheiro de biscoitos assando quando está com fome. Você age para satisfazer esse desejo.

Use vizinhos globais

Com frequência, sentimo-nos na obrigação de comprar artigos que reforcem o status porque nossos instintos tribais nos levam a fazer comparações materiais com nossos pares, para ver se estamos indo bem na vida. No mundo desenvolvido, essa atitude distorce enormemente nossa ideia daquilo que precisamos para apenas estar na média. Ricos londrinos, por exemplo, não se sentem muito ricos porque já não se misturam mais com pessoas menos prósperas. Precisamos enxergar mais longe, para a vizinhança global que a tecnologia e as viagens colocaram ao nosso alcance. Aproximadamente metade da humanidade vive com menos de uma libra por dia. Mais de 852 milhões de pessoas não têm o suficiente para comer, cerca de 1,6 bilhão não têm eletricidade e um terço da população mundial nunca deu um telefonema. Enquanto isso, um quinto da população da Terra compra quase noventa por cento de todos os bens de consumo. Estes somos nós, os caras estressados dos bairros ricos.

Frugal legal

A sociedade moderna faz com que consideremos o consumo constante normal e natural, mas a história mostra que nossa ânsia de possuir sempre mais é uma moda passageira. Na Europa do século XVIII, viver de forma frugal era considerado uma escolha superior de estilo de vida: fora das cortes reais, os bens de luxo eram frequentemente desprezados, graças à prática do "asceticismo temporal", uma ideia calvinista que oferecia esperança de salvação celestial pelo uso diligente das dádivas de Deus (*i.e.* do planeta Terra). Os puritanos e os *quakers* promoviam o ideal da "ordem de simplicidade da cristandade", segundo o qual produzir era bom, mas consumir mais do que exigido pela necessidade era ruim. Aqueles que viviam luxuosamente eram criticados por esbanjar recursos que poderiam auxiliar sua sociedade. Podemos agradecer à sociedade do século XVIII, e a Josiah Wedgwood em particular, a invenção de muitas das táticas modernas de marketing. Ele estimulava a demanda por suas louças de barro vendendo-as como bens de "prestígio" de elevado preço que a ralé não podia pagar. Ele também renovava seu *design* regularmente, inventando assim a obsolescência instantânea e o medo de parecer "ultrapassado demais". Wedgwood também popularizou as campanhas publicitárias endossadas por celebridades, ao exibir publicamente encomendas especiais que clientes famosos, como a imperatriz Carolina da Rússia, estavam comprando.

Aspecto barato

Jennifer Argo, professora-assistente de marketing na School of Business da Universidade Alberta, percebeu que sempre que ia às compras com uma amiga, mudava seus hábitos de consumo, escolhendo marcas em vez de comidas sem nome e comprando blusas caras em butiques de roupas. Ela se perguntava se era a única a esbanjar extravagantemente na presença de outras pessoas. Era sua relação com os outros que a influenciava ou isto também funcionaria com estranhos? Argo empregou compradores misteriosos para ficarem ao lado de uma prateleira de baterias e descobriu que a mera presença dos figurantes fazia com que os compradores de baterias escolhessem a marca mais cara. Quando não havia ninguém, eles escolhiam a mais barata. O resultado foi consistente em três estudos separados, envolvendo centenas de compradores. "Gastamos mais dinheiro para manter nossa imagem diante de outros", concluiu. A solução, de acordo com outra parte separada da pesquisa, pode ser ir às compras com parentes: segundo ela, compramos menos coisas quando visitamos as lojas sob o olhar vigilante de membros da família.

Evite ofertas especiais

As redes de lojas adoram fazer você sentir que está fazendo um bom negócio, porque isso o leva a comprar mais do que precisa. Quando você vê produtos a baixo preço em oferta especial, seu cérebro racional tende a ficar sentimental e grato pela generosidade da loja. Essa onda de emoções positivas faz com que você queira retribuir o favor ao gastar em itens desnecessários. É um efeito de excesso.

Brinquedos que sacrificam a Terra

Os dispositivos eletrônicos modernos são novidades engraçadas e parecem tão inócuas que, de alguma maneira, do ponto de vista ecológico, funcionam como um passe livre da prisão do Banco Imobiliário. Contudo, nossa queda pelos novos brinquedos cheios de funções que não param de proliferar está consumindo enormes quantidades de energia, além de nosso precioso tempo. Está previsto que a quantidade de recursos utilizados por itens de consumo eletrônicos deve dobrar de 2008 a 2010, de acordo com o Energy Saving Trust. Ações para tornar os aparelhos mais eficientes do ponto de vista energético não passam de maneiras de tapar o sol com a peneira, porque continuamos a comprar sempre mais. E eles estão se tornando mais potentes: as telas de plasma, por exemplo, podem gastar até quatro vezes mais energia que uma televisão normal. O PlayStation 3, da Sony, consome a mesma quantidade de energia que um computador normal e quase três vezes mais que o console original do Xbox.

Cuidado com a web

Tome cuidado com sites que deixam você experimentar dispositivos eletrônicos de consumo on-line de forma interativa antes de comprar. Quando psicólogos pediram a 170 estudantes universitários para se informarem sobre câmeras digitais, via site interativo ou através de um portal com textos simples e fotos normais, os que pesquisaram as câmeras interativamente se convenceram de que elas tinham características e funções melhores do que elas realmente ofereciam. As vívidas imagens mentais que a interatividade estimula podem alterar sua imaginação já vulnerável fazendo-a funcionar em excesso, até o ponto em que ela fabrica falsas impressões favoráveis que se misturam às memórias confiáveis. Em psicologia, isso é chamado criar "falsos positivos". Ler uma brochura velha e sem-graça seguramente será bem menos sedutor.

Ideias para presentes

Na era da saturação de posses, devemos começar a declarar: chega de presentes. Para os adultos, agradinhos materiais perderam seu significado sentimental e tornaram-se meramente *commodities*. Isso não significa que chegamos ao fim da ação de presentear com alegria. Mas lembranças preciosas e sinceras simplesmente tendem a não vir mais de lojas. Pelo contrário, podem ser coisas que você fez ou cozinhou especialmente, ou compromissos pessoais como prometer um grande favor a alguém, ou ir a um passeio ou uma viagem juntos. Há também uma via ética cada vez mais popular — doar dinheiro em nome de alguém para toda uma gama de esquemas, desde fogões energeticamente eficientes em El Salvador à inoculação contra a tuberculose na Coreia do Norte. Mas fique alerta para não se tratar de uma cruzada pessoal: presentes deste tipo só funcionam se a pessoa em questão estiver emocionalmente envolvida com a causa. Recentemente, alguém presenteou-nos com um certificado de adoção, por um ano, de uma ave aquática local. Ficamos agradecidos e comovidos. Não obstante, ainda que eu seja um vegetariano do tipo amo-bichinhos, o amor de minha mulher pelos palmípedes envolve principalmente molho de ameixas e panquecas.

4 | **CHEGA** de trabalho

Não é o homem que tem muito pouco, mas o homem que deseja mais que é pobre.

Sêneca, *Epistulae Morales*

Quando se espalhou a notícia de que a minúscula fábrica de queijos de Charles Martell teria um de seus obscuros produtos posto em evidência na trama do filme *Wallace & Gromit: A batalha dos vegetais*, especialistas previram que ele entraria numa sobremarcha láctica, investiria pesadamente em maquinário e contrataria mais mão de obra para tirar vantagem da publicidade criada por um sucesso mundial de bilheteria. Afinal, as grandes marcas gastam milhões todos os anos para ter esse tipo de exposição cinematográfica de seus produtos — e quando Wallace & Gromit, que amam laticínios, apresentaram o queijo Wensleydale num filme anterior, o faturamento desse fabricante quadruplicou. Mas Martell, de 61 anos, não desenvolveu nenhum projeto desse tipo para sua singular especialidade, o queijo Stinking Bishop (bispo fedorento), ou para sua indústria caseira.

Antes até de o filme estrear, em 2006, os fãs de Wallace & Gromit já corriam atrás do queijo, e os pedidos haviam aumentado em cinco vezes. "Sou apenas um velho e modesto fabricante de queijos numa fazenda, cuidando da vida e mantendo distância de problemas", diz Martell num tom maroto. "Somos duas meninas e eu trabalhando na leiteria e produzimos 120 Stinking Bishops de 1.350 gramas por dia. Isso não é absolutamente nada dentro do grande esquema das coisas. Somos uma fazenda pequena. Não quero me expandir", explica com seu jeito descontraído, falante. Ele até recusou uma oferta de distribuição por parte de uma importante rede de supermercados. "Eu disse 'De jeito nenhum.' Primeiro porque, não teríamos a capacidade de produzir o suficiente. Além do mais, vender num local assim não é o tipo de coisa que quero fazer."

Mais de um ano após a estreia do filme, a demanda permaneceu tão alta que ele ainda só conseguia atender a 20 por cento de seus pedidos semanais. "Não gosto da ideia de deixar os fregueses na mão, mas prefiro trabalhar sabendo que tudo será vendido no fim do dia", afirma. No mundo de Martell, cujo centro é sua pequena fazenda rural em Gloucestershire, a integridade conta mais que o crescimento. "Somos muito felizes, aqui. Não podemos nos expandir. Nosso espaço é limitado. Se pegarmos outra pessoa para fazer os queijos, onde é que ela vai estacionar o carro? Estou completamente satisfeito com o que tenho no momento. Só posso usar um terno de cada vez e dirigir apenas um carro. E, certamente, não quero ser famoso", diz.

Há um quê de Harrison Ford em Martell, com seu porte equilibrado e sua barba grisalha e bem aparada, mas ele dirige uma velha Land Rover e gasta seu tempo livre escrevendo um guia sobre maçãs raras na internet. Foi num leilão em 1972 que adquiriu a então abandonada propriedade Laurel Farm, a uns 25 quilômetros ao norte de Gloucester, sem fazer alarde. Mas o que procurava não era lucro nem um trabalho duro convencional — ele perseguia uma paixão. Largara a universidade e queria realizar seu sonho de infância de salvar da extinção uma antiga linhagem britânica de gado, dócil e de cor parda, chamada Old Gloucesters. A fascinação de Martell por essa raça de canelas grossas começou quando sua avó lhe deu um livro sobre o gado tradicional. "Nele, havia fotos dessas misteriosas vacas escuras e acho que me senti atraído por elas já naquela época; foi a primeira manifestação do meu desejo de me tornar fazendeiro", conta.

Quando comprou Laurel Farm, sua intenção era manter o gado Old Gloucester e fazer queijos. Porém, ao chegar, ele descobriu que o rebanho principal de Old Gloucesters tinha acabado de ser vendido e dispersado. "Naquela época, havia somente 68 animais daquela raça no mundo. Visitei todas as pessoas que haviam comprado as vacas e sugeri iniciar uma sociedade de criadores. Fui o primeiro-secretário e presidente duas vezes", relata Martell, que aprendeu os princípios básicos da produção de queijos num panfleto emitido pelo conselho local nos anos 1930. Stinking Bishop incorpora outro grande entusiasmo seu: os pomares locais. O queijo tem o mesmo nome da pera que Martell utiliza para fazer cidra e para colocar o queijo de molho, de maneira que sua casca fique com gosto de fruto. A pera deriva seu nome de uma velha figura local que a cultivava — um certo sr. Bishop, cuja parca higiene pessoal havia se tornado lendária. Martell foi suficientemente astuto para registrar o nome.

Ele declara-se perfeitamente satisfeito com o lucro que tira da fazenda. "Não sou rico", afirma. "Mas se eu precisar de dinheiro, posso ganhá-lo. No mais, vivemos bastante felizes com o que temos. Não é uma vida frugal, mas dinheiro é como pudim doce para mim — sou chegado a um doce, só que repetir a sobremesa pode realmente estragar tudo." Graças aos esforços de conservação de Martell, o número de vacas da cor de mogno elevou-se, na Grã-Bretanha, a mais de quinhentas. E os rebanhos com certeza continuarão se expandindo, graças à redescoberta, por parte da classe média britânica, dos alimentos de origem regional. Entretanto, duvido que você pegue Martell tentando tirar proveito desta oportunidade adicional de crescimento.

Muitos empresários zombariam de Martell por sua ingenuidade ao deixar de aproveitar tal onda de boa sorte. Esta é sua grande oportunidade de alcançar a prosperidade, que bateu asas e voou — e, junto com ela, um vida excitante de crescimento da empresa, cafés da manhã de negócios, jogadas de marketing, encontros com banqueiros, investidores mal-humorados, consultores de impostos, problemas de recursos humanos e uma miríade de outras tarefas que o afastariam de suas vacas, queijos e pomares. Poucos britânicos recusariam a perspectiva de uma vida superatribulada se ela contiver a promessa dourada de "se dar bem". Os britânicos passam mais tempo trabalhando do que qualquer outro cidadão da União Europeia — uma média de 42 horas semanais. Isto inclui milhões de dias de horas extras não pagas e, mesmo que estejamos nos piores lugares na liga europeia no que diz respeito aos direitos de férias, também desistimos de bilhões de férias pagas não tiradas.

E, então, morremos. As pessoas que passam 41 horas ou mais por semana no escritório têm significativamente mais chances de ter pressão alta do que aquelas que trabalham menos. Uma pesquisa apresentada ao Parlamento Europeu em Bruxelas prevê que o estresse de nossa vida superatribulada fará com que sessenta por cento dos adultos de meia-idade sofram de pressão alta em 2027. Os japoneses possuem uma palavra para designar morte cardíaca por excesso crônico de trabalho: *Kiroshi.* Em inglês, há uma nova palavra para um tipo de morte em vida zumbificada pelo trabalho árduo: presenteísmo. Isso corresponde às horas que as pessoas passam sentadas às suas escrivaninhas não produzindo nada porque estão cansadas, desmotivadas, subestimadas, distraídas ou deprimidas demais para poderem ser produtivas. É pior que ser inútil: um quinto do dióxido de carbono que produzimos ao trabalhar é devido ao deslocamento. Então, se não seremos produtivos, deveríamos ficar em casa.

Entretanto, embora nossas horas de trabalho em constante expansão possam parecer escravidão remunerada, atualmente, até muitas das pessoas mais ricas da sociedade pensam que a sobrecarga é uma coisa boa. Um estudo realizado pelo Institute for Social and Economic Research conclui que: "Estar ocupado, e não ocioso, passou a ser o ponto de honra." Espere um pouco! Em meados dos anos 1970, muitos comentaristas culturais cansaram de alertar para uma ameaça completamente distinta de nosso modo de vida ocidental: o quinto cavaleiro do Apocalipse do ócio ilimitado. Estávamos prestes a nos espatifar num mundo de computadores de alta capacidade completamente novo, automação de produção e dispositivos acessíveis para reduzir os afazeres domésticos, que executariam todo o trabalho. Assim, os especialistas perguntavam-se o que poderíamos fazer com todo o tempo que essas tecnologias liberariam para nós? O que aconteceria com nossa noção de identidade caso não tivéssemos que gastar a maior parte do tempo em que estamos acordados realizando trabalho produtivo? O que aconteceria com nosso senso de utilidade se todas as nossas necessidades básicas fossem facilmente supridas? Haveria distrações suficientes para preencher nossos dias, sem que caíssemos em lassidão, depressão e aridez espiritual? Lembro-me de assistir na tevê de casa, quando criança, às previsões dos especialistas de que a infelicidade em massa reinaria nas piscinas. Os mesmos escrutinadores do futuro prediziam o advento do escritório sem papel. Contudo, hoje, no trabalho, ainda estamos matando árvores com avidez — e nos matando também. Então, o que aconteceu?

Gostaria de apresentar-lhe George (apenas George — eles não usam sobrenomes). Ele é um arquiteto de interiores que usa óculos, é gentil e tem um humor seco e estudado. Mas, puxa, como é esquivo! Levou-me mais de um mês de telefonemas e visitas para conseguir fazê-lo comprometer-se a dar uma entrevista. Todas as vezes que achava tê-lo fisgado, ele dizia que adoraria falar, mas que infelizmente estava ocupado, alucinado ou tinha algo de crucial agendado para os próximos cinco minutos. Comecei a suspeitar que George não gostasse da perspectiva de discutir sua vida com um borra-papéis persistente e curioso. Contudo, quando finalmente consegui apanhá-lo num momento em que ele achou que podia falar, provou ser eminentemente cooperativo. Que falta de percepção da minha parte: George não estava me evitando — ele apenas acredita sinceramente que sua vida está transbordando de trabalho. Que é a razão pela qual ele admitiu abertamente que tem um "problema com trabalho".

Toda quinta-feira, George frequenta uma reunião semanal dos Workaholics Anônimos, numa sala lateral da igreja de St. Columba, em Knightsbridge, na esquina de uma rua estreita atrás do Harrods, no movimentadíssimo centro do setor oeste de Londres. O edifício da igreja não é nada modesto, com sua alta entrada em arco e sua torre de pedra branca que se eleva às alturas de uma catedral. Porém, dentro do hall, onde o barulho do tráfego da hora do rush é abafado até virar um ruído surdo, os membros dos WA procuram reduzir a diligência desenfreada uns dos outros, encontrar alguma forma de limitar seu esforço contínuo, compulsivo e infinito por... bem, esforço pelo quê?

Em vez de sermos confrontados com a perspectiva de ócio ilimitado, temos assistido ao surgimento de workaholism, ou "compulsão de trabalhar" como rótulo de uma nova neurose que se espalha rapidamente. As reuniões do WA tiveram início em 1983, em Nova York, com um planejador de finanças corporativas e uma professora que se consideravam "irremediavelmente" viciados em trabalho. A organização abriu a primeira filial na Inglaterra há oito anos. Desde então, centenas de britânicos a procuraram, a ponto de WA ter de iniciar um segundo grupo em Londres — o da St. Columba. George explica o que ele considera ser a base do crescimento dos WA: "As pessoas querem mais de tudo, não estão mais satisfeitas do jeito que costumavam ficar. Você tem de trabalhar mais, para que as coisas não pareçam piorar. Isso pode levar ao trabalho excessivo. As pessoas querem possuir coisas de alta qualidade, uma qualidade melhor do que se consegue normalmente hoje em dia, e então têm que trabalhar mais para pagar por isso."

George entrou para o WA dois anos atrás, seguindo a recomendação de um amigo, segundo ele, porque havia desenvolvido "alguns sintomas". "Por exemplo, eu sempre subestimava quanto tempo um projeto de trabalho tomaria, o que é um quadro típico que as pessoas apresentam no WA. Essa dificuldade torna-se progressivamente pior e, de repente, você está trabalhando o tempo inteiro. Sou perfeccionista e muitas das pessoas que vêm aos WA são realmente muito boas no que fazem. Alguns dos editores dos principais jornais da Grã-Bretanha e dos Estados Unidos foram membros. Mas há pessoas de todas as profissões — cirurgiões, pintores e decoradores, tem de tudo."

O WA oferece um processo de cura em 12 etapas, baseado no programa dos Alcoólicos Anônimos, que pede a seus membros que depositem sua fé num poder maior, procurem seu apoio, peçam perdão às pessoas que traíram e que considerem cada dia como um novo dia no caminho da cura. Não obstante, George se pergunta se uma cura completa é possível dentro de nossa cultura. Em nossos encontros, temos discutido como você pode sair dessa situação aparentemente sem esperança, em que ou fica completamente esgotado ou continua a trabalhar. O que podemos dizer sobre "não trabalhar"? Você não pode realmente tratar isso da mesma maneira que, digamos, bebida ou drogas. E quando você está trabalhando com zelo excessivo, as pessoas aplaudem você. A solução para nossa situação é administrar a relação com o trabalho, mas a sociedade está contra nós. Por exemplo, hoje em dia, nos Estados Unidos, se você quiser continuar comprando todas as coisas maravilhosas que a economia oferece, vai precisar de dois empregos. Tenho certeza de que isso vai começar a acontecer por aqui."

George alega que o problema está tão profundamente arraigado em nossa sociedade que até as pessoas que reconhecem ter compulsão pelo trabalho acabam negando subsequentemente. "Muitos de nós parecem pensar que tudo está sob controle e que não é realmente um problema. Até mesmo as pessoas que vêm aqui dizem isso regularmente. Como resposta, perguntamos 'Por que você ainda está vindo para cá?'" George possui uma longa lista de perguntas que as pessoas devem fazer a si mesmas se desconfiam ser workaholics. Estas incluem: 1) Você trabalha mais de quarenta horas semanais? 2) Você transforma seus hobbies em empreendimentos lucrativos? 3) Você leva trabalho consigo nas férias? 4) Seu trabalho é aquilo sobre o que você mais gosta de falar? 5) Você aceita fazer trabalho extra porque acha que, caso contrário, ninguém mais o fará? 6) Você trabalha ou lê durante as refeições? 7) Você acredita que mais dinheiro resolverá os outros problemas de sua vida?

Gosto de me considerar razoavelmente equilibrado no que diz respeito a trabalho e, então, fiquei contrariado de ter que admitir para George que em várias dessas questões eu marcaria a resposta 'sim'". "Oh, um grande número de pessoas no mundo ocidental responderá 'sim'", retrucou ele, impetuosamente. Hummm. Isso quer dizer que, de repente, milhões de pessoas, inclusive eu, estão começando a desenvolver uma doença psiquiátrica clinicamente identificável chamada workaholism? George parece estar convencido disto. Porém, talvez o que está acontecendo seja algo ligeiramente diferente. Talvez não estejamos realmente testemunhando o surgimento de um ismo completamente novo, mas respondendo em massa a um amplo ímpeto cultural em direção ao excesso de trabalho, que faz com que muitos de nós se sintam cada vez mais em conflito, cansados e infelizes, e as pessoas que estão no ponto mais alto desta curva são rotuladas como trabalhadores compulsivos.

Certamente, a psiquiatria fica feliz em promover este novo diagnóstico, junto com todos os outros aparentes vícios do tipo quero-mais que nossa sociedade suscita — sexo, amor, internet, enviar mensagens, fazer compras, apostar e usar cartões de crédito e esteroides, só para citar algumas poucas compulsões. Dr. Neil Brener, psiquiatra particular que dirige clínicas no centro financeiro de Londres, afirma que o número de workaholics que ele atende está crescendo consideravelmente. "O centro da cidade adora essas pessoas. Foi concebido para ganhar dinheiro e para isso as pessoas precisam trabalhar duro. É o mundo da virilidade e aquele que for realmente o cara mais viril será o último a apagar as luzes à noite", diz Brener, diretor do Priory Hospital, no setor norte de Londres, que faz parte de uma rede de unidades psiquiátricas particulares. "Raramente passa semana sem que eu seja procurado por um novo paciente obcecado por trabalho", testemunha. "Poquíssimos desses pacientes chegam e dizem 'sou workaholic', mas, depois de algumas sessões, acabam admitindo. Não acho que façam alguma coisa com o dinheiro que ganham. A compulsão pelo trabalho não tem a ver com isso."

Então, se não é pelo dinheiro nem pelo prazer, por que as pessoas trabalham tanto? "A verdadeira questão desses pacientes é evitar o restante de sua vida, evitar o controle sobre esta vida", argumenta Brener. "Muitos deles fogem de relacionamentos ou dos próprios sentimentos. Esses pacientes tendem a vir de ambientes emocionalmente reprimidos. Trabalham mais e mais e mais, mas então me procuram quando alguma coisa dá errado em sua vida, por exemplo, quando sofrem alguma perda e as coisas começam a desandar para eles."

Tais exemplos radicais de trabalho em excesso oferecem-nos um espelho distorcido — uma caricatura da tendência principal da sociedade que nos ajuda a compreender como nossa cultura de longas jornadas cria sempre mais trabalho, parcialmente para nos ajudar a evitar as coisas realmente problemáticas da existência moderna. Exatamente como a aquisição sem sentido e infindável de mais coisas, é uma forma de escapismo, de compensação existencial. Confrontados com a alarmante perspectiva do ócio — de quantidades sem precedentes de tempo, espaço e oportunidades para crescer enquanto pessoas, além de enfrentar as grandes questões sobre o significado e o propósito de nossas vidas —, de repente lembramos que, uau, ainda temos toneladas de coisas para fazer lá no escritório. Afogamos as grandes questões para sair atrás do bloco da ambição infinita. Aparentemente, trata-se de uma marcha que nunca precisa terminar: a ideia atual de sucesso cada vez mais tem a ver com atingir patamares inéditos de riqueza, poder e celebridade.

Não obstante, nem sempre a vida foi tão exigente: a antiga civilização clássica desenvolveu a crença de que o sucesso estava na mera realização modesta; em trabalhar para descobrir e desenvolver seus talentos, e então, em utilizá-los para beneficiar os outros e a si mesmo. Enquanto nós, modernos, pensarmos que não conquistamos o suficiente em nossas carreiras — e, meu amigo, o céu é o limite —, continuaremos convencidos de que ainda não estamos livres para explorar as muitas outras possibilidades da vida.

O mundo do trabalho, perversamente, oferece-nos um tipo de libertação. Nossos novos dispositivos eletrônicos de trabalho mostraram-se notavelmente úteis para produzir mais documentos, mais exigências, mais análises, mais nichos de produtos, mais relatórios e mais informações para manter-nos ocupados. No mundo animal, este tipo de tática de fuga é chamada atividade de deslocamento. Quando meus dois gatos chegam à beira de um arranca-rabo um com o outro, frequentemente ficam presos entre sentimentos conflitantes de medo e de agressividade. Assim, fogem do dilema ao abandonar-se freneticamente a uma pequena atividade confortante, tal como começar a se lamber. De maneira análoga, o frenesi laborioso moderno parece oferecer a muitos de nós uma válvula de escape emocional.

Esse tipo de estratégia de fuga ajuda a explicar o motivo pelo qual advogados de divórcio nunca têm tantos casos como nas semanas seguintes ao período de férias de verão. O trabalho consegue manter muitos cônjuges afastados um do outro durante a maior parte do ano, portanto, quando de repente têm de passar um período significativo de tempo juntos dentro da atmosfera de panela de pressão de "é preciso tirar o máximo proveito das férias", poderosas forças emocionais acumuladas explodem — com demasiada frequência, com resultados catastróficos.

Uma solução aparentemente inócua para o problema do excesso de trabalho é procurar manter "um equilíbrio entre vida e trabalho". É uma ideia maravilhosa, mas você talvez tenha notado que, na prática, não funciona para a maior parte das pessoas. Nos Estados Unidos, grandes empresas descobriram um importante motivo para isto: enquanto indivíduos, temos uma noção extremamente esquisita de equilíbrio. Quando recebem apoio nesse sentido, os executivos de corporações norte-americanas preferem que seu equilíbrio entre vida e trabalho favoreça o escritório em detrimento do lar. As empresas descobriram que os que os administradores realmente querem é ter vidas pessoais mais simples e fáceis — como garantir que acontecimentos familiares como casamentos de filhas sejam organizados por profissionais, querem manter seus carros em ordem, curtir boa comida caseira e ver todos os melhores filmes e programas da tevê.

E o que poderia ser melhor para eles do que terem isso tudo resolvido pelo escritório? Agora, muitos dos altos executivos norte-americanos podem ficar mais tempo no trabalho, enquanto facilitadores de apoio à vida pessoal resolvem seus problemas domésticos potencialmente complicados, que demandam tempo. Se os executivos quiserem assistir a um programa ou a um filme na tevê, então, claro, há salas de descanso aconchegantes no trabalho, onde podem relaxar em frente à telinha. Também há confortáveis e pequenas salas de jantar. Soa bastante artificial e distante, comparado com as relações mais profundas e intensas que gostaríamos de desenvolver em nossa vida, mas a pesquisa norte-americana mostra que os figurões ficam perfeitamente satisfeitos com este novo arranjo. O fato é que, se você pedir uma xícara de café à sua secretária, no trabalho, receberá uma xícara de café, prontamente e do jeito que você gosta. Se você pedir uma xícara de café a seu filho adolescente, em casa, é bem provável ouvir onde deve enfiá-la.

Evidentemente, não admitimos abertamente que podemos considerar a vida no trabalho mais amena e fácil de controlar do que nossa existência doméstica. É um tabu que camuflamos por detrás das ladainhas repletas de queixas sobre as longas jornadas no trabalho, enquanto elas simplesmente ficam mais longas. Então, passamos menos tempo em casa, e a vida doméstica começa a parecer mais carregada e menos divertida, e, por isso, passamos a evitá-la mais... que é o motivo pelo qual um psicólogo alemão alega que a vida moderna está nos lançando dentro de um círculo vicioso de relacionamento, no qual trabalhamos demais porque não fazemos sexo o suficiente — e, então, não fazemos sexo porque trabalhamos demais. Ragnar Beer, da Universidade de Göttingen, diz que sua pesquisa, realizada com 32 mil homens e mulheres, revela que quanto menos você faz sexo, mais procura trabalhar. Ele diz que as pessoas que estão sexualmente inativas frequentemente precisam de escapes para suas frustrações — como, por exemplo, passar mais tempo no escritório. A equipe de Beer descobriu que um terço dos entrevistados que fazem sexo uma vez por semana assumem trabalho extra para compensar o fato de não fazer sexo com tanta frequência quanto gostariam. O problema é que o trabalho consome cada vez mais tempo e energia que poderia ser empregada para fins sexuais, até o ponto em que os casais simplesmente param de fazer amor. Então, trabalham mais.

Toda essa esquisitice social em torno do emprego deixa muitos de nós num dilema. Pode me chamar de excêntrico, mas gosto bastante do trabalho que faço. Na maior parte do tempo, o acho gratificante. Quando é agradável, é realmente agradável. E quando não é, bem, todos precisamos de algo para justificar nossas sensações de infelicidade e desajuste. O velho clichê do sucesso profissional levanta o ego e ajuda a manter uma noção de propósito. Também encontrei algumas verdadeiras amizades duradouras por meio do trabalho. E também há o dinheiro. Portanto, é um componente de realização do restante de minha vida — desde que eu possa ter um "resto de minha vida" sem um trabalho que sufoque minha ecologia pessoal.

Este é o desafio da suficiência: ser capaz de aproveitar, dentro dos limites do razoável, o conforto e as conveniências criados pela nossa sociedade, ter um emprego honesto, mas também espaço e tempo para se sentir contente, controlavelmente incomodado, porém realizado — e sem ter de desistir. Como administrar esta autossustentabilidade no mundo de trabalho eterno, no qual a mensagem costuma ser tão frequentemente "Ou você está no bonde das longas jornadas, ou você não pode pegar o bonde"? É possível, no mundo dos negócios, deslocar-se para o lado em vez de para baixo, dizer *chega* de ambição sem ser removido do sistema?

Poderíamos olhar para os Países Baixos em busca de inspiração. Os trabalhadores holandeses são os que passam o menor número de horas no trabalho no norte da Europa, quase quatro horas semanais a menos que nós. Um dos motivos para tanto é que a ideia que têm do que é industrialmente bom e produtivo é notoriamente diferente da dos britânicos. Um estudo pan-europeu descobriu que os administradores britânicos julgam que produzir horas extras durante uma vida inteira significa que você é um empregado dedicado — e, portanto, altamente eficiente. Os holandeses, entretanto, tendem a pensar que se você não consegue cumprir todo seu trabalho dentro das horas normais estipuladas, então deve haver alguma coisa de errado, ou com você, ou com o trabalho. Se todos virássemos holandeses, poderíamos experimentar mais da vida não ligada ao trabalho. Entretanto, para qualquer pessoa que é constantemente empurrada e alavancada para dentro da vida laboral, como os campeões britânicos das longas jornadas, essa possibilidade pode soar esbanjadora e comodista, até perversa.

Há aproximadamente dez anos, fiz uma pesquisa para uma matéria de jornal sobre *track days* — uma mini-indústria britânica que ainda florescia, em que pessoas comuns pagavam para correr com os próprios carros esportivos e motocicletas em circuitos de corrida. Perguntei ao relações-públicas de Brands Hatch de que tipo de pessoas se tratava. "Oh, tipos ligeiramente ricos", replicou. "O mesmo tipo que você vê jogando golfe em dias de semana — eles têm recursos para tirar um dia de folga ocasionalmente e são suficientemente dedicados a seu *hobby* para arranjar tempo para ele." Ao voltar para nosso insípido escritório editorial, senti uma pontada de inveja. No entanto, o que me impedia de fazer o mesmo?

Três anos antes, eu havia estreado em Fleet Street, a rua da imprensa britânica, trabalhando duas vezes por semana no precário mundo de subeditor autônomo, em que uma checagem descuidada de fatos, uma manchete simplória ou uma situação mal-resolvida poderiam significar minha expulsão daquele panteão profissional. Eu tinha outros trabalhos avulsos, inclusive editar um jornal de administração de serviços de saúde que eu lançara dois anos antes, na condição de editor em tempo integral, quando o Serviço Nacional de Saúde começava a reestruturar-se em uma imitação do mundo corporativo. Para preparar o lançamento, eu havia comprado uma pilha de best sellers incontestes na área de administração, escritos por uma nova turma de estrelas da mídia — inclusive gurus norte-americanos como Tom Peters e Warren Bennis. Era coisa da pesada, ideal para reformular e servir de parecer inspiracional para os administradores dos serviços de saúde que queriam ocupar posições de destaque no Sistema Nacional de Saúde recentemente orientado para os negócios.

Não era minha leitura de cabeceira predileta, mas havia uma exceção — *A era da irracionalidade*, de Charles Handy. Handy era britânico e apresentava uma tendência subversivamente diferente no mundo do trabalho; portava as sementes do suficientismo. Ele propunha que o trabalho não fosse somente sobre trabalho, mas, em vez disto, um portfólio de diferentes tipos de atividades — um bom e velho emprego remunerado, alguns trabalhos de caridade, alguns trabalhos de aprendizagem e algumas coisas que tornassem a vida divertida. Ia ao encontro daquilo que eu achava que queria. E parecia fazer mais sentido que todos os outros livros de administração heroica juntos. Só havia uma maneira de descobrir se funcionaria: experimentar.

Assim, dei um passo cauteloso para fora do caminho batido da vida de trabalho tradicional, dedicando meio expediente à revista sobre administração de serviços de saúde. Então, graças à ajuda de colegas, arranjei trabalho como autônomo em jornais, encontrei outras tarefas jornalísticas menores, trabalhei voluntariamente para alguns grupos de protesto comparativamente inofensivos e comecei, com um amigo, a mexer com uma nova coisa obscura chamada internet. Depois de um início difícil, o dinheiro começou a fluir. A prazerosa alegria de estar ganhando dinheiro com minhas próprias faculdades mentais começou a eclipsar duradouramente o trauma de acordar às duas horas da manhã, apavorado com o pânico noturno do "como é que eu vou pagar a hipoteca da casa?" Então, um dia, logo depois de eu ter pesquisado a matéria sobre Brands Hatch, chegou o emissário do diabo, sob o aspecto suave de meu gerente no *The Times*. Ele apresentou-me uma proposta tentadora. À maneira própria, e consagrada pelo tempo, da administração de jornais, agarrou-me perto da fotocopiadora e murmurou que estavam me oferecendo um trabalho em tempo integral, o santo graal de todos os diaristas de Fleet Street. Um desses raros, (bastante) lucrativos e muito invejados prêmios na vida jornalística estava ao alcance da minha mão: um cargo fixo num jornal de qualidade, de circulação nacional, com direito a aposentadoria e tudo o mais. É como resolver sua carreira pelo resto da vida (caso consiga agarrar-se ao cargo por um tempo suficiente). E agora, John? O que você me diz?

"Não, obrigado", respondi. O pior é que nem sequer pensei no assunto. Nem fiz a gentileza de parecer agoniado. Ouvi o eco da promessa de Charles Handy e percebi o valor de viver como um sujeito que estava em condições de decidir que já realizara trabalho suficiente naquela semana para matar o serviço e ir a um passeio, que podia escolher qual trabalho faria — e até fazer um pouco de trabalho não remunerado para causas merecedoras. "Soa como muito trabalho burocrático", ouvi minha voz comentar com o editor. "Por que não mantemos as coisas de jeito informal e vemos como andam?" A notícia espalhou-se por aí. Os colegas consideravam-me aquele eterno pária do desenho animado de Batman: "O homem que ..." Mas existem maneiras piores de arruinar sua carreira. Eu havia experimentado meu próprio minimomento à moda Martell: chega de ambição.

E a que a prática do chega de ambição nos faz renunciar, no fim das contas? Para a maior parte de nós, a partir de determinado cargo, as exigências só se tornam maiores e as recompensas menos vantajosas. As condições de meu ramo de trabalho têm mudado dramaticamente nos últimos anos, e temo que também seja o caso das suas. Em setores com muitos homens como jornais, o bordão costumava ser "trabalhe bastante, brinque bastante". Mas agora, a maioria de nós nem ao menos tem tempo de se divertir. Não nos afastamos de nossos monitores nem para o almoço. Na área da mídia, estamos sempre ocupados demais alimentando nichos de infodiversão: jornais on-line, webcasts, podcasts, suplementos extras, relatórios especiais. Poderíamos perguntar o que isso tudo acrescenta ao mundo em termos de felicidade, conhecimento e sabedoria, mas seria irrelevante. Todo mundo está fazendo isso e, então, também temos de fazer... a não ser que tomemos a decisão de nos esquivar sem fazer alarde pela porta lateral onde está escrito: *chega*. Quer queiramos, quer não, no cenário do trabalho, hoje em dia, menos é menos, mais é menos e só o suficiente é mais. Esta é a nova lei dos retornos minguantes.

E isto porque, embora a riqueza conspícua seja a grande e reluzente aspiração que cintila diante de nós, acrescenta muito pouco ao moral daqueles que a têm. O psicólogo americano Ed Diener relata que mesmo as pessoas que estão na lista dos cem mais ricos da *Forbes* (cada um com mais de 125 milhões de dólares no bolso) só se sentem ligeiramente melhor que o cidadão médio no que diz respeito à vida. Sua pesquisa também descobriu que as pessoas cujas rendas aumentaram durante um período de dez anos não estão mais satisfeitas que aquelas cujos salários permaneceram os mesmos. Até quem ganha na loteria não registra uma alegria sustentada com sua riqueza repentina: um ano após sua sorte inesperada, tendem a retornar a seus níveis de satisfação anteriores, conforme eles mesmos relatam.

Ser estupidamente rico também pode aumentar o risco de desordens psicológicas intratáveis. Os que nasceram em berço de ouro tendem a apresentar níveis singularmente elevados de narcisismo, uma obsessão mimada e consequência de negligência emocional causada por pais que os deixaram ser criados por babás. Parte das dificuldades está no fato de que pessoas super-ricas não tendem a acreditar que seus problemas emocionais sejam causados por suas cabeças, afirma um relatório publicado no *Journal of the American Academy of Psychoanalysis.* "Esses pacientes frequentemente demonstram ter uma forte noção de direito e negam quaisquer problemas psicológicos", alerta. "Eles se sentem no direito de ter o 'melhor possível', o que inclui o 'melhor médico'. Caso seus problemas psicológicos não possam ser apagados magicamente, trocam de psiquiatras até encontrarem o 'médico certo'."

As pessoas ricas também tendem a colocar a culpa de suas ânsias no mundo externo. Assim, utilizam sua riqueza para comprar posses e serviços que acham que os farão sentir-se bem. Isso não os torna tão diferentes do restante de nós, a não ser pelo fato de que têm dinheiro para financiar cada um de seus desejos de fundo neurótico. Contudo, quando isso não funciona, compram mais coisas. E quando isso também não funciona, compram ainda mais coisas.

Portanto, como diz o velho bordão, o dinheiro não compra a felicidade — nem mesmo em escala nacional: a pesquisa de felicidade mundial realizada pela London School of Economics classifica Bangladesh como a nação mais contente do planeta, enquanto a Grã-Bretanha aparece em 32º lugar e os Estados Unidos, em 46º. Antes de sairmos todos por aí tocando fogo em nossos pertences e zarpando para um mundo de penúria bem-aventurada, entretanto, deveríamos observar que não é a pobreza que patrocina a satisfação. A pior nação que aparece na pesquisa é a ex-União Soviética, onde as pessoas geralmente não são nem ricas nem satisfeitas. O relatório ressalta que ganhos ampliados podem trazer contentamento, mas somente até determinado limite, que é o ponto da suficiência. A relação entre ter mais dinheiro e ser mais feliz ainda funciona em países pobres, porque um pequeno aumento numa renda muito baixa pode significar uma melhora considerável na qualidade de vida.

Onde está o ponto mágico da suficiência? Um ramo de pesquisa recente indica que a quantidade de dinheiro necessária para uma vida de contentamento fica nivelada a uma soma nitidamente acima da renda média de todas as pessoas dentro de qualquer país específico. Independentemente de onde você estiver vivendo, contanto que esteja numa posição média na escala de renda nacional, provavelmente obterá o máximo de satisfação possível de sua renda. Além desse ponto, estará dando murro em uma ponta de faca cada vez mais afiada. Ganhar significativamente mais do que a média somente garantirá que seus jantares sejam frequentados por pessoas descontentes que ficam se lamuriando, afirmam os economistas Daniel Hamermesh e Jungmin Lee. Eles observaram que as reclamações crescem junto com a renda. Questionaram pessoas no mundo inteiro e descobriram que quanto mais alto é o salário de uma pessoa, mais ela se queixa de "falta de tempo". A dupla afirma que o problema se põe da seguinte maneira: quando as pessoas têm mais dinheiro, tendem a acreditar que poderiam fazer mais coisas com seu tempo, e então acham que ele se torna mais valioso e ressentem-se cada vez mais de não poderem criar mais momentos livres. Essa indignação constante infecta o resto de suas psiques.

Há também o paradoxo da armadilha do dinheiro. As pessoas esperam que a riqueza lhes traga algo que os economistas chamam de "bens posicionais" — coisas que as mantêm à frente de seus vizinhos. Um produto de consumo durável recém-lançado é infinitamente mais precioso se o vizinho ainda não tiver um igual. Adam Smith observou isto já em 1776, quando escreveu, em *A riqueza das nações*: "Para a maior parte das pessoas ricas, o principal prazer das riquezas consiste em ostentá-las. Aos olhos delas, as riquezas nunca são tão completas como quando são marcas decisivas de opulência que ninguém a não ser eles mesmos pode possuir." E, cerca de 25 anos antes, Samuel Johnson havia declarado que avaliamos o quanto somos ricos "não pelas necessidades naturais, mas pela abundância dos outros".

Este fenômeno antigo como o tempo existe porque evoluímos até nos tornarmos terríveis esnobes. Um estudo de neuroimagem realizado pelo Instituto Nacional de Saúde Mental descobriu que, quando as pessoas são levadas a se sentirem socialmente inferiores, duas regiões profundas do cérebro tornam-se mais ativas: a ínsula e o estriado ventral. A ínsula está envolvida com a sensação que você tem na boca do estômago quando alguém faz você se sentir *tão* importante. O estriado ventral está ligado ao sistema de motivação e recompensa. Para escapulirmos da sensação fisicamente terrível de nos sentirmos pessoas de segunda categoria, somos compelidos a trabalhar duro para nos esconder atrás de realizações sociais superiores.

É fácil perceber como esse mecanismo manteve nossos ancestrais competindo pelo patamar seguinte da evolução social ("Oh, meus deuses, querida, olhe: Os Proto-Joneses entraram na era do bronze!"), mas, em nosso mundo opulento do século XXI, ele nos relegou a uma batalha de Pirro — porque o pessoal ao lado também pode adquirir quase todos os últimos símbolos de status. O resultado disto é uma epidemia de excesso de privilégio. Todo mundo tem tudo, então como é que vamos continuar a competir? Uma resposta comum é comprar tudo o que aparece, só para manter-se em pé de igualdade com os Joneses, e então adquirir cada upgrade suplementar para ficar um tantinho na frente. Porém, isso não funciona. Ninguém realmente se sente melhor com isso: durante os últimos vinte anos, o número de ocidentais que se autodescrevem como "ricos" permaneceu na faixa entre um e dois por cento. O restante sente-se exausto de tentar perpetuamente correr para cima numa escada rolante que desce.

A pesquisa aponta uma solução simples: você encontrará o segredo do contentamento de sua vida profissional se ficar no ou ligeiramente acima do nível médio salarial de seu país (atualmente, em torno de 355 libras por semana no Reino Unido) e evitar competir socialmente em termos materiais. Ei, isso foi fácil. Agora vamos resolver a crise do Oriente Médio. Mas não é tão simples, inclusive porque nossas escalas de avaliação psíquicas tendem tanto a trabalhar ainda mais. Estamos programados por milênios de instintos ambiciosos. E mais, vivemos dentro de uma cultura que repetidamente nos promete não haver nada que não possamos ter se lutarmos para consegui-lo. Acrescente a isso o marketing materialista sofisticado que constantemente subverte nosso subconsciente. E então nosso ego diz que somos as brilhantes exceções a cada regra, os seres acima da média que podem ganhar todos os prêmios dourados da vida e curti-los plenamente também. Apenas promessas ostensivamente positivas.

Como raios podemos reforçar nossos desejos mais equilibrados, racionais e suficientistas contra essa multidão turbulenta de estímulos de nível inferior do cérebro? Para abordar essa questão, pensei em explorar a fonte original de minha inspiração para declarar chega de trabalho, Charles Handy — não apenas porque eu tinha vontade de encontrar um dos meus velhos gurus (não raro, é a pior coisa que alguém pode fazer), mas porque ele parece ter se tornado um praticante avançado da arte do sucesso comedido. Se você procurar no Google qualquer lista das autoridades mais influentes no mundo dos negócios, vai se deparar com o nome dele. E isso se traduz num enorme poder de ganhar dinheiro no circuito mundial de palestras corporativas — o suficiente para transformar o sujeito em milionário dentro de 12 meses. Mas Handy não faz isso. No início de cada ano, ele e sua mulher Elizabeth calculam quanto dinheiro necessitam para financiar seu estilo simples de vida e então planejam suas vidas profissionais para suprir essa necessidade.

Uma breve pesquisa na internet desencavou seu número de telefone. Elizabeth atendeu com rápida eficiência, declarando prontamente: "Charles não escreve prefácios para os livros de outras pessoas, caso seja isso que você deseja." A sra. Handy soava bastante terrível. Entretanto, depois de algum esforço persistente de minha parte, ela sugeriu que eu lhes enviasse um e-mail, e talvez fosse convidado à casa deles. Alguns e-mails são despachados airosamente, enquanto outros são postos neste mundo cruel e caprichoso com o mais gentil e persuasivo afago da tecla "enter". O esforço investido na composição de uma carta adocicada de súplica compensou: consegui um acesso a Handy, sob forma de um convite para almoçar em Putney, no setor sudoeste de Londres.

Há uma imponente casa vitoriana isolada, com uma entrada de cascalho para carros. Mas a casa dos Handy é logo na esquina, num dos apartamentos com jardim. Um homem pequeno, calvo, usando um suéter informal, atende à porta. No tocante a ser um guru, Handy não passaria no exame de admissão por não apresentar o carisma conferido por um manto cor de açafrão. Ele se parece mais com um anúncio de catálogo para satisfação plena. A casa deles é agradável, mas você não a classificaria como espaçosa. "Costumávamos viver aqui ao lado, num apartamento muito mais impressionante, com uma cozinha que fazia as pessoas dizerem 'Uau' quando entravam", explica Elizabeth. "Vendemos aquele para nossa filha. Este aqui é mais modesto, mas atende melhor às nossas necessidades." Charles ri e acrescenta: "Eu sinto um pouco a falta daquela cozinha, mas ela tem razão, é claro."

Rapidamente, fica evidente que Elizabeth, que é fotógrafa profissional, não é nada brava. E ela faz uma excelente torta de peixe. Mas tem de cumprir o papel de guarda de cancela, para poder tornar um de seus hobbies praticável: ser anfitriã de uma torrente regular de peregrinos formada por visitantes potencialmente interessantes. Quando cheguei, seu hóspede anterior, um jovem estudante sul-coreano que havia lançado uma revista política, acabara de sair. Nossa conversa rapidamente deixou claro que Handy realmente foi pioneiro ao percorrer um caminho resolutamente suficientista: "Alguns anos atrás, decidimos que não precisávamos maximizar nossos rendimentos; queríamos maximizar nossas vidas", afirma. "Precisávamos encontrar um jeito de fazer isso. No início de cada ano, computamos quanto ou quão pouco dinheiro precisamos para viver — eu acrescento vinte por cento a esta cifra porque fico preocupado — e então planejamos quanto precisamos trabalhar para ganhar isso. Não vestimos farrapos; nos asseguramos de que haverá o bastante para comprar vinho, livros e aquelas coisas de que gostamos, mas é impressionante o quão pouco é necessário."

Enquanto estamos sentados almoçando e olhando para o jardim, Handy recorda-se de uma entrevista que havia acabado de conceder a uma jornalista norte-americana para a revista *Time*. "Só assumo dez compromissos pagos para falar em público por ano, mas ela me perguntou se eu podia fazer mais. 'Sim', respondi, 'eu provavelmente poderia fazer cinquenta.' Então, ela queria saber por que eu não os fazia. Eu respondi: 'Bem, o que é que eu faria com o dinheiro suplementar?' Ela disse, falando absolutamente sério: 'Você poderia *colecionar* coisas.' Colecionar coisas", ele ri. "Para mim, isso não seria ganhar dinheiro para um bom uso." Handy, ex-executivo da área de petróleo, deixou a Shell em 1972 para lecionar na London Business School, que depois abandonou para iniciar uma terceira carreira como filósofo empresarial, escrevendo guias para renovar o pensamento em locais de trabalho, tais como *The Empty Raincoat* (A capa de chuva vazia). Para ele, o capitalismo é um sistema — o melhor que inventamos até agora — que, em última análise, nos carrega somente até o ponto em que podemos nos libertar para explorar as coisas que realmente nos gratificam enquanto seres humanos.

Sua inspiração origina-se do estudo da antiga filosofia grega e romana na faculdade: "Aristóteles me apresentou a ideia do 'suficiente' a partir de seu conceito da doutrina do meio-termo. Ele afirma que a virtude não é o perfeito oposto do mal, mas fica num meio termo entre dois extremos ou vícios — o excesso e a deficiência. Ele achava que a riqueza não é necessariamente boa ou má, desde que seja considerada como o meio para algo maior. O pecado está em ultrapassar o meio-termo."

Sem dúvida, Handy herdou a inclinação eclesiástica de sua terminologia do pai, um sacerdote anglicano. Sua educação no vicariato também pode ser a fonte espiritual de sua frugalidade fora de moda. Ele acredita que a vida certamente seria mais fácil se todos seguíssemos a dica de Aristóteles: "Até que possamos definir o que é 'suficiente' para nós em termos de dinheiro, nunca seremos verdadeiramente livres — livres para definir nossos reais propósitos na vida", ele diz, gesticulando com o garfo. "Em vez disso, seremos escravos voluntários de nosso empregador ou da nossa profissão." Para Handy, perseguir este ideal traduziu-se em repensar o que o emprego e o dinheiro significavam para ele. "Contentar-se com o suficiente significa que temos que acabar com os outros usos do dinheiro — não mais como um símbolo de sucesso ou uma maneira de se autodefinir, ou como desculpa ou compensação para não levar a nossa vida real adiante. O motivo para trabalhar menos não é deixar-se ficar na praia, mas ter a oportunidade de descobrir outros aspectos de você mesmo."

Em termos práticos, ele acredita que todos precisamos fazer algo que é um anátema para muitos trabalhadores britânicos: dizer adeus ao empregador em tempo integral e sua garantia vacilante de emprego seguro. "Se você estiver trabalhando em horário integral para alguém, quer dizer que todas as suas horas estão comprometidas, gastas e vendidas antecipadamente. Você não tem nada para negociar com seu empregador, a não ser pedir mais dinheiro para a mesma quantidade de tempo — e frequentemente, as pessoas simplesmente querem ganhar esse dinheiro como um símbolo do valor que se autoatribuem e não como algo benéfico em si. Você não pode realmente utilizá-lo para melhorar a sua vida, só vai ficar mais gordo com ele em vez de crescer em outros aspectos, como o espiritual. Quando trabalha como autônomo, você pode fazer um cálculo diferente de custo-benefício: mais dinheiro pode não ser melhor se gastou tempo em demasia, ou se foi para fazer alguma coisa de que você não gostou, que estava errada ou que considera imoral.

"Determinar nossa própria noção do que é suficiente nos dá o poder de dizer 'não' para convites de palestras que não nos inspiram ou quando não temos um bom conceito das pessoas que nos estão convidando", diz Handy com evidente alegria. "É algo ameaçador para algumas pessoas e exige um pouco de coragem no início, mas dizer 'não' é muito excitante. Dá uma maravilhosa sensação de controle. Faz você apreciar o antiquíssimo princípio teológico de que não está livre se não souber o que é suficiente. Podemos usar esse tempo livre para fazer outras coisas, ou trocar nosso trabalho por outra coisa — como passagens aéreas de primeira classe para o exterior e estadia num hotel excelente, em troca de uma palestra para uma organização estrangeira. Com frequência, exigimos como parte do pacote sermos apresentados durante um jantar a quatro ou cinco das pessoas mais interessantes do local, para que nossas vidas possam ser enriquecidas desta maneira."

Depois de termos consumido torta de peixe, salada e frutas, e saboreado um bom copo de vinho branco, Elizabeth traz o livro de visitantes para que eu o assine — uma tática para declarar "Chega de visita". O casal está indo assistir a uma exposição de pinturas de Holbein. Sem dúvida, alguns frequentadores da galeria os confundirão com um casal de aposentados que está tentando preencher seu tempo livre. Afinal, Handy já está com setenta e poucos anos. Mas praticar o suficientismo no trabalho também possibilitou-lhe estender a duração de sua carreira de acordo com a sua longevidade, sem correr o risco de ficar exausto nem de ver sua atividade profissional transformar-se em algo enfadonho. Isso é algo que todos teremos que considerar, uma vez que nossos anos potencialmente produtivos estão se tornando cada vez mais extensos. "Aposentadoria é igual a morte, na minha opinião", afirma, vestindo seu sobretudo. "Você tem de continuar a fazer algum tipo de trabalho, seja ele remunerado ou beneficente. Caso contrário, você acaba perdendo o interesse e isso é seu fim."

Trabalhe o suficiente

Olhe para fora do país

Para onde vai o mundo do trabalho? Como sinal de alerta, deveríamos olhar para nossos colegas norte-americanos, que, quando comparados com os britânicos, fazem-nos parecer os holandeses relaxados. Para poder dar conta de suas casas e carros cada vez maiores, os norte-americanos têm de trabalhar significativamente mais do que os europeus. Depois de cinco anos de serviço numa firma, um típico trabalhador norte-americano recebe 13 dias de férias pagas por ano, comparado com entre quatro e seis semanas na Europa. A globalização está disseminando essa tendência. Na Grã-Bretanha, os empregadores atualmente recebem mais que o equivalente a 1,2 bilhão de libras de trabalho gratuito de seus empregados, porque o pessoal não tira todas as férias a que tem direito. Se não nadarmos ativamente contra esta maré de mais-trabalho, seremos arrastados por ela.

Dê uma guinada

Há 25 anos, os estudantes universitários buscavam a paz, o amor e a revolução mundial. Os jovens idealistas sonhadores de hoje dizem aos pesquisadores que querem "desenvolver seu equilíbrio entre vida e trabalho". Contudo, está tornando-se cada vez mais difícil manter uma carga de trabalho saudável e sustentável de nosso frenético mundo do trabalho. As empresas que se desenvolvem rapidamente tendem a apresentar alta rotatividade de pessoal, e isso frequentemente se traduz em sermos constantemente incentivados a aceitarmos sempre mais responsabilidades. Não há problema nisso se suas ambições estiverem centradas unicamente em trabalhar arduamente, mas lá se vai sua chance de aproveitar a plena extensão dos outros potenciais da vida.

Dizer a seus empregadores que você não é ambicioso é uma espécie de intento criminoso contra a empresa e, portanto, a solução está em dar uma guinada silenciosa, tentar manter o nível de responsabilidades e a carga de trabalho que melhor se adequarem a suas competências. Dar uma guinada é principalmente um estado mental que resiste à promessa sedutora de promoções, no interesse de preservar sua ecologia pessoal. Estratégias práticas nesse sentido incluem tentar manter-se obstinadamente abaixo do radar do patrão e trabalhar sempre para gerentes felizes que provavelmente vão querer se manter em seus cargos pelo maior tempo possível. Com alguma sorte, sempre haverá almas mais ambiciosas (ou irrefletidas) desejosas de ultrapassar você a toda a velocidade na hierarquia da empresa.

Porém, independentemente do que acontecer, você deveria estar sempre com uma mão na corda que abre o paraquedas, pronto para saltar quando as exigências do trabalho excederem as recompensas. Com demasiada frequência, as pessoas só saem quando já estão exauridas e dificilmente terão condições de começar um novo trabalho, de mudar sua carreira ou atuar como freelancer. Estar pronto para pular fora requer uma conversa honesta com seu ego. Caso todos tivéssemos um painel de bordo interno, o marcador de velocidade de todo mundo sempre indicaria 48km/h numa área de limitação em 50km/h. Independentemente de sermos Gordon Brown ou o sujeito que varre a rua, somos todos importunados por uma voz interior que diz que estamos produzindo abaixo de nossa capacidade, que se nos esforçássemos mais poderíamos dar a volta por cima e resolver nossa vida. Este é o motivo pelo qual oitenta por cento dos entrevistados numa pesquisa dos consultores administrativos Hay Group disseram temer não ter a determinação para conseguir ocupar o lugar que merecem na vida. Isso, porém, é uma ilusão, uma defesa psíquica contra a realidade. Nossas psiques nos dizem: "Você poderia governar o mundo se se esforçasse um pouco mais."

Relaxe de forma esperta

Qualquer um que tivesse dado uma olhadela no banheiro de Arquimedes logo antes de seu momento de eureca, poderia achar que o tempo que o velho grego passava na banheira só produziria dedos enrugados. Contudo, será que Arquimedes teria descoberto o princípio do deslocamento se tivesse entrado e saído correndo de um chuveiro? Os psicólogos começaram a entender que podemos pensar melhor quando não estamos absolutamente concentrados no trabalho. Se uma ideia brilhante já lhe veio à mente enquanto você estava descascando batatas, você experimentou um fenômeno que pesquisadores holandeses confirmaram na revista *Science*: nosso inconsciente resolve problemas complexos perfeitamente bem quando o consciente está ou ocupado com outra coisa ou completamente desocupado. Em nossa era de trabalho-conhecimento, faria sentido as empresas encorajarem seu pessoal a reservar alguns momentos para relaxar durante o dia. Enquanto não o fazem, você deve contrabandear períodos regulares de relaxamento mental para conseguir pensar direito para eles.

Seja discreto

Cuidado: praticar o *suficientismo* no trabalho pode marcar você como provocador e sabotador. A solução é a discrição. Os maiores incentivadores da cultura do excesso de trabalho são os colegas que mais sofrem desse mal. Parecem estar motivados por uma forma corporativa de Síndrome de Estocolmo, em que reféns chegam a ser coniventes com os seus sequestradores (o exemplo mais famoso é o da herdeira Patty Hearst, que em 1974 foi pega assaltando um banco para financiar o Exército Simbionês de Libertação, grupo anarquista que a sequestrara dois meses antes). Os portadores da síndrome de Estocolmo corporativa acreditam que seus hábitos de excesso de trabalho são determinados por forças externas irresistíveis — assim, se um colega suficientista estiver labutando algumas horas a menos que eles, eles não podem ficar carregando seu peso nas costas. Eles têm de acreditar nisto, senão sua lógica interna implodiria e eles teriam que considerar a possibilidade de arranjar uma vida própria.

Em vez disso, eles procurarão impedir você de ter a sua, não raro enviando-lhe montanhas de exigências desnecessárias e trabalhosas e recados fora dos horários de expediente. Você pode decidir enfrentar os portadores da síndrome abertamente, mas isso seria como pintar um alvo na própria testa. Uma tática mais proveitosa é se tornar uma presa esquiva e pouco compensadora. Se você receber e-mails e ligações fora do expediente, nunca responda instantaneamente. Espere até um momento que você saiba ser imensamente inconveniente para o portador da síndrome. Então, responda usando o tom mais cooperativo possível, mas deixando-o apenas com uma pergunta, o tipo de pergunta que significa mais trabalho para ele. Ele já está trabalhando ao limite de sua capacidade, portanto, se você continuar aumentando sua carga de trabalho de maneira persistente, alegre, construtiva e incentivadora, no fim ele ficará tão desanimado e estressado que começará a incomodar outra pessoa em seu lugar.

Valorize seu tempo rentável

Estime quantos anos você ainda tem de vida, subtraindo sua idade da média da expectativa de vida no Ocidente, cerca de oitenta anos para os homens e 82 para as mulheres. Então, faça a conversão para horas. Agora, você pode dizer para si mesmo — Só tenho xx horas antes de morrer. Como posso utilizar este tempo finito de maneira mais valiosa? Será que quero usá-lo para ganhar mais dinheiro do que posso precisar, para gastá-lo comprando mais coisas do que necessito? O que mais eu poderia fazer com essas horas?

A resposta não exigirá necessariamente uma mudança de vida radical. Mas vale a pena revisitar essa questão regularmente. Pode ser particularmente útil para ajudar você a decidir quantas horas semanais de trabalho são suficientes para suprir os seus desejos. A organização norte-americana Take Back Your Time ("Recupere seu tempo") considera que quarenta horas sejam suficientes. Ela ressalta que, em 1940, a jornada de trabalho de quarenta horas semanais foi adotada pela lei dos Estados Unidos, embora desde então a semana de trabalho do norte-americano médio tenha aumentado constantemente. Contudo, quarenta horas semanais ainda soa muito puxado para mim. Eu optaria por 35, no máximo.

Existe uma longa e admirável história no sentido de recusar-se a trabalhar além da gratificação que você fixou para si mesmo. Nos primórdios da Revolução Industrial, quando as pessoas eram encorajadas a formalizar suas jornadas semanais de trabalho em turnos diários, o fenômeno de "segunda-feira Santa" foi amplamente difundido, já que muitas pessoas optavam por ganhar somente o tanto de que necessitavam para pagar por abrigo, roupas e alimentação básica. Por que ir trabalhar às segundas-feiras de manhã se você não precisa ir? Esse ato de equilíbrio foi distorcido quando o consumismo conseguiu persuadir as pessoas de que o que elas realmente queriam não era tempo livre e sim mais bens materiais do que já tinham.

Observe o relógio biológico

A frase "não trabalhe mais, trabalhe de maneira mais eficiente" tornou-se um clichê vazio numa sociedade que quer que trabalhemos *tanto* mais *quanto* de forma mais eficiente. Mas você pode otimizar suas chances de produzir mais em menos tempo ao aprender quais são os hábitos que condizem melhor com seu corpo e sua mente. Espero que você não use essa tática para realizar mais trabalho, mas para liberar horas de vida, porque vai gastar menos delas para ganhar dinheiro. Parece que nascemos com parâmetros preestabelecidos que afetam nossa capacidade de trabalho em diferentes horas do dia. Um experimento realizado no Museu de Ciências de Londres descobriu que nossos genes desempenham um papel na determinação de se somos "cotovias" ou "corujas" — ou seja, se estamos na melhor forma de manhã ou à noite. Os pesquisadores coletaram amostras das bochechas dos visitantes e descobriram que os mais cotovias ou mais corujas tendiam a ter uma de duas variações nos genes de seu relógio biológico. Normalmente, as mulheres tendem a ser mais cotovias que os homens, embora ninguém saiba o motivo ainda.

Devo possuir a variação "coruja". Escrevo melhor à tarde e à noite. Assim, sempre que possível, opto por não escrever antes do almoço — resolvo problemas administrativos, dou telefonemas e faço pesquisa. Precisei de anos para aprender a fazer isso. Nos primórdios do meu trabalho autônomo, costumava ficar sentado diante da tela do computador num estado de dormência matutina, tentando desesperadamente comprimir pensamentos em palavras, palavras em frases e frases em algo inteligível, e falhando sempre. No entanto, eu estava desesperado por começar a produzir e, então, costumava continuar na labuta apesar de ficar cada vez mais desalentado. Depois, começava a questionar se eu tinha jeito para a coisa e, no meio de uma minicrise, dirigia-me ao pub ou para debaixo das cobertas. No fim da tarde, já tinha ficado em pânico por tempo suficiente para tentar novamente. E, de repente, a coisa começava a fluir.

Divida a carga

Trabalhar em meio expediente é melhor para sua própria ecologia, já que deixa espaço livre para você cuidar da sua mente, corpo e vida. Também redistribui o trabalho disponível pelos outros trabalhadores de sua comunidade, em vez de fazer com que você o acumule na condição de um assalariado exaurido e absolutamente atolado. Com frequência, também é mais eficiente para os empregadores, na medida em que eles pagam somente as horas nas quais você está genuinamente interessado em trabalhar, em vez de patrocinar também o tempo em que você está cansado, irritado e esperando a hora de ir para casa.

Mantenha o lazer barato

O tempo livre deveria envolver fazer coisas que você ama e não gastar dinheiro tentando impressionar. Na realidade, quanto mais dinheiro você gasta com o lazer, menos tempo você gasta curtindo-o. O último decênio viu grifes invadirem humildes esferas de lazer, como caminhadas, além de inflar os preços dos equipamentos desportivos. "Tem todo o equipamento, mas nenhuma ideia" é uma frase mordaz, mas muito verdadeira. Um estudo publicado no *Journal of Labor Economics* mostrou que quanto mais os homens gastam em itens de lazer, mais tempo passam no trabalho.

Cada um por cento a mais no preço dos itens que compram se traduz na perda de um dia de lazer por ano. Isso pode acontecer por eles sentirem que têm de trabalhar mais para compensar os preços elevados. Ou, talvez, eles estejam tentando entrar em forma ao esbanjar ostensivamente em equipamentos caros em vez de por meio de seu suor. Esse tipo de comportamento explica uma pesquisa feita em 2003 pela agência de pesquisas GtK NOP, que descobriu que um quarto dos equipamentos caseiros de ginástica comprados pelos britânicos é usado apenas uma vez. E dez por cento nem chegam a ser tirados da embalagem.

Escape em microférias

Será que já estamos nos divertindo? As últimas duas décadas testemunharam uma epidemia de inflação de férias. Nossa cultura do sempre mais transformou as férias de simples viagens de carro com a família em expedições globais competitivas do tipo "como assim, você não foi fazer rafting em águas claras com orangotangos da Sumatra?". A pressão da vida do trabalho invadiu as semanas que tradicionalmente funcionavam como válvulas de escape naturais. Contudo, que diabo, temos de ter umas férias fantásticas porque trabalhamos tanto e fizemos por merecê-las, mesmo que isso signifique fazer grandes planejamentos, arrumar várias malas, tomar vacinas, conseguir alguém para tomar conta dos bichos de estimação, para cuidar da casa, partir antes do amanhecer, se informar sobre alertas terroristas, cancelamentos, revistas antibomba, enjoos devidos à viagem, mais revistas antiterroristas, jet lag e implosões familiares induzidas pela pressão. Um estudo recente descobriu que, atualmente, 1,7 milhão de britânicos têm de tirar uma folga do trabalho para se recuperar de suas viagens de férias. Bem que poderíamos simplesmente desistir das férias e ficar trabalhando, como muitos dos nossos colegas norte-americanos. Porém, precisamos tirar folgas — isentas de estresse — para o bem da nossa saúde. As pessoas que não descansam têm probabilidades trinta por cento maiores de morrer de infarto.

Este é o motivo pelo qual eu e minha mulher recentemente nos pegamos caminhando por aí, perto do fim do mundo, tentando achar o caminho no breu absoluto por uma vereda que levava de um antigo pub de aldeia para nossa pousada de madeira, na beira de um desfiladeiro escarpado. Na realidade, estávamos a apenas quarenta minutos de carro da nossa casa, ainda na região superpovoada do sudeste da Inglaterra, mas em um lugar de rara beleza chamado Birling Gap. Estávamos curtindo umas microférias, deixando nossos problemas caseiros em outro universo psíquico. Se você ainda não ouviu falar em microférias, é porque inventei esta expressão para descrever nossas regulares escapadas para férias modestas e intensas — algo inspirado pelo pânico que acompanha nossas férias-troféu anuais para o exterior.

É um retorno para a tranquilidade simples de minha infância: enquanto a maior parte das outras famílias se mandava de avião para o litoral, minha mãe tirava o maior proveito possível de nossa situação financeira apertada e levava-nos de carro para Folkestone, a 85 quilômetros de distância, para passar uma semana num distinto hotel decadente. Eu adorava. Quando você é criança, pode passar umas férias felizes em qualquer lugar, porque curte o simples fato de *saber* que está de férias. É um estado de espírito. Por que é que essa abordagem não funcionaria também na idade adulta? É útil recordar que os modernos meios de transporte distorceram nossa noção natural de distância. Uma viagem rápida de 45 minutos de carro ou de trem levaria a maior parte de um dia para ser realizada duzentos anos atrás — exatamente o tempo que levamos para voar para o exterior hoje em dia.

Aqui estão minhas cinco regras para microférias:

- Uma viagem a um lugar de no máximo 60 minutos de distância.
- No máximo duas noites (as noites de domingo são ridiculamente baratas, e você pode ir para o trabalho direto de seu quarto de hotel na segunda-feira de manhã).
- Leve somente malas do tamanho da bagagem de mão permitida em aviões.
- Local? Quanto mais esquisito melhor.
- Mas nunca, jamais, durante um feriado nacional.

5 | **CHEGA** de opções

A vida é uma progressão de um querer a outro,
e não de um prazer a outro.

Samuel Johnson, 1776

Eu precisava comprar uma câmera digital. Apenas uma que fosse adequada para tirar boas fotos, talvez ocasionalmente para serem publicadas. "A última palavra" em câmeras era que tivessem seis megapixels de resolução — suficiente para ampliações do tamanho de cartazes — uma lente decente e um monte de características espetaculares. Sendo um indivíduo cauteloso, desejava uma marca de renome. Assim, entrei na internet, gastei 15 minutos passando os olhos em resumos de produtos em bons sites, anotei o nome de três dos mais recomendados e dirigi-me à loja de fotografia mais próxima. Ali, na vitrine, havia uma das câmeras que estavam na minha lista. Estava em oferta especial. Que alegria! Apontando-a com o dedo, pedi ao vendedor: "Gostaria de uma destas." Ele me olhou com perturbação. "Você não quer experimentá-la primeiro?", disse. Não soava bem como uma pergunta. "É preciso?", repliquei. "Não há nada de errado com ela?" Isto fez com que ele se sentisse um pouco ofendido e comecei a me sentir mal. "Não, não. Mas você deveria experimentá-la", aconselhou, encorajando-me. "Compare com as outras."

Olhei para as outras: prateleiras cheias de câmeras de 6 mega de tamanhos parecidos estendiam-se ao longo da parede, oferecendo um sortimento de propostas e preços de venda com ínfimas diferenças, já que cada fabricante vendia uma gama de modelos girando em torno do mesmo pacote básico. Havia uma miríade de opções disponíveis, todas no limite do meu orçamento. Deparei-me com a perspectiva de passar horas comparando X com Y, tentando não deixar de levar Z e, possivelmente, também H em consideração ao mesmo tempo. Porém, quando tivesse terminado, continuaria a ter somente as duas mesmas certezas que tinha quando adentrei a loja: primeiro que, assim que eu saísse do estabelecimento, o valor de minha câmera cairia para a metade do preço que eu havia pago nela; e, em segundo lugar, que meu maravilhoso dispositivo seria quase instantaneamente suplantado por um modelo mais novo.

Porém, algo na mente humana está sempre murmurando que você pode vencer esses obstáculos ao fazer a escolha *certa*, a escolha *esperta*, a escolha *sábia*. No fim, fiz uma concessão ao vendedor. Ele parecia sinceramente entusiasmado. Assim, deixei que ele pegasse a câmera escolhida na vitrine, demonstrasse como tirava excelentes retratos dos meus colegas clientes no modo automático... e quando ele começou a entrar nas características especiais, interrompi-o para perguntar se eu precisava comprar um estojo e um cartão de memória (veja, nada de muito chique).

Por que pensamos que novas opções ainda nos oferecem alguma novidade? Talvez porque ofereçam outra oportunidade de compensação existencial, para evitarmos encarar o fato de que nossas escolhas reais são muito mais limitadas nesta cultura do que gostaríamos de imaginar. Na fotografia, por exemplo, a ciência e o marketing estão constantemente catapultando-nos para além do ponto em que novos avanços tecnológicos possam realmente fazer qualquer diferença para a experiência do fotógrafo amador. Nos anos de 1870, se você quisesse bater algumas fotos em sua viagem de férias, precisaria de um cavalo e uma carroça próprios para arrastar consigo uma câmera do tamanho de um forno de micro-ondas, bem como uma tenda à prova de luz onde pudesse emulsificar cuidadosamente as chapas de vidro que capturariam lentamente suas imagens. A tendência era eliminar a espontaneidade. Não é de se admirar que todas as fotos daquele tempo pareçam tão formais e afetadas e não do tipo "Aqui tem uma do Júnior pisoteando o castelo de areia de sua irmã".

O surgimento dos filme em rolos convenientemente portáteis, no início dos anos 1880, foi um enorme passo adiante. Então, em 1888, a Kodak popularizou a fotografia com uma câmera que vinha pré-carregada com um filme equivalente a cem poses. Era razoavelmente leve, portátil e você podia segurá-la em suas mãos enquanto batia as fotos. Custava 25 dólares, e vinha com o bordão libertador "Você aperta o botão — nós fazemos o resto". Bem-vindo ao retrato de família. Entretanto, ainda assim, não era muito conveniente. Depois da exposição, a câmera inteira tinha de ser mandada de volta para a fábrica para que as cópias fossem impressas e um novo filme inserido, um processo que custava a pródiga quantia de 10 dólares. Em 1900, Kodak lançou outro dispositivo de obturador, a câmera Box Brownie de 1 dólar. De repente, todos podiam ter momentos "álbum de família". Depois disso, no fim dos anos 1930, a tecnologia nos trouxe o filme colorido (sim, novamente a Kodak). Então, tivemos de esperar até o início dos anos 1990 para o surgimento das primeiras câmeras digitais, ainda que, inicialmente, o custo delas as restringisse ao uso profissional. De lá para cá, a tecnologia se tornou incrivelmente barata e acessível.

Graças à alta tecnologia, os dias de agonia para escolher a câmera "certa" deveriam ter acabado para a maioria de nós. Todas brilhantes caixinhas prateadas disponíveis são adequadas ao uso e, com o pressionar de um botão, produzem boas fotos que podem ser baixadas. Em vez de ficarmos torturados por minúsculas diferenças e pagarmos caro por elas, deveríamos estar gastando tempo, energia e entusiasmo buscando alegres situações fotogênicas para imortalizar, compartilhar e recordar. Avanços tecnológicos similares deveriam ter eliminado os dilemas da maioria de nossos dispositivos. Em vez disso, mais do que nunca nos defrontamos com uma infinidade de opções, itens exclusivos e conceitos específicos relacionados a estilos de vida. Reagimos comprando avidamente os acessórios — que não usamos. Quase sessenta por cento dos adultos utilizam somente metade das funções de seus novos aparelhos, afirma um estudo, que diz que isso acontece porque somente um em cada seis se dá o trabalho de ler o manual. Porém, talvez isso se deva a pragmatismo e não a indolência: outra pesquisa demonstrou que quase dois terços dos proprietários de celulares usam somente quatro funções — fazer chamadas, mensagens de texto, despertador e câmera. O resto é abobrinha tecnológica. Mais de um terço de nós nem sequer sabe se seu celular tira fotos.

Em teoria, deveria haver um limite natural para toda esta complexidade de consumo: um estudo sobre as decisões para a compra de um telefone celular, publicado no *Journal of Product and Brand Management*, voltando para o gerenciamento de marcas e produtos, descobriu que oferecer mais opções deixou de elevar o nível de satisfação final dos clientes. O relatório alertou que três opções por modelo são perfeitamente adequadas, enquanto qualquer coisa acima de sete causa ansiedade e pode ser contraproducente. Os alemães têm uma expressão para isto: "*die Qual der Wahl*" — a tortura da escolha. Os psicólogos dizem que, embora os clientes a princípio se sintam atraídos por uma grande quantidade de opções, muitos acabam ficando tão confusos com todas as alternativas que desistem, desesperados.

Em um experimento que é frequentemente citado, dois professores universitários, Mark Lepper e Sheena Iyengar, instalaram duas mesas num supermercado, uma com 24 potes de geleia e outra com seis, e ofereceram cupons de desconto a qualquer pessoa que parasse para prová-las. Das pessoas que pararam na mesa com 24 geleias, somente três por cento acabou comprando geleia, enquanto trinta por cento das pessoas que pararam na mesa com seis opções o fizeram. Seguindo uma linha análoga, os pesquisadores de consumo suíços Thomas Rudolph e Marcus Schweizer alegam que a confusão dos clientes pode causar uma queda brusca no varejo. Seus estudos mostram que, mesmo quando estão escolhendo papel higiênico, as pessoas temem cometer erros e não gostam de tentar decidir o que é bom para elas. Mas, peraí, é só papel higiênico! O que é que os consumidores esperam fazer com ele? Enquanto isso, e a despeito dos avisos de todos esses psicólogos, as lojas continuam a simplesmente empilhar mais opções.

Existe uma sólida razão de ordem prática para tanto: nossa sociedade inventou praticamente tudo o que é necessário para uma vida confortável. Mas opções periféricas, mesmo que acabem por não ser satisfatórias, podem ser utilizadas para levar-nos a comprar mais coisas. Nos primórdios da era industrial, era comparativamente mais fácil inventar algo que suprisse uma genuína necessidade não atendida. Era só alguém patentear uma lâmpada elétrica, um trator ou um aspirador de pó para garantir que os pombos teriam a estátua do sujeito para sujar erigida em sua cidade natal para toda eternidade. Agora, porém, o mercado está saturado para a maior parte dos produtos práticos. Os fabricantes costumavam reagir a esse problema competindo principalmente em termos de preço, mas, além de determinado ponto, isso se torna doloroso demais. Assim, em vez disso, começaram a oferecer mais opções — criando necessidades totalmente novas e então fornecendo itens para satisfazê-las.

Esta tendência explodiu na década de 1990, até o ponto em que, hoje, nos encontramos engolidos por um festival de novos extras, fórmulas e embalagens. Um dos truques preferidos das fábricas é turbinar velhos itens como "novos, aperfeiçoados" e "agora com adição de..." ao dividir seus produtos existentes em diferentes subtipos. O pessoal de marketing chama aditivos como aloe vera e jojoba de "pó de fada": basta pulverizar com a quantidade absolutamente mínima para poder ser qualificada como uma adição legítima e pronto, as vendas aumentam por um tempo... até que nosso entusiasmo pela nova fórmula seja embotado pela familiaridade e o ciclo se inicie novamente.

Nossa mente ama novidades. O cérebro de adolescentes, parece, é particularmente instigado por novos estímulos. Objetos e experiências novos podem ativar o botão de dopamina de seus sistemas de recompensa tão fortemente quanto uma dose de cocaína, afirma R. Andrew Chambers, psiquiatra da Indiana University. Conforme vimos no primeiro capítulo, a evolução parece ter voltado o sistema de recompensa dos mamíferos para procurar coisas novas, como novas ferramentas ou alimentos desconhecidos: "Este sistema é poderoso para os mamíferos porque é crítico em termos de sobrevivência", explica Chambers. "É o que lhe dirá quais são os recursos e perigos ao seu redor."

Consumidores adolescentes viciados em novidades também podem ficar dependentes de novos produtos por toda vida. O cérebro adolescente é extremamente plástico e pode ser treinado (o córtex pré-frontal, a região associada às ações de planejamento e controle, ainda está em desenvolvimento), portanto, a excitação e a recompensa repetitivas obtidas pela procura de novidades à venda podem, em última análise, criar um circuito ávido por elas para toda a vida — exatamente como o consumo de drogas.

Tudo isso possibilita explicar o motivo pelo qual existem agora cerca de mil tipos de xampus nas prateleiras do mundo inteiro. E, caso você esteja com sede, pode escolher entre 27 variedades diferentes — isso contando apenas Coca-Cola e Pepsi-Cola. São muitas maneiras de vender xarope borbulhante. Essa irrupção massiva de diferenciação é o que leva o consumidor médio a gastar mais de quarenta segundos ponderando suas opções na gôndola dos refrigerantes, comparados aos 25 que demorava sete anos atrás. Quando diante de uma montanha de produtos confusamente parecidos, muitos compradores passaram a optar por produtos de preços mais elevados, na esperança de que gastar mais também signifique levar algo melhor. Tomemos o exemplo de jeans de grife: não importa que o brim tenha sido originalmente produzido como tecido barato e resistente para o trabalho, e não importa que a maioria dos jeans venham todos do mesmo tipo de fábricas de mão de obra barata, os consumidores gastarão mais de 100 libras em um exemplar "exclusivo" da coisa, simplesmente porque a polpuda etiqueta de preço será capaz de garantir que, de alguma maneira, esta calça, dentro das milhares de outras, será de certa forma... melhor, e assim fará com que se sintam seguros em sua escolha.

Enquanto passamos por todo esse processo de agonia em relação a opções infinitamente pequenas, podemos acabar sendo seduzidos a comprar alguma outra coisa, seja na loja ou on-line, onde o fenômeno é chamado *Wilfing* (abreviação de What Was I Looking For? — "O que era mesmo que eu estava procurando?"). Um em cada quatro usuários britânicos da internet gasta quase um terço de seu tempo de navegação — o equivalente a um dia de trabalho a cada quinze dias — navegando por acaso pela rede. Os sites de compras são os principais ímãs para *wilfing*, afirmam pesquisadores, que alertam: embora as pessoas se conectem com um propósito, deparam-se com tantas opções e distrações on-line que muitas esquecem o que vieram fazer e gastam horas a esmo, com o *wilfing*, em vez de cuidar de seus negócios.

No que diz respeito à venda de dispositivos eletrônicos, há outra razão perversa para a existência de todas essas opções: dispositivos exclusivos fazem com que os produtos perfeitamente sólidos dos fabricantes pareçam muito menos duráveis. Ao criar constantemente "edições limitadas" com "extras suplementares" especiais, o pessoal de marketing consegue plantar em nosso cérebro da idade da pedra marcado pela fome a preocupante ilusão de escassez, a despeito de toda a abundância que obviamente nos cerca. Esse é o tipo de "angústia do Primeiro Mundo" que faz com que mulheres abastadas se atraquem uma vestimenta endossada por alguma celebridade no primeiro dia de liquidação. Ao acrescentar continuamente novas opções à tecnologia, os fabricantes têm como garantir que cada leva de produtos revolucionários é tornada obsoleta pela chegada iminente de outra geração. A excitação da aquisição mal dura até a saída da loja — e todo esse uso cientificamente avançado dos preciosos recursos planetários logo acaba num aterro de lixo, ou reciclado por meio de processos dispendiosos em termos energéticos, ou jogado no fundo de um armário, para que um item do ano passado não nos faça sentir como uma pessoa do ano passado.

Nosso cérebro ainda aumenta a confusão. Ele tende a amalgamar todas as melhores opções disponíveis dos diferentes produtos e moldá-las num supermodelo imaginário e superopcional, que torna qualquer item que venhamos a escolher mesquinhamente menos satisfatório. Assim, temos que passar mais horas de nossa vida nos esforçando para obter o próximo bocado que apresentar uma minúcia "melhor". E, caso as opções oferecidas pelos fabricantes não sejam suficientemente satisfatórias, talvez seja melhor escolhê-las nós mesmos. No mundo dos automóveis, a Maserati oferece 4 milhões de "variações de personalização" para seu salão de Quattroporte. Isso constitui apenas o pico extremo de uma tendência muito difusa nas vendas automotivas. Há apenas um número limitado de maneiras de construir um carro, e todas já foram realizadas a esta altura — então os fabricantes contornam o problema ao dar aos compradores a oportunidade de escolher a cor de seus porta-copos como uma expressão de sua liberdade e personalidade individuais. Inicialmente, aquilo parece oferecer uma vasta paleta artística para o gênio secreto de designer de automóveis que sempre quis se manifestar dentro de você, mas também se traduz em 4 milhões de oportunidades de se irritar com o fato de não ter escolhido as opções corretas, de ter arruinado sua preciosa Maserati e de ter estragado sua chance de obter o máximo de prazer com ela.

Chega de opções? Em meu secreto mundo megalomaníaco de fantasia em que sou o único comandante (vamos, todos temos um), o terno do velho presidente Mao desempenharia um papel central. Todos teriam de usar um uniforme cinza com jaqueta à moda Beatles o tempo inteiro. Porém, como parte de minha revitalização retrodespótica, os cidadãos também teriam a liberdade garantida de poder substituir seus botões por diferentes cores e formatos — talvez até de trocar um pouco suas posições. Isso deveria garantir à humanidade espaço suficiente para exercer sua escolha pessoal e a expressão de sua individualidade sem deixar que as coisas saiam demasiadamente do controle (embora os trocadores de botões mais extremados possam se dividir prontamente numa violenta facção rival).

O plano envolvendo o terno de Mao pode soar como uma afronta gritante a nossa cultura de liberdade de escolha, mas de acordo com pesquisadores da Cornell University, muitas das opções modernas que nos oferecem não são, na realidade, muito mais significativas do que trocar os botões de uma túnica. Psicólogos de Cornell relatam que a livre escolha é útil quando se está decidindo entre coisas totalmente diferentes, mas simplesmente não é assim que funciona nos corredores dos supermercados. Quando os pesquisadores disseram para um grupo de voluntários que tiveram a receber ou chocolate ou um cheiro ruim, os voluntários tiveram que a opção de escolher entre chocolate e fedor foram muito mais felizes que aqueles que simplesmente receberam o que lhes foi dado. Porém, quando a escolha envolveu itens cujas diferenças eram difíceis de distinguir, tais como duas marcas de café distintas (em oposição a duas bebidas completamente diferentes), os voluntários a quem a escolha foi negada ficaram tão satisfeitos com o que receberam quanto os que puderam escolher a própria bebida. Os pesquisadores da Cornell concluíram que, embora passemos uma eternidade em lojas nos agoniando em relação a diferentes marcas, sabemos subliminarmente que essas opções não farão lá muita diferença.

Isto soa bastante estranho. Será realmente que a maior parte das opções personalizadas com que nos defrontamos todos os dias na verdade não passa de uma ficção de massa convenientemente diversionista para as mentes — e que não há absolutamente nenhuma escolha real? Existe uma maneira gratuita e fácil de verificar se você realmente possui essa riqueza da liberdade de escolha: dar uma andada no seu templo local de opções temporais — o shopping center. Meu centro comercial local chama-se Churchill Square. Poderia descrevê-lo detalhadamente, mas tenho certeza de que você já o conhece bastante bem: paredes brancas, lojas, música de fundo contínua, brilhantes pisos de mármore, seguranças e muita gente andando por aí à toa. Fica a uns duzentos metros de minha casa, mas, normalmente, só me aventuro por lá aproximadamente quatro vezes por ano, para providenciar novas caixinhas de lentes de contato. Dessa vez, visitei-o numa missão que consistia em prestar uma atenção absorta, de tipo marciana, ao espreitar as lojas que prometem libertar seu eu verdadeiro por meio das coisas que você opta por ostentar ao seu redor. Quando terminei de passar por dez lojas de roupas, meus pés estavam num cansaço digno de uma tarde no museu e senti-me obrigado a concluir que, se você ignorar toda a miríade de pequenos detalhes, qualquer loja oferece praticamente as mesmas coisas que você adentrar — camisetas, jeans, calças cargo, tênis, coleções de tops, bonés de baseball e o modelo de saia deste ano. E é isso aí.

Evidentemente, estou deixando de reconhecer um elemento crucial da maior parte das opções disponíveis em shoppings: a oferta das marcas, que tem importância suprema. Além das diferenças mínimas nas faixas de preços e no estilo, todas essas opções criaram uma nova sensibilidade humana: a ideia de que *somos* aquilo que *escolhemos* — opto por uma marca, logo existo. As marcas são criadas com esmero para encorajar as pessoas a identificarem-se com elas, a acreditar que suas etiquetas prediletas possuem exatamente o mesmo tipo de valores humanos que elas. É como ter um amigo do peito impressionante para ser visto com ele. Nosso cérebro da idade da pedra é concebido para se relacionar principalmente com outras pessoas e animais — e esta maneira de se relacionar tende a ser desviada também para objetos inanimados. Temos o hábito de praticar antropomorfismo, que é o motivo pelo qual tantos de nós chegam a dar nomes ou apelidos a seus carros. Da mesma maneira, atribuímos cada vez mais uma personalidade humana às marcas.

Pesquisas de marketing mostram que podemos até acreditar que a marca possui uma atitude em relação a nós, e, assim, desenvolvemos relacionamentos "primários" íntimos com elas, que estão no mesmo nível que casamento, amizade e parentesco. É deste jeito que as marcas introduzem um nível inteiramente novo e bizarro de falsas opções quando estamos tentando discriminar diferentes modelos de produtos: subconscientemente, pensamos que estamos escolhendo parceiros para a vida.

O poder das marcas possibilita a uma loja do Churchill Square vender prateleiras e mais prateleiras do mesmo modelo de tênis, enquanto a loja ao lado vende pilhas e mais pilhas de jeans de modelos diferentes, porém devotamente chamados por um nome único. As pessoas que os compram estão convencidas de que optam para expressar sua individualidade. Porém, quando você se distancia um pouco e observa esses compradores de shopping center a uma distância de poucos metros, a soma total de todos esses microdilemas que consomem tempo, essas opções de alto risco para expressar nossa peculiaridade crucial e inefável parecem ser notavelmente homogêneas. Todo mundo ali parece, age, fala e se veste basicamente da mesma maneira.

Então, tive um pensamento: se todas as opções são praticamente as mesmas — e se os preços também não são realmente tão diferentes —, por que não tornar a escolha opcional e simplesmente ir comprar cegamente numa loja genérica? Aposto que você acabará num departamento pós-moderno de roupas informais, onde poderá escolher e misturar os itens à vontade, como seus colegas consumidores — e seguramente você sairá dali com o aspecto não pior que alguns dentre eles (isto é, reduzido ao visual de um consumidor de centro comercial). Assim, decidi tentar fazer compras num estilo budista do tipo sem-escolha. Entrei na loja a varejo mais próxima que encontrei descendo pelo corredor e, mal havia começado a me aventurar por entre as araras de roupas, um vendedor cumprimentou-me.

— Precisa de alguma ajuda? — perguntou (aparentemente, esta tática nem sequer visa a vender roupas, mas apenas a dissuadir ladrões).

— Sim, por favor. Quero calças compridas.

Meu jovem ajudante de compras sorriu e disse:

— Claro! De que estilo?

Respondi:

— Oh, de qualquer tipo. Quais você recomendaria?

Tenho que dizer, a seu favor, que os olhos do rapaz revelaram somente uma expressão extremamente fugaz de "puta merda", antes de ele apontar para uma arara de calças cargo e dizer:

— Bem, há as cargo, ali. Temos algumas cores novas que acabaram de chegar. Também há uma grande variedade de jeans. A maioria fica do outro lado, perto da parede, todos os estilos. E os shorts estão basicamente ali... e ali. Acabaram de chegar para esta estação. — Então ele exibiu seu sorriso mais sedutor.

— Excelente — retruquei. — Mas que calças compridas em *particular* você me recomendaria comprar, exatamente? — Em termos futebolísticos, eu estava oferecendo ao vendedor um gol desimpedido. Com um goleiro apático. E vento a favor. Eu compraria qualquer coisa que ele me dissesse para comprar. Mas ele não quis nem saber.

— É tudo de excelente qualidade, amigo — respondeu. — Por que você não dá uma olhadinha nas cargo, primeiro? São todas ótimas. Dê uma olhada por aí. Tenho certeza de que alguma coisa chamará sua atenção. Volto num minuto. — Então, saiu de fininho.

Retirei-me furtivamente da loja, minha estratégia havia falhado. Talvez o vendedor tivesse achado que eu estava dando em cima dele. Talvez eu não devesse ter usado a expressão "calças compridas". Para continuar o experimento, escolhi um item de vestuário mais neutro. Sapatos. Seguramente os únicos fetichistas numa sapataria são os que fomentam a venda dos produtos.

— Está procurando algum modelo em particular? — perguntou o vendedor.

— Não tenho nenhum estilo em mente — respondi. — O que você recomendaria?

Ele olhou para mim:

— Estava pensando em fino ou casual — disse.

— Ótimo — retruquei. — O que você recomenda?

— Em fino ou casual? — indagou.

— Certo, mas qual você recomenda?

— Fino ou casual?

— Na verdade, qual você recomenda?

Finalmente, a ficha caiu.

— Ninguém nunca me perguntou isto antes. Por que você não dá uma olhada por aí? — acrescentou, acenando para os sapatos masculinos. — Veja do que você gosta. Então, volto para lhe atender imediatamente.

Aí está. Se você quiser seu próprio terno moderno sem-escolha-real do tipo Mao, você provavelmente terá que decidir por si mesmo. Certamente, nenhum governo vai promover um Czar das Opções para desbastar suas possibilidades. Newt Gingrich, o ex-porta-voz direitista do Congresso norte-americano, declarou: "Se você entrasse num Wal-Mart e dissesse para as pessoas 'Você não se sente realmente deprimido por ter 258 mil opções? Não deveriam ter obrigação de reduzir a escolha a que você deve se submeter?', elas achariam que você enlouqueceu."

Porém, será que isso faz diferença, além do puro fato de que este mundo abarrotado de opções pode transformar muitos de nós em pessoas exigentes e dominadas pela ansiedade, que compram coisas ordinárias que nenhuma pessoa sã realmente espera que durem, a um preço alto demais? Sendo criaturas práticas, aprendemos jeitos de lidar com a intempestividade da escolha, principalmente ao desconsiderar as informações acerca das opções disponíveis. Infelizmente, não raro escolhemos áreas perigosas para exercitar esta cegueira. Tamar Kasriel, da companhia de previsão de mídia Henley Centre, já viu isto acontecer com etiquetas de informações nutricionais em alimentos. Confrontados com o fato de termos de considerar ainda outra variável ao escolher dentre gôndolas repletas de alimentos embalados em cores brilhantes, tendemos a ignorar todos os preciosos números e letras no verso do produto e dar preferência à incitante logomarca, à grife e à imagem retratadas na frente. E isso ocorre a despeito do fato de que, frequentemente, a etiqueta de informações nutricionais nos oferece os únicos dados honestos que conseguiremos acerca daquilo que estamos comendo. "No que diz respeito ao bem-estar, as pessoas só querem realmente saber que a etiqueta está ali", diz Kasriel. "Com frequência, não a leem. Sentem-se confiantes simplesmente por ela existir, mesmo que a etiqueta transmita a mensagem: 'Contém tanto sal e gordura que suas artérias vão estourar.'"

De modo análogo, tendemos a tapar os ouvidos e cantar "lá-lá-lá-não-estou-ouvindo" quando defrontados com outra das grandes escolhas complexas da vida, que é optar por uma aposentadoria. A indústria de serviços financeiros costuma criar enormes sortimentos de novos produtos. Shlomo Benartzi, professor de contabilidade na California University, diz que o estudo que fez com investidores revela que o excesso de opções tem efeitos estranhos em nossas decisões. Quando nos deparamos com demasiadas opções financeiras, tendemos a selecionar o plano que parece estar mais na média, em vez de fazer as contas e escolher o melhor para nossas circunstâncias. As vantagens que perdemos são divididas entre consultores financeiros, corretores de valores e corretores de seguros.

Mas isto é somente um exemplo em escala reduzida. Numa escala mais ampla, a promessa de escolha infinita é mais corrosiva. Patrocina toda uma cultura de não comprometimento. A promessa consumista de "sempre há uma melhor opção" encoraja-nos a acreditar que, independentemente do que somos, ou fazemos, ou possuímos, algo muito mais maravilhoso está prestes a aparecer. Fazer uma escolha e comprometer-se com ela suscita o terror mortal de que você fechou a porta para as próximas opções — que realmente satisfarão suas necessidades mais profundas. Estamos de volta ao velho *homo expetens* — "o homem que quer" — o hominídeo esforçado que colonizou a maior parte deste planeta em menos de sessenta mil anos, sempre procurando por coisas melhores atrás do próximo morro e do outro lado do rio. As expectativas não têm limites. Porém, em determinado momento, a promessa de cada vez mais opções, sempre melhores que as anteriores, deixa de ser compensadora. Atingimos este ponto agora. Estamos entrando num círculo vicioso. Assim que realizamos qualquer uma das escolhas nas quais estávamos nos debatendo, logo começamos a pensar: "Uhmm, ainda não estou feliz. Na realidade, estou me sentindo um pouco desapontado agora. Isto não é o suficiente. É melhor eu voltar a aumentar minhas expectativas. Ir atrás de melhores opções."

Isto está incentivando nossa cultura a assumir uma mentalidade cada vez mais fútil. À guisa de exemplo no varejo, a firma norte-americana Blik agora oferece uma coleção de revestimentos de parede chamada "grafismos de parede para as pessoas que têm fobia de comprometer-se". Tomando como base o humilde adesivo, esses decalques decorativos de tamanho gigante podem ser colados nas paredes — e, quando você se cansar do motivo, você simplesmente os retira. Não há mais o trauma de "estar casado com o mesmo velho papel de parede dia após dia". Toda a indústria de decoração de interiores, todas as revistas de estilo de vida etc. agora se referem às "tintas e tecidos *desta estação*", como se estar sentado no sofá da estação passada pudesse levá-lo a um enfado mortal. Algo parecido acontece com as férias: por que se amarrar aos planos de férias do mês passado, carcomidos pelas traças, se de repente uma opção mais nova pode surgir? A agente de viagens on-line Ebookers.com recentemente lançou uma política que oferece uma proteção financeira caso você decida repentinamente que não quer mais viajar. Ciaran Lalley, diretor administrativo britânico da companhia, a chama "cobertura para desistência" e apregoa essa política como "a solução perfeita para os que têm fobia de compromissos".

Se o papel de parede, o sofá e os compromissos de férias parecem demasiadamente onerosos, o que dizer a respeito da perspectiva potencialmente mais penosa de viver com outro ser humano em qualquer tipo de relação sexual de longo prazo? A Repartição Nacional de Estatística identificou uma nova tendência social com seu novo acrônimo: LATs (Living Apart Together relationships — relacionamentos de viver juntos, separadamente). Esta expressão designa duas pessoas "comprometidas", mas que não desejam compartilhar o mesmo lar. Estima-se que dois milhões de britânicos sejam atualmente LATs — isto é, 1,5 a cada dez — a mesma proporção de pessoas que agora moram juntas sem estarem casadas. No que diz respeito ao casamento, os noivos norte-americanos estão cada vez mais rejeitando o juramento de amar "até que a morte nos separe" em prol de um compromisso de ficar juntos "enquanto nosso casamento servir o bem comum".

Além do LAT, outro acrônimo adotado pela mídia foi inventado para dar conta de uma epidemia emergente de pessoas que mudam de opiniões, alternam estilos de vida, fogem de compromissos de forma contínua e outros diletantes em geral: são chamados de yeppies — Young Experimenting Perfection Seekers (Jovens perfeccionistas experimentadores). Confrontados com a lista cada vez mais comprida de aparentes opções da vida moderna, transformaram-se numa espécie de Cachinhos Dourados numa sala sem fim repleta de tigelas, avançando constantemente para experimentar a próxima colherada de mingau dos ursos. Kate Fox, do Social Issues Research Centre (Centro de Pesquisa de Problemas Sociais), é a antropóloga que cunhou o novo termo. Ela afirma que os yeppies são inseguros quanto à maneira de realizar suas ambições e, então, experimentam por meio de uma abordagem parecida com a adotada para fazer compras, tentando encontrar o trabalho perfeito, o relacionamento ideal e o estilo de vida mais gratificante. Os yeppies adiam todas as grandes decisões que modificam a vida até que todas as opções tenham sido esgotadas. Fox prevê que será cada vez mais normal as pessoas continuarem a experimentar vidas quando já estiverem com seus trinta anos. "A 'alguma coisa' que os yeppies estão buscando pode bem ser inatingível. Mas eles têm expectativas elevadas — alguns os qualificariam de irrealistas — e vão passando de um emprego a outro, ou de uma escolha de carreira a outra, desesperadamente buscando a perfeição."

O ideal dos yeppies é que, ao experimentar diferentes uniformes de trabalho, penteados e estilos de vida, aprenderão o que lhes convém, para que levam jeito e, eventualmente, descobrirão quem são e o que querem. O estudo de Fox sugere que eles têm flexibilidade para mudar de direção e seguir em frente quando algo não dá certo, em vez de acomodar-se em uma experiência não satisfatória. Contudo, os yeppies frequentemente falham em encontrar seu ponto de chegada, tendendo a protelar tudo em todas as esferas da vida. Essa tendência (somada aos preços elevados das moradias) ajuda a explicar o motivo pelo qual os jovens vivem na casa dos pais por cada vez mais tempo. Mais de quarenta por cento dos homens entre 24 e 29 anos e um quarto das mulheres no mesmo grupo etário ainda estão vivendo com seus pais. Com frequência, esse é o único jeito prático de ser estudante de Direito e tentar escrever romances, ou ser inspetor alfandegário e planejar abandonar tudo e ir viajar pela América do Sul com uma mochila nas costas. Estamos sendo mimados pelas opções.

Contudo, você não precisa ser tão jovem para ficar preso ao ciclo de experimentar vidas. Tomemos o exemplo de Paul. Eu o conheci quando ainda era garoto, mas agora está rapidamente chegando aos quarenta e, como um número alarmante de seus antigos colegas de escola, ainda não descobriu exatamente o que realmente quer fazer da vida. Ele atua como artista esporádico e dirige uma pequena empresa caseira de marketing, mas trabalha principalmente no ramo de seguros, ainda que tenha tentado fugir disto com certa indiferença durante os últimos dez anos. Portanto, não se preocupou em desenvolver suas aptidões. Mas o que resume o problema de Paul mais que qualquer outra coisa é seu relacionamento com as mulheres. Ele é alto, moreno, encantador, engraçado e simpático, por isso, não encontra muita dificuldade para navegar pelo mundo das afeições femininas. Teve um relacionamento atrás do outro desde o fim da adolescência. Nenhum nunca deslanchou, inclusive o que produziu seu filhinho muito esperto. Ele está entrando na adolescência e adoraria que seu pai se casasse. Mas Paul nem ao menos chegou a morar seriamente com alguém durante os últimos dez anos. Seu filho ficou particularmente chateado quando o último relacionamento de longo prazo de Paul terminou, depois de quatro anos.

Paul também ficou muito aborrecido. E ele diz que é sempre o mesmo velho problema, que ele conhece tão bem: "Eu sei que estou errado, sei que é estúpido. Mas sempre penso que a próxima mulher será a que eu realmente, realmente quero. Entro numa sala e sei que eu gostaria de tentar me relacionar com todas elas. Hoje em dia, não chego mais a correr atrás, mas isto afeta negativamente qualquer relacionamento que eu esteja tendo. Minha cabeça nunca está realmente presente. Nunca tenho a sensação de ter acertado, nem com uma mulher, nem com um trabalho, nem com uma vida. Sei que estou ficando velho e isso está começando a parecer um pouco patético, mas ainda sinto que estou sempre esperando por uma grande oportunidade que virá depois. A decisiva."

Para escrever este livro, eu estava decidido desafiar Paul a se dedicar profunda e completamente a alguma coisa, qualquer coisa, por um período duradouro de tempo, e ver no que ia dar. Mas, quando me sentei com ele para discutir este assunto, ele contou-me que ele e sua (tipo) namorada dos últimos três meses haviam decidido não ser mais (tipo) namorado e namorada, mas apenas bons amigos. Ele parecia abalado, porém bem com isso, então decidi não colocar o dedo na ferida.

Nesta sociedade de opções fáceis, ser um sujeito que muda constantemente pode gerar situações péssimas e quase surreais. Um exemplo gritante é o do milionário executivo iraquiano de nascimento, Sam Hashemi, que se submeteu a uma cirurgia de mudança de sexo para se tornar a loira de cabelos compridos Samantha Hashemi, e mais tarde decidiu mudar novamente, para virar Charles Kane, um cidadão inglês elevado à quinta essência. Tudo começou quando o milionário Sam perdeu sua vasta riqueza, seguida de sua mulher e filhos, em 1997. Ficou, então, gravemente deprimido e decidiu que a única maneira de salvar sua vida era transformar-se em alguém inteiramente diferente — uma mulher. Melhor ainda, uma loira. Encontrou um cirurgião que o aceitou como candidato a uma cirurgia de mudança de sexo que custou 35 mil libras, mas, dentro de quatro anos, Samantha começou a lamentar sua decisão. Desde então, tem trabalhado para tornar-se homem novamente. "Para dizer a verdade, senti falta do meu pênis", afirma. Com o atual nome de Charles, ele se submeteu a duas dolorosas operações para reconstruir sua virilidade, removeu os implantes de seios e fez uma mastectomia para retornar ao sexo masculino.

Qual é a alternativa a se deixar carregar por uma vasta maré de opções de estilos de vida? Uma das possíveis soluções é tentar simplesmente recusar-se a optar (embora, ironicamente, essa seja uma outra forma de fazer uma escolha). Essa é a resposta encontrada pelo movimento "simplicidade voluntária", um pequeno porém crescente grupo de pessoas que optam por fugir da insanidade da competição urbana, trocando-a por uma vida tranquila no campo, onde as opções são reduzidas a escolhas locais, éticas, sustentáveis e renováveis; onde as pressões também são menores e as perspectivas, mais simples. As raízes desse ideal despojado remontam direto aos antigos gregos como Epicuro, que frisou a importância do prazer nas coisas simples da vida, como boas refeições e bons amigos. Mais recentemente, essa filosofia foi adotada pelo livro *Walden ou a vida nos bosques*, escrito em 1854 pelo americano Henry Thoreau. Nesta pioneira obra ecojornalista de estilo de vida, Thoreau conta como construiu a própria cabana de madeira junto do lago Walden, em Massachusetts, a 1,5 quilômetro de seu vizinho mais próximo, e viveu ali por mais de dois anos. Ele passou esse tempo ganhando a vida unicamente pelo trabalho de suas mãos, enquanto uma torrente de pessoas ia visitá-lo para descobrir como era ser um ermitão.

O desejo de simplicidade também estava no cerne daquela imbatível comédia de tevê dos anos 1970, *The Good Life*, que girava em torno da cômica aposta de Tom e Barbara Good e de sua autossuficiência suburbana em Surbiton. Porém, depois que os risos se calaram, esta aspiração humilde foi levada extremamente a sério por Duane Elgin em seu livro seminal de 1981, *Simplicidade voluntária.* O título deslanchou e as aspirações reduzidas de Elgin também. Agora, esta opção de estilo de vida foi elevada ao cume do novo ideal ecológico de nossa sociedade. Muitos de nós optam por comprar uma fatia desta aspiração ao visitar feiras semanais de agricultores e entrar em esquemas de entrega de caixas de vegetais orgânicos.

Contudo, se você quiser fazer mais que dar um passo no idílio agrário simplificado, a logística necessária pode ser extremamente difícil — a não ser que você tenha gastado muito tempo juntando dinheiro em uma carreira urbana, trabalhando em bancos ou em bolsas de valores. Deirdre Shaw, acadêmica da University of Glasgow, que estudou profundamente os adeptos da simplicidade voluntária, diz: "Organizar sua vida para que seja uma vida de simplicidade é muito complexo." O problema principal é o considerável suporte financeiro necessário para escapar da atração gravitacional exercida pela vida ocidental padrão do século XXI: você não pode simplesmente construir sua própria cabana de madeira perto de um lago, e é preciso uma boa quantidade de dinheiro para quitar uma chácara e ostentar rosas locais de origem eticamente controlada perto da entrada. "Para decidir simplificar radicalmente e ter menos, você tem que ter tido muito no passado", afirma Shaw, membro do Centro Internacional para a Pesquisa Anticonsumista, nome que soa um tanto paramilitar. Ela acrescenta que você precisa de mais uma coisa para dedicar-se à antiescolha agrária: a habilidade de se desfazer de seus ideais de simplicidade de vez em quando. "Esses profissionais da simplificação têm uma habilidade financeira lucrativa à qual podem apelar, caso seja necessário. Portanto, podem ganhar dinheiro quando quiserem."

Enquanto isso, o restante de nós terá apenas de encarar o desafio da sobrecarga de opções na perspectiva da corrente principal da sociedade (e mesmo que pudéssemos todos sair correndo para abraçar idílios rurais simplificados, o resultado seria um monte de cidades vazias e o interior terrivelmente apinhado de gente). Há somente uma solução suficientista para o caso: exercer a não escolha de maneira construtiva, se comprometendo com um conjunto de opções limitadas, porém genuinamente gratificantes.

Até este último e recente instante da história humana, sempre convivemos com poucos recursos e uma triste falta de opções. A verdadeira sabedoria consistia em encontrar satisfação no pouco que tínhamos. Hoje, sob a avalanche de opções que temos, precisamos desenvolver uma nova abordagem — precisamos nos adequar ao novo mundo e reduzir a paleta de possibilidades às que realmente melhoram nossa vida, e então dedicar-nos a elas. Assim, vamos declarar "Chega de opções" e queimar o resto delas. Admito que esta é uma parada dura: requer autoconfiança, autoconhecimento e determinação. Mas a alternativa é nos tornarmos pessoas resmungonas, estressadas e zangadas em meio a um mundo de abundância prolífica, esgotando nossas ecologias pessoais e planetárias enquanto permanecemos presos num círculo de consumo insatisfatório.

Escolha o suficiente

Cara ou coroa?

Quando escolher entre duas opções — seja na vida ou lá nas lojas — se traduzir num profundo dilema, uma solução que soa decepcionantemente simples é tirar cara ou coroa.

A resposta não está relacionada com o lado em que a moeda cair, mas com sua reação diante do resultado. Se você se sentir deprimido ou pensar imediatamente com os seus botões "OK, a melhor de três", então você certamente deveria escolher a outra opção: terá descoberto sua preferência secreta. Trata-se de uma forma de adivinhação dos subterrâneos da alma, uma versão muito despojada de consulta às cartas de tarô ou ao I-ching.

Escolha lojas pequenas

Evite dúvidas desnecessárias e sem sentido ao comprar apenas em estabelecimentos menores, que não têm espaço suficiente para acomodar as opções sempre crescentes. E se as lojas forem independentes, melhor ainda: com alguma sorte, os proprietários conhecerão seu nicho de mercado e somente estocarão opções inteligentes que varrerão falsos dilemas do seu caminho.

Faça o teste dos seis meses

Quando confrontado com as muitas opções da vida, frequentemente perdemos nosso senso de perspectiva. Decisões imediatas podem parecer excessivamente intimidadoras; sua proximidade, por si só, lhes confere uma importância elevada que pode estar completamente fora de proporção em relação à realidade. Quando olhamos para trás e revisitamos esse tipo de dilema, nos perguntamos por que perdemos o sono em função de escolhas que, agora, parecem-nos tão simples ou triviais. Uma das maneiras de obter uma visão melhor de nossas crises em relação a opções de vida é lançar mão de alguma perspectiva artificial. Pergunte-se: "Dentro de seis meses, esta escolha ainda terá importância para mim?" Caso responda negativamente, não faz muito sentido ficar agoniado com a decisão a ser tomada.

Tome cuidado com a armadilha da escolha ética

Os varejistas querem que você confunda verdadeiras opções éticas com opções de prateleiras de lojas. Etiquetas dizendo eco-isto e ético-aquilo estão sendo adotadas em massa pelos fabricantes como outra opção com a qual tentar os consumidores. Evidentemente, devemos procurar assegurar-nos de que os itens que compramos sejam o mais inócuos possível, mas, por exemplo, se uma etiqueta de roupa disser "Baixo uso de carbono", tenha em mente que as lojas frequentemente usam isto como forma de sussurrar ao seu ouvido "Vamos. Olhe, não faz mal se você só a usar uma ou duas vezes... usamos pouco carbono para produzi-la".

Compreenda a futilidade

Nossa resistência emocional costuma ser muito maior do que imaginamos. Tendemos a voltar para os nossos níveis normais e preestabelecidos de satisfação com a vida, independentemente das coisas que acontecerem conosco. A cultura moderna, entretanto, encoraja-nos a nos transformarmos em viciados em controle, a acreditar que as opções que fazemos são absolutamente vitais para determinar a maneira como viveremos nossas vidas. Porém, usa a famosa citação de John Lennon: "A vida é o que acontece enquanto você está fazendo outros planos." Então por que ficar ansioso ao escolher entre duas opções se sua escolha provavelmente não fará muita diferença?

Deixe seu ego de fora

Desassocie seu ego de suas escolhas de compra. Não raro, usamos nossa escolha de compra para definir quem somos. Judith Williamson, autora de *Decoding Advertisements* (Decodificando os anúncios), formula a coisa da seguinte maneira: "Fazer compras lhe dá uma sensação de escolha e poder que frequentemente está ausente do resto de sua vida." Que coisa mais deprimente!

A opção não opcional

Em vez de ficarmos atordoados com os itens extras efêmeros, o único extra não opcional com que deveríamos nos preocupar é a sustentabilidade — que tudo o que escolhemos seja feito para durar, consertável e algo além da excentricidade da moda manufaturada. Também deveríamos visar às escolhas de vida sustentáveis, com as quais sentimos que podemos nos comprometer sinceramente, em vez de já começar com o pensamento de vida descartável do tipo: "Bem, se isto não funcionar, sempre posso..."

Pratique a contra-absurdidade

Tente lidar com o ridículo número de escolhas de consumo com que você se depara tomando decisões de compras igualmente absurdas, tais como comprar somente produtos que contenham, digamos, três vogais em seu nome ou com etiquetas que apresentem as cores azul e preta.

Contente-se

Contentar-se, no jargão dos cientistas sociais, é a alternativa sensata à maximização. Quando você se contenta, não permite que a busca impossível por uma opção perfeita destrua sua apreciação daquilo que é meramente bom. Talvez esteja na hora de decidir que a vida de agora, é tão boa quanto pode ser e que vale a pena apreciá-la calorosamente. E, talvez (apenas talvez), uma camiseta só possa ser uma camiseta, e nada melhor que uma camiseta.

6 | **CHEGA** de felicidade

Ela tinha amigas que haviam adotado a prática séria de ioga, ou começado a tomar antidepressivos, ou embarcado no tipo de expedições no deserto que exigiam que se coletasse o orvalho em folhas de plástico para ter água para beber. Ela compreendia o não suficientismo delas. O medo de não serem suficientemente felizes ou suficientemente valorizadas, ou suficientemente bonitas ou suficientemente qualquer coisa.

Jean Thompson, *Wide Blue Yonder*

Recentemente ao saltar de meu trem em London Bridge, numa manhã, vi acima da multidão um grande cartaz mostrando um hippie urbano que tinha sido clonado várias vezes. Cada clone estava dançando de alegria. O slogan abaixo deste anúncio da fabricante de chips Intel declarava: "Mais potência em processamento significa mais você." Imaginei o publicitário se autoparabenizando por esta frase de efeito, que seguramente foi concebida para fazer minha alma saltitar ao longo da plataforma quatro, cantando "Oba, oba, mais eu!" Como um reflexo automático previsível, a perspectiva de mais eu deve ser a coisa mais maravilhosa possível no universo material. Enquanto sonho de consumo, acerta na mosca. Porém, pelo resto do dia, esse slogan continuou a voltar-me à mente, levantando questionamentos estranhos.

Será que eu realmente gostaria de ser (ou ter) mais eu? Uma olhada para o âmbito de minha personalidade revela setores de minha individualidade de que já tenho o bastante mesmo, obrigado — bem como alguns aspectos, como egoísmo, desconfiança, autocomiseração, remorso inútil e inveja à toa, que poderiam precisar de um pouco de redução. Será que outra pessoa qualquer gostaria de ter mais de mim? Desconfio que minha mulher declararia "Chega de marido" com uma prontidão beirando a brusquidão. Seja como for, que raios significaria ser mais eu? Isso poderia ser sentido internamente de alguma forma diferente de apenas eu? Em termos filosóficos, de semântica e, mais importante ainda, de minha alma, suspeito que não seria possível. Sou apenas este eu — infinito, porém limitado. É assim que sinto isso internamente. E é provavelmente mais ou menos assim que isso será sentido sempre. Portanto, pelo menos no que diz respeito a mim mesmo, essa terra prometida de "mais eu" bateu no limite, na estação de London Bridge.

Mas a promessa multiplicadora de egos do pôster, acoplada com a oportunidade de possuir um computador mais novo, mais esperto e mais rápido, bem parece oferecer uma opção de estilo de vida atraente para os anseios fortuitos de meus atribulados companheiros de viagem. Poderia até constituir-se na afirmação da missão de nossos tempos, prometendo finalmente solucionar nossa sensação de não sermos suficientes. Poderíamos todos usar uma logo corporativa humana: "Estou trabalhando para ter mais eu." O slogan esperto da Intel, entretanto, poderia ter sido condenado como profundamente satânico durante o século XV, quando o enfoque espiritual apropriado era o de declarar "menos eu". Num de seus sermões mais famosos, o monge alemão Thomas de Kempis, do século XV, incitava os crentes a apagar todos os vestígios de automerecimento sob pena de enfrentar uma jornada para a danação: "Se eu reconhecer minha insignificância, se me desfizer de toda minha autoestima e reduzir a mim mesmo ao pó que realmente sou, então a graça virá a mim e sua luz entrará no meu coração; assim, o último vestígio de autoestima será tragado pela profundidade de minha própria insignificância e perecerá para sempre."

Roupas feitas com pano de sacos, cilícios e cinzas hoje estão misericordiosamente fora de moda (embora eu aposte que Kempis experimentasse uma violenta e vigorosa elevação do seu ego ao ser *muito, muito* humilde). No meio da necessária confusão da existência nos tempos modernos, podemos nos dar o luxo de passar períodos sentindo-nos satisfeitos conosco sem a menor culpa. Essas explosões de calor interno são tão agradáveis que resultam na extrema tentação de tentar expandi-las ainda mais, para formar uma bem-aventurança terrena que se estende muito além dos níveis normais de felicidade humana. Seguramente, a vida moderna, com todas as suas riquezas e altas tecnologias, pode pavimentar o caminho para infinitamente mais de nós (mais felizes)? Esta é a grande esperança que faz com que continuemos a progredir constantemente do ponto de vista tecnológico. E, se a vida moderna ainda não nos está tornando realmente mais felizes, pelo menos esta esperança fez surgir todo um novo setor de estilo de vida — a indústria da autorrealização — que prospera vendendo a ideia de que você pode desenvolver facilmente muito mais autoestima, autoconsciência, satisfação e alegria do que já tem: é um remédio para a condição humana.

A promessa da indústria da autorrealização tornou-se onipresente tão rapidamente que, se você rejeitar seus princípios básicos, tenderá a parecer um velho miserável. Evidentemente, os humanos sempre tentaram melhorar alguns aspectos de si mesmos. Este é o motivo pelo qual agora caminhamos eretos e comemos majoritariamente com a boca fechada. No início da era vitoriana, por exemplo, as jovens senhoritas deviam desenvolver habilidades saudavelmente complexas como bordado, música, dança e falar línguas estrangeiras como "dotes" femininos (embora os psicólogos evolucionistas de hoje tendam a qualificá-los de refinada ostentação de aptidão genética para a reprodução). E os livros de autoaperfeiçoamento têm gozado uma longa história lucrativa: seu autor pioneiro, de nome maravilhoso, foi Samuel Smiles, um dos 11 irmãos escoceses que ficaram órfãos em 1832, e que se tornou uma eminência industrial, batizando todo um gênero com seu best seller de 1859, *Self Help: with Illustrations of Character, Conduct and Perseverance* (Autoajuda: com ilustrações de caráter, conduta e perseverança). Ele deu seguimento escrevendo outros três livros visando elevar a moral: *Character* (Caráter), *Thrift* (Parcimônia) e *Duty* (Dever). Os livros do patriarca de barba branca pregavam o princípio vitoriano do trabalho e apresentavam linhas de elevação moral do tipo: "De maneira geral, poder-se-á constatar que os homens que estão constantemente lamentando sua má sorte estão apenas arcando com as consequências de sua própria negligência, desgoverno e improvidência, ou falta de aplicação." Não obstante, Smiles também conhecia o poder de venda de mensagens positivas, tais como a afirmação animadora: "Sou um dos homens mais felizes do mundo, porque o mundo inteiro parece sorrir para mim!"

Os leitores norte-americanos do século XIX adotaram o livro de autoaperfeiçoamento com entusiasmo, principalmente como guia para construir sua nova nação infinitamente perfectível. Segundo o velho mito, cada homem jovem que se dirigia para o oeste carregava em seu bolso uma cópia do ensaio mais famoso de Ralph Waldo Emerson, *Self-reliance* (Autoconfiança) e levava a sério a exortação de Emerson de "ligar sua carroça a uma estrela". Já no século XX, Napoleon Hill, que nasceu verdadeiramente no estilo do sonho americano, numa cabana humilde de troncos nas montanhas, começou sua carreira de autoajuda publicando um clássico livro elementar de negócios chamado *A lei do triunfo*. Então, ele escreveu o clássico, popular nos anos 1930, *Pense e enriqueça*, que consistia num compêndio avuncular de conselhos desordenados sobre a vida, o amor e como escrever um currículo atraente. Então, é claro, há *Como fazer amigos e influenciar pessoas*, escrito em 1936 por Dale Carnegie, fazendeiro fracassado no Missouri, professor fracassado, jornalista fracassado, ator fracassado, romancista fracassado, marido fracassado e investidor fracassado, em que nos convidava a tirar proveito da sabedoria que ele extraíra de seus erros estúpidos, e cujo conselho para vencer incluía a exortação: "Force-se a sorrir!"

Conforme os anos iam passando, os livros de autoajuda começaram a pôr cada vez mais a ênfase sobre a felicidade. Em 1952, Norman Vincent Peale produziu o campeão de vendas *O poder do pensamento positivo*, em que incitava todos a melhorar seu humor — e a adotar "a felicidade como um costume". Na década de 1950, a felicidade ainda era vendida como um costume pessoal útil, mas nos anos 1970, a inflação da aspiração já havia levado a melhor e nos diziam que tínhamos o *direito* de ser felizes. Desde então, o objetivo foi erguido ao ponto em que parece cada vez mais que a felicidade seja uma obrigação: o imperador oficial do bem-estar do governo britânico, Lord Layard, argumenta, em seu livro *Felicidade: Lições de uma nova ciência*, que "a felicidade é o objetivo supremo porque, contrariamente a todos os outros objetivos, é manifestamente bom". Portanto, nada de discussão, por favor: a felicidade é, agora, seu objetivo supremo de vida.

Todo um gênero literário baseado sobre essa palavra com F surgiu de repente, com títulos como *Felicidade autêntica*, *A arte da felicidade*, *The Happiness Hypothesis* (A hipótese da felicidade), *Stumbling on Happiness* (Topar com a felicidade) e *Happiness: a Guide to Developing Life's Most Important Skills* (Felicidade: um guia para desenvolver as habilidades mais importantes da vida). Porém, será que um imperativo deste tipo realmente ajuda as pessoas a se sentirem melhor consigo mesmas? Declarações como as de Layard reforçam a crescente pressão social que leva você a acreditar que não é conveniente o bastante caso não esteja suficientemente resolvido, realizado ou alegre. Se você não estiver se esforçando para tornar-se melhor, mais feliz, mais emocionalmente desenvolvido e, de maneira geral, mais você, então algo deve estar errado. Por que você está deliberadamente se deixando ficar para trás na corrida da humanidade?

Mais do que tudo, somos pressionados pela indústria da felicidade para nos reinventarmos enquanto pessoas — um esforço que envolve correr atrás de outro aspecto superlativo, além da carreira fantástica, dos pertences perfeitos, da casa ideal, do parceiro impecável, das férias-troféu e de todas as outras derradeiras melhores opções em termos de estilo de vida. E se todas essas coisas não nos fizerem sentir melhor, então "aprender como se sentir melhor" seguramente resolverá o caso. E não há escassez de produtos que se oferecem a ajudar você neste sentido. Minha escrivaninha no *The Times* (onde edito, entre outras coisas, uma seção chamada "Psique") está tomada por pilhas altaneiras de livros e DVDs de autoajuda — manuais de treinamento, estilos de iogues, técnicas de meditação, caminhos espirituais, revelações extraordinárias de estilos de vida, psicologia positiva, guias por gurus e miscelâneas de sabedoria de celebridades. A cada manhã, o correio acrescenta mais alguns centímetros de altura a estas pilhas oscilantes. Estou correndo o perigo de ser esmagado por uma avalanche de conselhos.

E, quem sabe, qualquer uma das soluções oferecidas pode ser a que funcione. Talvez possa ser o livro que promete: *Você pode mudar sua vida* ou o que traz o título *You Can Be Amazing* (Você pode ser maravilhoso), ou se ser maravilhoso não for suficiente, que tal *You Can Have Everything You Want* (Você pode ter tudo o que você quiser)? Se isto soar demasiadamente opressor (e onde você guardaria aquilo tudo?), que tal *De-stress Your Life In Seven Easy Steps* (Desestresse sua vida em sete passos fáceis)? Talvez um total de sete passos possa soar demorado demais. Então, você sempre poderia trocar rapidamente para *Shape Shifter: Transform Your Life In 1 Day* (Mudança de forma: Transforme sua vida em um dia). Sim, um dia.

Esses consertos rápidos ficam mais velozes a cada reparo, e as promessas tornam-se sempre mais infladas. Contudo, ei, por que desperdiçar um dia inteirinho transformando sua vida? O que há de errado em resolver e deixar tudo nos trinques durante a manhã, deixando você livre para passar a tarde gozando a felicidade recém-encontrada? Ainda não me enviaram um "Reformule totalmente sua vida em um minuto". Talvez ele esteja saindo do prelo neste exato momento.

Porém, talvez devêssemos esperar uma obsessão com a mudança instantânea por parte da indústria da autorrealização, porque a própria indústria só passou recentemente por um processo de reinvenção instantânea maciça. Mas o impulso de felicidade, bem-sucedido em termos de vendas, que conhecemos hoje em dia só começou seriamente no finalzinho da contracultura da década de 1960, quando a juventude norte-americana se cansou de tentar mudar o mundo e, em vez disso, começou a tentar mudar a si mesma, cutucando as fronteiras do bem-estar. De repente, "o pessoal era o político". Com certeza, não é nenhuma coincidência que as drogas preferidas da contracultura também tenham mudado a essa altura: de birita e anfetamina — que deixam você indômito, agressivo e desenfreado — para maconha e LSD, que fazem você se voltar para a própria cabeça, acessando sonhos e visões que anteriormente só podiam ser atingidos a partir de anos de meditação específica.

O interesse por religiões esotéricas e a autocura — as crenças fundadoras da nova igreja do eu — cresceu rapidamente. E acadêmicos como Carl Rogers e Nathaniel Branden logo captaram as possibilidades do potencial do bem-estar. Brandon escreveu o seminal *Autoestima* em 1969. Ainda está em catálogo. Rogers inventou a ideia do "olhar positivo incondicional", originalmente como uma técnica para ajudar crianças a lidar com a sensação de serem inadequadas quando falhavam em realizar seus objetivos. No fim dos anos 1970, muitas escolas nos Estados Unidos dedicavam várias horas por semana a aulas de autoestima e aconselhamento. Programas curriculares como o *Esteem Builders* (Construtores de estima) da psicóloga educacional Michele Borba inspiraram mais de mil exercícios adotados universalmente do tipo "Eu me amo", em que os estudantes completam frases como "Eu sou..." utilizando palavras como "talentoso" ou "bonita" e então as memorizam. Este tipo de autoafirmação elogiosa transformou-se na viga mestra dos guias de autoajuda.

Em apenas quatro décadas, o marketing de massa da autoestima transformou-se numa indústria global, movimentando vários bilhões de libras com um panteão de campeões de vendas como John Gray, Stephen R. Covey e Deepak Chopra. A renda anual coletiva somente desses três gurus equivale a dezenas de milhões de libras. Estima-se que o valor do setor inteiro chegue a seis bilhões de libras em 2008. Onde circula uma grande quantidade de dinheiro, com certeza haverá também grandes charlatanices — e comentaristas como Steve Salerno, autor de *Sham* (Impostura), foram rápidos em sua exposição do charlatanismo, da fraude e do curandeirismo que se desenvolveram em torno do movimento pela felicidade. A natureza humana faz com que esses tipos de trapaça existam em qualquer indústria em rápida expansão. Isso não significa necessariamente que o setor de autoajuda inteiro deva ser condenado. Porém, outra coisa está começando a acontecer no movimento pela felicidade. Uma legião crescente de desiludidos está começando a emergir dentre os muitos milhões de convertidos e entusiastas. Eles aceitaram o desafio do autoaperfeiçoamento e trabalharam diligentemente em si mesmos, mas agora estão começando a acreditar que perseguir o contentamento pode representar um tiro pela culatra.

Tomemos o exemplo de David Granirer, um advogado de Vancouver que se descreve como um neurótico genuíno e um sujeito excêntrico, baixinho e careca (as fotografias parecem confirmar isto). Granirer diz que gastou vinte anos e milhares de dólares em seminários e livros que alegavam conter os segredos para obter a abundância material e a alegria autoconstruída: "Trabalhei na autorrealização. Recitei afirmações, visualizei a abundância, alinhei-me com meus guias espirituais, comuniquei-me com meus poderes animais, meditei, entoei cantos e dancei na luz. E, depois de fazer tudo isto, não sou mais rico, mais atraente, mais saudável ou mais confiante do que eu era antes. Não conquistei a paz interior nem encontrei a felicidade verdadeira. Continuo sendo tão neurótico quanto sempre fui", afirma.

Então, deu as costas para o caminho fácil do autoaperfeiçoamento e está tentando uma abordagem diferente. Publicou seu próprio livro, *The Happy Neurotic: How Fear and Angst Can Lead to Happiness and Success* (O neurótico feliz: como o medo e a ansiedade podem levar à felicidade e ao sucesso). Os neuróticos felizes, alega Granirer, aprendem a administrar suas emoções negativas e a trabalhar com elas de uma maneira produtiva que constrói sua autoestima: "Em vez de se repreenderem seriamente por não alcançar esses ideais de crescimento pessoal, os neuróticos felizes utilizam seu senso de humor para celebrar sua maneira neurótica e medrosa de conseguir fazer as coisas."

E, também, há Jennifer Louden que, no dia 15 de maio de 2007, lançou o Dia Internacional da Libertação do Autoaperfeiçoamento, um evento que encoraja os fãs da autoajuda a deixar de lado seus livros, DVDs e podcasts por 24 horas e tentar praticar a autoaceitação. Ela é autora de seis livros, entre outros *The Woman's Comfort Book* (O livro de conforto da mulher), *Comfort Secrets for Busy Women* (Segredos de conforto para mulheres atarefadas) e o recém-lançado *The Life Organiser: a Woman's Guide to a Mindful Year* (O organizador da vida: um guia da mulher para um ano diligente), o que me faz pensar que ela mesma seja bastante chegada a uma autoajuda. Mas Louden, uma mulher atraente e de cabelo curto que se descreve como "ambas as coisas, uma treinadora pessoal e uma comentarista social", diz que teve um momento de revelação que a fez perceber onde o movimento de autoaperfeiçoamento estava errando. Isto a levou a dar outro passo em sua "transformação de uma autora de autoajuda versada em uma líder cultural e guia de vida"; ela explica: "Estava sentada meditando, um dia, e me veio a ideia: e se desistíssemos todos, coletivamente, de sermos diferentes do que somos, apenas por 24 horas? Criei um feriado perfeito. E isto porque se o autoaperfeiçoamento funcionasse, a esta altura já estaríamos todos autolevitando, e seríamos poliglotas e bilionários macérrimos. E porque sabemos, bem lá no fundo, que já temos tudo de que precisamos agora, exatamente do jeito que somos, e que aceitar a nós mesmos um momento após o outro e sempre é a maneira mais rápida, mais barata e a única possível de ser verdadeiramente feliz um dia."

Só há um problema aqui. Rejeitadores como esses dois ainda estão nos incitando a perseguir novas maneiras de encontrar *felicidade*. São produtos diferentes, porém com o mesmo objetivo: mais "eu" feliz. Parece que, depois de ter se juntado ao carrossel da busca por alegria, é extremamente difícil saltar dele, de tão sedutoras que são as recompensas prometidas. No caso, existe também um tabu que assoma aqui: se você rejeitar a promessa de mais felicidade, estragará a festa cultural do ocidente inteiro. E isso não pode acontecer. Contudo, independentemente da maneira que você escolher para dar com a cabeça na parede dura chamada "mais felicidade", o processo ainda envolverá bater com a cabeça na parede. Do ponto de vista cristalino da evolução humana, a ideia de ser capaz de aumentar sua felicidade de modo significativo está fundada numa falácia. Ao olharmos para nossa predisposição evolucionária, temos de concluir que não fomos concebidos para que a felicidade seja nosso estado natural perpétuo. Não se trata de algo que se encontre, como um carpete, sob uma confusão ordinária de infelicidade que possa ser removida com um aspirador de pó. Nem é possível fazer crescer nossa felicidade para além de suas proporções normais, como a mandíbula esquisita de um inseto especializado.

Nem sequer podemos afirmar que níveis elevados de felicidade sejam "manifestamente bons". Quando psicólogos acompanharam as vidas de 1.216 crianças cujas personalidades foram avaliadas, em 1922, descobriram que aqueles que eram mais felizes morreram antes, na vida adulta, do que aqueles que eram menos alegres. Os pesquisadores revelaram que as crianças marcadamente felizes cresceram com maiores probabilidades de beber, fumar e correr mais riscos — provavelmente porque ter uma visão de mundo feliz faz os perigos parecerem menores. Os psiquiatras concluem: "Embora o otimismo e as emoções positivas tenham demonstrado efeitos positivos quando as pessoas se deparam com uma crise de curto prazo, os efeitos de longo prazo da felicidade são mais complexos e não parecem ser inteiramente positivos."

A realidade nua e crua mostra que a felicidade é uma adaptação evolucionária que existe para nos levar a adotar determinados comportamentos em certos momentos, quando eles podem otimizar nossas oportunidades de sobreviver e de nos reproduzirmos. A felicidade nos faz buscar algumas coisas e evitar outras. Mas o mesmo se aplica às nossas emoções menos atraentes: tédio, insatisfação, tristeza e todas as outras negativas. Todas elas evoluíram em nosso espírito para nos levar a nos comportar de determinadas maneiras em certos momentos, para otimizar as nossas chances de fazer sexo e descolar o café da manhã. Os seres humanos sentem felicidade. Criaturas de ordens inferiores, tais como as ascídias, não. Os humanos sentem tédio, insatisfação e tristeza. As ascídias não. Theodosius Dobzhansky, o geneticista, argumentava: "Nada na biologia faz sentido, a não ser à luz da evolução." Se uma emoção existe dentro de nós, é porque evoluiu ali — porque tinha uma utilização. Tentar negar nossa natureza profundamente determinada ou deslocar aspectos de que não gostamos é, parafraseando a velha anedota zen, como um homem nu tentando arrancar sua camisa.

Que utilização poderiam ter todas essas emoções negativas? Nossa pressa em criar ouro de alquimistas a partir da psicologia positiva fez com que se tornasse extremamente fora de moda procurar boas razões para a existência de nosso lado menos ensolarado. Contudo, já se sabe há muito tempo que uma dose moderada de pessimismo pode nos fazer enxergar o mundo de maneira mais correta. Os psicólogos chamam esse fenômeno de "realismo depressivo". Funciona porque, de modo geral, a vida providencia mais situações ruins do que boas, e as pessoas que adotam perspectivas ligeiramente pessimistas conseguem prever melhor os resultados de situações do mundo real do que os otimistas tolos que, em testes, tendem desgraçadamente a superestimar seu sucesso, seu status e as chances de coisas boas acontecerem à sua volta. Uma dose de hipocondria preventiva também é inteiramente saudável: fomos concebidos para nos preocuparmos com a probabilidade de haver algo de errado conosco, porque nossos ancestrais neolíticos precisavam ficar permanentemente alerta em relação a comidas estragadas e doenças infecciosas.

A ligeira vantagem evolucionária que os moradores de cavernas depressivos e hipocondríacos tinham sobre seus vizinhos cheios de amor para dar se traduz no fato de que, durante milhões de anos, os mais despreocupados morriam jovens, e os ansiosos prosperavam. Se você estiver permanentemente feliz, não vai querer que as coisas mudem. Você não evoluirá. Os homens da idade da pedra que estavam constantemente felizes devem ter andando por aí sorridentes enquanto suas feridas supuravam, suas plantações morriam e os ursos devoravam seus filhos. Se você estiver menos que feliz, vai querer melhorar a si mesmo e a seu mundo.

Randolph Nesse, professor de psiquiatria na Michigan University, argumenta que a depressão não somente tem fortes razões evolucionárias para existir, mas ainda pode nos ajudar nos dias de hoje. A depressão frequentemente intervém na vida para nos mandar parar e reconsiderar o que estamos fazendo, explica. Isto é particularmente útil quando algo de genuinamente deprimente acontece em nossa vida, como a perda de um emprego ou o término de um relacionamento, em que uma parte saudável da experiência humana consiste em diminuir o ritmo para tomar o tempo de sofrer, meditar, reavaliar a maneira como agimos neste mundo e fazer mudanças. Os médicos, entretanto, estão cada vez mais propensos em amenizar este sofrimento com pílulas e tirar-nos do sofá de convalescente. Quando o *Archives of General Psychiatry* publicou um estudo norte-americano envolvendo oito mil pessoas que haviam sido diagnosticadas e tratadas como deprimidas, revelou que até um quarto delas não estava clinicamente abatido, mas havia apenas experimentado um acontecimento normal da vida, tal como uma perda na família. Deveria-se ter deixado os seus sintomas passarem naturalmente, dizia o estudo. Porém, isto não ajudaria as multinacionais dos remédios a vender um número sempre crescente de produtos químicos para entorpecer a tristeza.

Livrar-se da depressão também pode ter efeitos colaterais estranhos. Quando pessoas naturalmente tímidas e deprimidas têm suas inibições removidas num passe de Prozac, isto pode deformar nossa estrutura social e até alterar nossos mercados financeiros em sonoras expansões ou quedas. Grandes especuladores podem não ser célebres por sua timidez, mas eles tendem a ser estressados, ansiosos e sujeitos a quedas de moral — e, assim, frequentemente os médicos receitam-lhes antidepressivos; portanto, podem negociar de maneira mais agressiva quando as pílulas da felicidade removem sua cautela natural. Drogas de tipo Prozac elevam os níveis cerebrais do hormônio serotonina, o que também pode nos tornar mais ávidos por status. Pesquisas mostram que os macacos que lideram suas tribos apresentam o dobro de serotonina que os outros indivíduos do grupo. Quando o macaco-mor perde sua posição, seus níveis de serotonina caem. Qualquer um dos outros macacos poderia ser transformado em chefe, simplesmente se lhe administrássemos um antidepressivo para elevar seus níveis de serotonina. Portanto, locais de trabalho com elevado nível de pressão podem tornar-se ainda mais agressivos quando todos os usuários de Prozac desafiados pela vida começarem a querer transformar-se no macaco-mor.

Por outro lado, se não pensarmos que temos direito de ser o macaco-mor, podemos estar sofrendo de baixa autoestima, o fantasma ameaçador dos psicólogos positivos. Ter uma noção ainda que um pouco menos desenvolvida de si é considerado algo doentio e perigoso. Em 1984, Nathaniel Branden escreveu que ele não podia pensar "num único problema psicológico — desde ansiedade e depressão a medo de intimidade ou de sucesso, passando por espancamento de cônjuge ou pedofilia — que não possa ser atribuído ao problema da baixa autoestima". Rapidamente, a doutrina de Branden ganhou uma aceitação difusa: todos precisamos sentir-nos melhor em relação a nós mesmos. Parece outra tirada de Lord Layard a respeito das coisas "manifestamente boas".

E quem é que vai contestar isto? Quem é suficientemente ousado para defender níveis entediantes de automerecimento moderado? Aí é que entra Nicholas Emler, professor de psicologia na Surrey University, que examinou as evidências científicas disponíveis, as quais somam dezenas de milhares de estudos psicológicos, e concluiu que o movimento a favor da autoestima está profundamente enganado. "Nos documentos do governo, considera-se que todo mundo deveria ter mais autoestima", contou Emler durante uma conferência em Edimburgo. "Achamos que ela é a solução para o crime, o abuso, a agressão, a tomada de riscos e quase todos os outros problemas, até de clientes não lucrativos para bancos, empregados não produtivos e fracassos na pecuária." Tomando como base todos os estudos, entretanto, não há evidência clara que mostre que a baixa autoestima causa comportamentos antissociais. Pelo contrário: as pessoas que têm uma elevada estima de si são as que são mais sujeitas a perpetrar violências e mais propensas a correr riscos, por se acreditarem invulneráveis. Uma autoestima excepcionalmente baixa é realmente prejudicial, mas somente para a pessoa que a tem e não para qualquer outra pessoa.

Além disto, há algo fundamental na natureza humana que funciona como um bloqueio para todos os livros, cursos, iniciativas e políticas visando elevar a autoestima, afirma Emler: a pesquisa mostra que é extremamente difícil modificar realmente o nível de estima de um adulto. "Ela pode oscilar para cima e para baixo em resposta a circunstâncias, mas a autoestima de qualquer indivíduo possui um nível típico e oscila em torno dele." Estudos realizados com gêmeos indicam que nossos genes têm a influência mais forte. Mesmo em crianças, níveis notadamente elevados ou baixos de autoestima demonstraram uma resistência elevadíssima a serem alterados por experiências positivas ou negativas. "Alunos dotados de elevada autoestima minimizarão fracassos para se adequar ao elevado conceito que tinham anteriormente de si mesmos: inventam desculpas de que não tiveram sorte, sofreram algum preconceito ou não se esforçaram", diz Emler. "O que é mais estranho ainda é que aqueles que sofrem de baixa autoestima não ficarão animados com o sucesso acadêmico. Infelizmente, o considerarão como um acaso feliz e continuarão a estimar suas habilidades de forma depreciativa." Ele conclui que ter uma opinião estratosférica sobre si mesmo é uma desvantagem tão grande quanto o fato de ter níveis baixíssimos. "As pessoas com autoestima muito elevada ignoram todas as advertências e todos os sábios conselhos, e isso não é bom. Aquelas que apresentam autoestima muito baixa nem sequer reparam que alguém está tentando influenciá-las. São as pessoas que se encontram numa faixa média que ouvem e avaliam e, de forma geral, reagem sensivelmente à influência."

Momentos de baixa autoestima podem até transmitir uma mensagem carrancuda de preservação da vida: tome cuidado, meu amigo, você está sendo um fracassado. Quando você se confronta com alguém no trabalho ou num bar, ambos, você e ele, formam uma ideia instantânea bastante boa de quem é mais poderoso, seja pelo tamanho das respectivas escrivaninhas, seja pelo diâmetro de seus bíceps. Se parecer que você perderá, frequentemente sossegar é a jogada esperta. Os animais possuem mais ou menos a mesma noção, que os biólogos chamam potencial de manutenção de recursos (embora ninguém pareça ter explicado isso aos cachorrinhos pequeninos nos parques). Nos humanos, o potencial de manutenção de recursos pode ter evoluído para se tornar o tipo de autoestima que faz você manter sua cabeça abaixada quando corre perigo de ser subjugado alguém mais evoluído.

Isso soa bastante razoável, especialmente quando se trabalha em modernas empresas de vários segmentos, em que normalmente os níveis de autoestima dos funcionários ajustados têm de oscilar durante o dia, dependendo de com quem estiverem dividindo espaço. Essa é a única explicação lógica da razão pela qual nunca senti, no escritório do meu jornal, uma fagulha sequer de preocupação ou ansiedade sobre meu desempenho quando estava dividindo espaço no mictório com estudantes em prazo de experiência, ao passo em que um incidente que aconteceu vários anos atrás continua gravado na minha memória: o poderoso editor em pessoa ficou do meu lado — e por mais que tentasse e tentasse e tentasse, eu não conseguia de jeito nenhum. Nem um pingo. Esse é o poder da deferência.

Talvez nosso problema atual com a baixa autoestima não seja simplesmente o fato de que ela existe e é desagradável. Pode ser porque a cultura de hoje repetidamente projeta nossa autoestima para baixo, em vez de oferecer (conforme os livros de autoajuda proclamam) oportunidades sem precedentes para nos sentirmos bem conosco. Temos de recordar, mais uma vez, que nosso cérebro da era plistocênica tende a acreditar que aquilo que vemos nas telas de vídeo e nas revistas está acontecendo dentro dos estreitos marcos geográficos de uma tribo da idade da pedra. De outra maneira, as coisas não pareceriam ser tão penetrantemente relevantes. Nosso cérebro evoluiu originalmente no sentido de comparar nossas habilidades, nosso status e nossa beleza em relação a algumas centenas de indivíduos locais, no máximo. Nos antigos clãs de caçadores-coletores, você podia esperar encontrar um nicho de excelência em alguma arte ou tarefa, mas hoje em dia isso não é mais possível; você sempre ficará sabendo de outra pessoa no planeta que é muito mais esperto e mais famoso.

Também nos vemos confrontados diariamente com imagens das mulheres mais bonitas e dos homens mais ricos do mundo, que fazem nosso cérebro da idade da pedra se sentir pateticamente inadequado ao comparar-se com eles, particularmente quando a mídia fanaticamente competitiva faz com que o status elevado dessa gente pareça ser ainda mais elevado. Nessas imagens, não há avisos alertando nossa saúde que "estas pessoas têm sido infladas ao infinito, levam vidas ocas se pavoneando diante de falanges de paparazzi e só desejam publicidade porque suas almas estão corroídas por uma insegurança hiperneurótica: não tente seguir seu exemplo". Em vez disso, somos informados repetidas vezes que, se nos esforçássemos, se nos aperfeiçoássemos, poderíamos ficar no mesmo nível que esses míticos *super-Joneses*. Nesta cultura mais eu feliz, está ficando cada vez mais difícil se sentir simplesmente adequado.

Enquanto isto, espera-se que continuemos a sorrir. Oh, céus! Uma análise publicada no *Journal of Clinical Psychology* intitulada "The Tyranny of the Positive Attitude" (A tirania da atitude positiva) perguntava: "Será possível que a própria pressão para ser feliz e otimista contribua para pelo menos algumas formas de infelicidade?" Parte do problema é que aquilo que frequentemente chamamos de felicidade é, na realidade, um "estado fluido" de se sentir à vontade, o tipo de coisa que acontece quando você está tão absorvido num passatempo, como fazer macramê ou construir miniaturas de trens, que simplesmente não vê o tempo passar. Você se perde enquanto seu ego e suas preocupações desaparecem. Você não pode forçar este fenômeno, mas querer que aconteça pode causar um tipo de psicose de autoajuda — o equivalente psicológico à síndrome da chaleira sendo vigiada. Ficamos hipervigilantes em relação à felicidade e transformamo-nos em hipocondríacos emocionais quando ela não acontece: "Pergunte a si mesmo se está feliz", escreveu notoriamente John Stuart Mill, "e você cessará de sê-lo."

Um recente estudo sobre casamento pode nos ajudar a compreender outra razão pela qual o ato de perseguir a felicidade falha com tanta frequência: acima de certo nível de satisfação com a vida, fica muito mais difícil elevar seu moral ainda mais. O estudo com mais de três mil pessoas descobriu que aquelas que sofriam de depressão tiveram o maior pico psicológico ao se casarem, mesmo que seus casamentos acabassem ficando bem na média. O casamento eleva as pessoas infelizes em 7,56 pontos na escala de depressão, enquanto aquelas previamente felizes apresentam uma elevação de apenas 1,87 ponto. Quanto mais elevada for a posição na curva de felicidade, mais íngreme esta se torna. Os perseguidores da felicidade são fadados a alcançar um ponto paradoxal, além de seu nível razoável de suficientismo, em que a tentativa de serem mais felizes obterá resultados tão frustrantemente infinitesimais que isto minará sua moral e irá lançá-los de volta curva abaixo. Infelizmente, a resposta dos autoperfeccionistas diante deste fracasso pode ser a de esforçar-se ainda mais — o que se torna cada vez mais deprimente e custoso.

Na realidade, a maioria das pesquisas psicológicas indica que, enquanto adultos, parecemos estar entregues a nós mesmos, independentemente de como somos. A não ser que estejamos sofrendo de uma patologia clínica curável, nossa personalidade geralmente não muda depois da idade aproximada de 25 anos, quando o cimento endurece e cada um de nós se vê preso dentro de hábitos, atitudes e enfoques gerais, bem como outras características predeterminadas de nosso cérebro, que durarão pelo resto da vida e que chegaremos a identificar como sendo nós mesmos. Você pode ganhar uma bolada na loteria ou perder ambas as pernas durante um acidente, mas os estudos mostram que, um ano após cada um desses incidentes, muito provavelmente sua moral terá retornado a seu nível anterior. É isso aí. Somos assim. E este é o motivo pelo qual precisamos, enquanto indivíduos, desenvolver o costume de estar meramente contentes com nosso próprio grau geral de felicidade.

Não obstante, ainda somos seriamente tentados a continuar nos esforçando, a continuar a cantar o mantra de "mais eu feliz" porque o *homo expetens* nos incita a empenhar-nos para chegar sempre mais alto. Chegamos até o ponto ridículo de termos de inventar novas nobres necessidades psicológicas para preencher. Esta é a razão pela qual os psicólogos têm estado ocupados em construir novas extensões nos sótãos da famosa estrutura piramidal com a qual Abraham Harold Maslow representou a hierarquia das necessidades. Maslow, doutor em psicologia, inventou um modelo teórico triangular representando aquilo que os humanos desejam mais. Ele deve ser familiar a todos aqueles que aprenderam os princípios básicos da psicologia, sociologia ou qualquer outra logia, e é geralmente aceito como um modelo útil daquilo que os seres humanos querem. Na base, o primeiro degrau cobre os itens absolutamente básicos para a sobrevivência, enquanto o quinto degrau, o mais fino e superior, envolve todas as experiências espirituais e intelectuais que um ser humano possa querer. Maslow achava que as necessidades não supridas na parte inferior da escada impediriam alguém de galgar o próximo degrau. Conforme ele salientava, alguém que está morrendo de sede se esquece dela rapidamente quando carece de oxigênio.

Quando ele concebeu sua pirâmide, na década de 1950, os níveis eram assim:

1. Necessidades biológicas e fisiológicas — ar, comida, bebida, abrigo, calor, sexo, sono etc.
2. Necessidades de segurança — proteção dos elementos, proteção física, ordem, lei, limites, estabilidade etc.
3. Necessidades de pertencer e de amor — trabalho, grupo, família, afeição, relacionamentos etc.
4. Necessidades de estima — autoestima, realização, autoridade, independência, status, superioridade, responsabilidade administrativa etc.
5. Necessidades de autorrealização — atingir seu potencial pessoal, autossatisfação, busca de crescimento pessoal e de experiências elevadas.

Contudo, logo os especialistas decidiram que isso não era o bastante. Nos anos 1970, logo depois da morte de Maslow, foram acrescentadas mais duas camadas no topo: as necessidades cognitivas (o desejo de conhecimento e significado) e as necessidades estéticas (a apreciação e a busca pela beleza, equilíbrio, forma, e assim por diante). Porém, isto ainda não era suficiente. Na década de 1990, um oitavo patamar foi acrescentado ao topo, chamado necessidades de transcendência. Aparentemente, isso significa "ajudar os outros a alcançar a autorrealização", o que soa como se o fator supremo da experiência humana envolvesse trabalhar como psicoterapeuta, treinador de vida, guia de renascimento ou sacerdote paroquial.

Tenho certeza de que veremos ainda mais degraus sendo adicionados ao topo da pirâmide. Porque a sociedade de hoje e a hierarquia de Maslow parecem discordar num ponto fundamental: a pirâmide de Maslow, por ter a forma de pirâmide, para ordeiramente no ápice. Esse é o lugar em que as pessoas deveriam estar plenamente satisfeitas e, para Maslow, isto representaria o suficiente. Porém, na cultura moderna, criada pelo *homo expetens*, as linhas no topo da pirâmide simplesmente não param no pináculo, elas o ultrapassam e continuam, criando a figura de uma ampulheta, na qual quanto mais você se eleva acima do ponto do desejo razoável e saudável, tanto maior será a quantidade de exigências de mais eu.

Talvez essa possibilidade tenha escapado a Maslow porque ele era um intelectual tão idealista. Nasceu no início do século XX, como o primeiro de sete filhos de pais judeus-russos, iletrados, porém ambiciosos, que o incentivaram a ser um sucesso acadêmico. Talvez não cause surpresa que ele tenha se tornado um rapaz solitário e estudioso, que relutantemente iniciou o estudo de direito. Mas então encontrou sua profissão e transferiu-se para estudar psicologia com seu primeiro mentor, professor Harry Harlow, na Wisconsin University, onde começou a investigar a dominância e a sexualidade dos primatas, que naquela época consistia numa disciplina acadêmica e não em algumas horas gastas assistindo ao *Big Brother*. Depois disto, ele se mudou para a Columbia University para seguir estudos similares e encontrou outro mentor em Alfred Adler, um dos primeiros seguidores de Freud.

Subsequentemente, ele mudou-se para o Brooklyn College, em Nova York, onde encontrou mais dois mentores, a antropóloga Ruth Benedict e o psicólogo gestaltista Max

Wertheimer. Ele ficou tão profissionalmente e pessoalmente impressionado por eles que começou a tomar notas sobre o comportamento do casal. Esses "seres humanos maravilhosos" forneceram-lhe a base de sua pesquisa sobre saúde mental e potencial humano, e se tornaram seus modelos de "humanos autorrealizados" — epítomes de pessoas plenamente resolvidas. Maslow generalizou que, entre outras características, as pessoas autorrealizadas tendem a focalizar sua atenção fora de si mesmas, possuem uma noção clara de o que é verdadeiro e o que é falso, são espontâneas e criativas e não se pautam de forma demasiadamente rigorosa pelas convenções sociais. "Um homem deve ser aquilo que ele pode ser. Chamamos esta necessidade de autorrealização", explicou Maslow.

Assim, o conceito de Maslow do pináculo da existência humana baseava-se em sua admiração quase rastejante pelo tipo de intelectuais liberais, não materialistas, desorganizados e que fugiam às convenções, que haviam tão gentilmente moldado seu destino para melhor — em vez dos políticos e celebridades obcecadas por status, sem conteúdo e em busca de excitação que nossa sociedade adota agora como ícones máximos do potencial do *homo expetens.*

Claramente, a cultura que construímos não nos encoraja a querermos ser tranquilos e resolvidos residentes da parte superior da pirâmide. Somos bombardeados com infodiversão que nos diz que toda a ação bacana acontece muito acima da pirâmide, no mundo em permanente expansão dos novos desejos. No esforço de vencer esse estado infinito de supergraça, estamos sempre criando novos aspectos de nossa mente e corpo que precisam ser melhorados (e, assim, complementarmente, em relação aos quais podemos nos sentir inadequados). Vaginas, por exemplo. Lih Mei Liao, psicóloga que atua como consultora clínica no University

College de Londres, relatou recentemente no *British Medical Journal* que a demanda por cirurgia genital cosmética, chamada de genitoplastia, está crescendo com espantosa rapidez. O número de reduções labiais realizadas pelo Serviço Nacional de Saúde duplicou nos últimos cinco anos, a despeito do fato de que a operação implica sérios riscos, tais como a perda da sensibilidade sexual.

Para descobrir o motivo pelo qual a genitoplastia está se tornando tão popular, ela entrevistou mulheres que haviam se submetido à cirurgia e descobriu que um número cada vez maior de mulheres ocidentais está incomodado com a forma, o tamanho ou as proporções de suas vulvas. Segundo ela, as pacientes queriam constantemente que suas vulvas fossem achatadas, sem nenhuma protrusão além dos grandes lábios — ainda que não haja nada de anormal na protrusão dos pequenos lábios ou do clitóris para além dos grandes lábios. Algumas mulheres traziam consigo imagens para ilustrar a aparência que desejavam ter, e estas provinham "normalmente de anúncios ou de pornografia e bem poderiam ter sido modificadas digitalmente". Fotografias assim estão fazendo surgir uma questão inteiramente nova para as mulheres ligadas em seu visual se preocuparem: "Será que minha parte de baixo frontal fica parecendo grande nisso aí?"

Lih e sua colega Sarah Creighton, do Instituto Elizabeth Anderson para a Saúde das Mulheres, alertam que essa tendência liderada pela mídia pode distorcer seriamente e ainda mais a imagem corporal de jovens mulheres em busca de algum tipo de perfeição de Photoshop: "A demanda ampliada pode refletir uma definição social mais estreita do normal, ou uma confusão entre aquilo que é normal e o que é idealizado. A genitoplastia pode restringir ainda mais os limites aceitáveis e ampliar ainda mais a demanda por cirurgia."

A questão das vaginas é apenas um extremo em nossos esforços para melhorar nossos físicos muito além do nível do suficiente — um processo que tão frequentemente age em sentido contrário, porque escolher partes inocentes de nossos corpos e culpá-las pela nossa insatisfação inata tende a produzir apenas uma sensação reforçada de autorrepugnância. Isso não raro acontece com as pessoas mais dedicadas à perseguição dos ideais da perfeição saudável. Por exemplo, um estudo apresentado ao Colégio Americano de Medicina Desportiva relata que as mulheres que se exercitam e que leem revistas de fitness mostrando imagens de mulheres hipertreinadas sentem mais ansiedade e depressão do que aquelas que leem as revistas sem ter imagens idealizadas.

Mas a tendência não afeta unicamente os adultos que leem revistas. Nosso desassossego com nossos eus não suficientemente felizes está se espalhando pela sociedade e atingindo a infância: uma pesquisa envolvendo crianças australianas entre sete e 14 anos relata que os maiores desejos das meninas, hoje em dia, é serem mais magras, mais populares com os meninos, ter cabelos de outra cor e peles mais claras. Ao atingirem a idade adulta, isto só tende a piorar, particularmente porque as empresas de cosméticos têm de continuar a espalhar este tipo de insegurança para se manterem competitivas, e assim continuam a identificar novas partes potencialmente feias para que nos preocupemos a seu respeito. Por enquanto, nenhuma fábrica de cosméticos foi ousada a ponto de lançar um creme para o lóbulo da orelha, mas a Marks & Spencer ajudou a criar outra neurose ligada ao corpo com seu recém-lançado tratamento anti-idade para as unhas. "Faz as unhas parecerem mais jovens", alardeia o texto na embalagem. Será que alguém neste planeta já pensou com seus botões: "Uau, esta mulher parece atraente e jovem. Mas, peraí, ela tem unhas de mulher encarquilhada e resmungona..."?

O professor Anthony Elliott, principal pesquisador no novo campo da reinvenção extrema, acredita que muitos consumidores estão tão obcecados em turbinar seus corpos e suas personalidades que acabam sofrendo de depressão e crises emocionais. Alguns chegam até a se matar. Elliott, um afável professor de sociologia australiano, nutre uma alegre noção do absurdo deste fenômeno. Porém, quando discutimos como atacar o problema, ele admitiu: "A reinvenção ficou tão em voga, e tão rapidamente, que é difícil falar dela de forma negativa sem soar quadrado ou pessimista." Ele acha que estamos entrando numa era sem precedentes em que as pessoas se sentem pressionadas por programas de *makeover*, livros de autoajuda, cultura de celebridades, vida corporativa e consumismo imediatista, para criar identidades pessoais fundamentalmente novas.

Alguns dos principais elementos para persuadir Elliott que seus dedos parecem ser bastante inócuos (ou, pelo menos, grosseiros) são os programas de televisão como o *Garden Invaders* da BBC, que transforma o gramado dos competidores em ícones de estilo de vida, e *Extreme makeover* do Discovery Channel, que oferece cirurgia plástica para remover uma década de vida do rosto das mulheres. "Não obstante", ele argumenta, "a obsessão com celebridades e com os *makeovers* da tevê está levando as pessoas a acreditarem realmente que elas *tenham* de se aperfeiçoar. Há uma necessidade crescente de mudança instantânea e reinvenção." Isso resulta em um outro jeito de correr atrás daquela promessa fugaz de você ser mais feliz.

De alguma maneira, realmente nunca foi tão fácil se autotransformar. Tomemos os nomes próprios — é uma das primeiras coisas que se aprende sobre si mesmo, e se constitui na pedra fundamental de toda a noção de identidade do indivíduo. Você não gosta da sua noção de si? Então, mude seu nome — como mais de cinquenta mil pessoas fizeram na Grã-Bretanha em 2007, de acordo com o Serviço Oficial de Registro do Reino Unido. Dez anos antes, somente 270 britânicos haviam alterado oficialmente seu nome. Agora, é tão rápido e fácil: você pode acessar todos os formulários pela internet, basta preenchê-los e, bingo, aí está você recém-renomeado. Você não gosta de sua silhueta? Por que se submeter ao estresse emocional de fazer dieta se você pode mandar retirar aquilo tudo por sucção? O número de mulheres britânicas que fazem operações de lipoaspiração praticamente dobrou entre 2005 e 2006. Você não gosta de qualquer outra coisa em seu rosto ou em seu corpo? Uma pesquisa realizada por membros da Associação Britânica de Cirurgiões de Plástica Estética descobriu que eles fizeram trinta mil liftings, remoções, implantes e reduções em 2006, um aumento de cerca de um terço em relação ao ano anterior.

É esse aspecto "mais rápido" de "mais eu feliz" que perturba particularmente Elliott, autor de *The New Individualism: the Emotional Costs of Globalization* (O novo individualismo: os custos emocionais da globalização). "Nossa sociedade do jeitinho rápido é muito diferente daquela do período do freudianismo. As pessoas costumavam submeter-se a um longo processo de autorreconstrução que envolvia uma hora de psicanálise quatro ou cinco vezes por semana, durante cinco anos ou mais", afirma. "Isso já não acontece mais. Se você mudar instantaneamente seu rosto ou seu nome como fiador de sua identidade, quais serão os resultados?" Elliott passou seis anos entrevistando autorreinventores radicais e diz que constatou vários níveis de danos emocionais, que variam desde confusão e ansiedade até depressão bastante intensa e dois casos de suicídio. Esse problema ajuda a explicar a razão pela qual as mulheres que fizeram implantes de seios apresentam três vezes mais propensão ao suicídio. Não é que os implantes causem algum tipo de psicose derivada de silicone, mas o fato é que as mulheres que procuram implantes frequentemente possuem uma imagem ruim de si mesmas e os implantes lamentavelmente falham em cumprir sua promessa de transformar isso.

O autoaperfeiçoamento radical não somente falha frequentemente em cumprir sua promessa de criar um eu mais feliz, mas também pode causar um prejuízo real, em outra maneira mais profunda — um processo que Douglas Coupland, autor de *Generation X*, definiu como "de-narração". Ele acredita que os consumidores modernos podem se tornar tão obcecados por remover ou melhorar aspectos de si mesmos que são capazes de, por fim, perder o controle de suas histórias de vida. Transformam-se numa aglomeração de itens extras acrescentados sem uma alma integrada no meio, nenhuma narrativa "eu sou" consistente, somente uma identidade fraturada, que consiste de partes imperfeitamente melhoradas e desejos implantados. Coupland afirma que Marilyn Monroe foi nossa primeira celebridade de-narrada, um vazio lindamente disfarçado sob uma fachada. Quando a ex-Norma Jeane Mortensen foi encontrada morta em sua casa anonimamente chique, os únicos itens pessoais em seu quarto de dormir eram uma pilha de bolsas e carteiras.

Há outro paradoxo na busca da perfeição pessoal: só podemos julgar como nos saímos usando como parâmetro a maneira como os outros se saem, e isto nos faz mergulhar em outra corrida invencível. A autorrealização, como a renda e as posses, é largamente um "bem posicional" — ficamos muito mais excitados com ela se acharmos que temos mais que a pessoa que mora ao lado. Não corremos atrás apenas de "mais eu feliz", mas de "mais eu feliz que você feliz" — daí a frase atribuída a Oscar Wilde: "Sempre que um amigo ou um colega meu realiza um grande feito, uma pequena parte de mim morre." Porém, do ponto de vista matemático, não podemos ser todos acima da média. Ao procurar maneiras de demonstrar que somos mais felizes e mais resolvidos que os Jonese, estamos percorrendo outro caminho que nos leva a sermos menos felizes e menos resolvidos. Este tipo de paradoxo foi até previsto por Gilbert e Sullivan em sua ópera *The Gondoliers*, de 1889: "Quando todo o mundo é alguém, então ninguém é ninguém."

De forma bastante previsível, os vendedores de felicidade negam firmemente qualquer relação entre o crescimento rápido da depressão clínica e o aumento exponencial da indústria da realização. Acho que é justo, entretanto, constatar que a ampla busca pela felicidade falhou pelo menos em reduzir o aumento sem par das pessoas que se sentem suficientemente infelizes para procurar ajuda psicológica ou farmacêutica. As estatísticas do Serviço Nacional de Saúde mostram que, em 2006, foram despachadas mais de 31 milhões de receitas para drogas antidepressivas na Grã-Bretanha, um nível recorde que aumentou em seis por cento em relação ao ano anterior.

E como não sabemos quantas pessoas estão pagando para se consultar com psicoterapeutas na Grã-Bretanha (porque a maioria desses terapeutas não é regulamentada), sabemos que o número de terapeutas se eleva em linha espiral. Phillip Hodson, da Associação Britânica para Análise e Psicoterapia, uma das maiores entre as mais de trinta organizações de terapeutas da Grã-Bretanha, relata que a associação conta atualmente com quase trinta mil profissionais em seus registros: "Na última década, nossos membros aumentaram em dez por cento ao ano. É uma taxa incrível, e creio que não seja sustentável, já que, se isto continuar assim, todas as pessoas na Grã-Bretanha estarão trabalhando como psicoterapeutas daqui a pouco."

Se a autoajuda não estiver ajudando, se a elevação de estima não estiver nos animando, se a terapia não estiver nos curando, se a busca pela felicidade pode nos tornar infelizes, então talvez devêssemos explorar um caminho alternativo: o caminho de *basta* de felicidade, e estabelecer estreitos limites realistas na via para a autorrealização e dizer adeus à promessa de uma felicidade sempre crescente. Pode parecer extremamente ambicioso o fato de praticar este tipo de antiambição em nosso mundo de "mais eu", já que exige que nademos contra a maré crescente das expectativas sociais desmedidas. Não obstante, alguns sinais esperançosos de resistência já estão surgindo — pelo menos, entre as mães. Essa tendência iniciou-se em 2004, quando Muffy Mead-Ferro, uma publicitária norte-americana, ficou chocada ao ler a pilha de livros de cuidados parentais que lhe foi dada para acompanhar o nascimento de seu primeiro filho. Percebeu que a biblioteca pré-natal era efetivamente uma cartilha para ir ao encontro das expectativas de uma maternidade alfa — um regime corporativamente correto de excelência maternal do século XXI, que envolvia o bebê perfeito, o quarto perfeito para o bebê, as interações perfeitas entre mãe e bebê e a perfeita imagem de supermãe.

Em vez de se autoflagelar com expectativas inalcançáveis, Muffy rebelou-se e sentou-se para escrever *Confessions of a Slacker Mom* (Confissões de uma mãe desnaturada), uma homenagem cheia de humor ao mundo desordenado de pais apenas bons com golfadas de leite escorrendo ombro abaixo. "Um dos motivos pelos quais somos pegos numa espiral de hipercompetitividade enquanto pais é o marketing", esclarece. "Você se sente um fracasso se seu filho não aprender a tocar violino ou a ler antes de entrar no primeiro ano. Mas quer saber? Não há nenhum problema em andar pela contramão. Você não é obrigado a entrar nesse jogo." E, pelo que se pode ver, sua filha, Belle, se saiu muito bem sem ter tido que ouvir Mozart enquanto ainda se encontrava no útero. O mesmo pode ser dito em relação ao seu segundo filho, Joe. O livro de Muffy vendeu durante vários anos sem fazer alarde enquanto ela desenvolvia uma carreira paralela fazendo proselitismo com sua mensagem: "É possível exagerar como pais", dizia à imprensa. "A condição de criar filhos realmente mudou nos últimos dez anos. Tornou-se muito competitiva e agressiva."

Contudo, o mundo não caiu na real. Criar filhos continuou a ficar cada vez mais agressivo e competitivo, com o auxílio entusiástico do pessoal de marketing. Em dezembro de 2006, por exemplo, recebi um comunicado à imprensa da rede de supermercados Asda. Nele, declarava-se que o prazer loucamente amadorístico de montar uma fantasia de pastor ou de ovelha com sobras de pano para a peça de Natal da escola estava completamente ultrapassado: "Pais competitivos, desejosos de fazer seus filhos parecerem estrelas de Hollywood na peça de Natal, fizeram as vendas de fantasias feitas sob medida irem para o espaço", alardeava. "Eles estão substituindo materiais tradicionais — toalhas, papel laminado e bugigangas — por trajes comprados prontos para que seus filhos fiquem impressionantes diante de centenas de amigos, membros da família e pais rivais." Acho que foi a expressão "pais rivais" que realmente me fez engasgar com minha torta de carne.

O comunicado à imprensa comemorava que as roupas para a festa de Natal da Asda haviam começado a vender mais do que sua cota normal para adultos, e uma avalanche de pedidos feitos por mães e pais sem tempo e ávidos de status havia forçado a rede a pressionar seus fornecedores para suprirem uma encomenda emergencial de trinta mil trajes adicionais. Estes incluíam carneiros de presépio prontos com "lã branca, espertos, feitos sob medida e orelhas com aspecto verdadeiro". Os trajes de anjos, "de renda branca diáfana", saíam voando das prateleiras. "A competição é tão intensa", explicava o porta-voz da rede, Ed Watson, "que em algumas produções, as personagens principais provavelmente vão se parecer mais com Angelina Jolie e Brad Pitt do que com a Virgem Maria e José." Que ótimo. Lá se vai a história da inocência e boa vontade infantil.

E aí se vai também a infância despreocupada, graças à ansiedade mostrada por pais ávidos de status para fazer tudo ficar perfeito para os seus filhos — ansiedade esta que também os leva a programar as vidas das crianças com constantes atividades educacionais. Isto se choca com todas as evidências dos melhores estudos, tais como as novas diretrizes da Academia Americana de Pediatria, que insistentemente lembra aos pais que a melhor coisa para as crianças é a brincadeira livre e não estruturada, de baixa temperatura e pressão, o tipo de borboletear sem finalidade que parece destituído de valores de desenvolvimento.

Ruth Coppard, psicóloga infantil registrada e baseada em Barnsley, South Yorkshire, concorda que a infância deveria ser menos pressionada: "Programar crianças, na realidade, não é ensinar-lhes muito, se isso significar que elas vão sair de um dia movimentado na escola para ir a um clube após a aula, daí para os Bandeirantes e, então, para o coral, antes do horário de dormir", afirma. "A mídia está repleta de sugestões para coisas como autodefesa para crianças entre um e três anos, nas quais elas podem se sair muito bem e para que os pais possam dizer do fundo do coração que acham estar fazendo o melhor para seus filhos, mas frequentemente o melhor tempo de convivência que as crianças recebem é dentro do carro, deslocando-se entre as várias atividades. O resultado disto é que, mais tarde, seus filhos ficam entediados. Não são muito bons para convidar amigos, porque cresceram com muito pouco tempo para fazer isto. Eles não estão acostumados a ser em vez de fazer." O cômputo total de toda esta tendência a ser superpais pode ser o de criar uma geração de perseguidores de realizações com intensa atividade intelectual e que chega à idade-chave de 25 anos, que é a da fixação da personalidade, sentindo-se neuróticos, solitários e entediados — e é assim que permanecerão, independentemente de quantos livros e cursos de autoajuda e felicidade forem comprar subsequentemente.

No entanto, algo de significativo parece estar mudando. Muffy deixou de ser uma voz solitária. Na realidade, ela corre o perigo de ser atropelada por uma leva de autores de "mães-beta". Rene Syler, ex-âncora da CBS News, publicou *Good-Enough Mother: the perfectly imperfect book of parenting* (A mãe boa o bastante: o livro perfeitamente imperfeito sobre criar filhos), enquanto Katie Allison Granju, 39 anos, produtora de TV on-line, acabou de publicar *Let Them Run with Scissors: how over-parenting hurts children, parents and society* (Deixe que corram com tesouras: como ser superpais prejudica as crianças, os pais e a sociedade). Na Grã-Bretanha, a colunista de jornal Fiona Neill publicou *The Secret Life of a Slummy Mummy* (A vida secreta de uma mãe desleixada). E também há Trisha Ashworth e Amy Nobile, uma dupla de executivas na área de propaganda que escreveram a quatro mãos *Eu era uma ótima mãe até ter filhos*. Acrescente-se a isto uma revista mensal recém-lançada para mães adeptas do estilo de vida preguiçoso *Hybrid Mom* (Mãe híbrida), que define seu público como "a mulher adulta que descartou as concepções não realistas sobre a maternidade".

Tudo isto, evidentemente, poderia ser uma folia em massa por parte dos editores, mas talvez, apenas talvez, algo esteja mesmo no ar: se as mães estiverem começando a se rebelar contra a pressão no sentido de infectar seus filhos com uma atitude de que nunca nada está suficientemente bom, então talvez estejamos assistindo aos primeiros rumores de uma mudança suficientista, de pessoas que trocam o ideal de perfeição "mais eu feliz" pela sanidade mundana de algo "apenas bom". Criar filhos é o aspecto mais pressionado em nossa sociedade de consumo. Se é que um dia vamos poder mudar no sentido de preservar nossas ecologias pessoais, é exatamente ali que isto pode acontecer. Talvez a ruptura possa começar a se disseminar a partir dessas mães-beta para os seus filhos-beta e daí em diante, e até inspirar os pais-beta a se satisfazerem com horários de trabalho-beta. Ambições deste tipo ainda podem parecer otimistas, mas qual é a alternativa? Continuar a perseguir o sonho de "mais eu feliz" com ainda mais determinação?

Em vez disso, temos de aceitar o fato de que a felicidade não é um nirvana potencial, porém parte de um truque evolucionário para nos incentivar a viver a vida. Somos concebidos para buscar a felicidade duradoura, mas não para encontrá-la. Quando avançamos de maneira saudável pela vida, deslocamo-nos de um objetivo ao outro, de uma insatisfação a outra, impulsionados pelo emaranhado inextricável das emoções positivas e negativas. Pode-se encontrar esta peculiaridade humana claramente dramatizada num velho livro inglês, relegado à poeira do esquecimento. Muito embora Samuel Johnson tenha escrito *Rasselas, Príncipe da Abissínia* em apenas uma semana em 1759 (ele precisava urgentemente de dinheiro), serve como fábula de nossos tempos atribulados. Encontramos o herói, Rasselas, vivendo regiamente em meio ao esplendor do Vale Feliz, onde materialmente não lhe falta nada. Mas a alma anelante do príncipe lhe diz que deve haver mais na vida do que isso. Ele sai com seus companheiros "em busca da felicidade" (Johnson cunhou esta expressão), viajando ao longo do Egito, procurando o modo de vida mais alegre. Mas nunca o encontram. Cada modo de vida que estudam acaba falhando.

Até aí, podemos nos reconhecer. Mas o príncipe, pelo menos, goza da companhia do seu sábio tutor pessoal, Imlac. O velho filósofo possui uma refinada noção de suficiência. Ao ver os grandes disparates dos faraós, suas pirâmides funerárias, ele os chama de monumentos a "este desejo da imaginação que oprime incessantemente a vida". Imlac também compreende a suprema futilidade da busca pela realização: "O que se pode esperar de nossa busca pela felicidade quando descobrimos que a condição da vida é tal que a própria felicidade é a causa da infelicidade?", pergunta. "Por que deveríamos nos empenhar para atingir aquilo cuja posse não pode ser garantida?"

No fim da novela, Johnson devolve nossos viajantes para o Vale Feliz, muito mais sábios, porém não mais felizes. Tal é a condição humana — e Johnson chega até a chamar seu capítulo final de "A conclusão em que nada se conclui". O que o príncipe e seu séquito aprenderam, declara Imlac, é que as pessoas deveriam gastar seu tempo modestamente curtindo o presente em vez de se preocuparem em encontrar o caminho para a perfeição: "Enquanto você está fazendo as escolhas de vida, descuida-se de viver."

Esta é uma lição que nossa cultura precisa desesperadamente reaprender. Desde a Revolução Industrial, temos tentado convencer-nos de que a ciência e a tecnologia, e então o consumo e a autoajuda, criariam um portal mágico pelo qual poderíamos passar, deixando tudo o que há de negativo para trás. Isso não aconteceu. Continuamos a ser o homem nu tentando arrancar sua camisa. Somos estorvados por nosso eu, com nosso pesares, ansiedades, ninharias e invejas insignificantes — e todos os outros aspectos negativos aparentes que nos tornam quem somos. A felicidade é apenas uma faceta, e ela permanece fugaz e caprichosa. Não pode ser encontrada nos McLanches Felizes® do McDonald ou em livros sobre a felicidade, nem lanches de supertamanhos e nem mesmo cantando "se você está contente bata palmas" — independentemente de quanto batemos com as mãos e os pés.

E o que aconteceria de verdade se a alegria pudesse ser capturada e domesticada? No romance satírico *Ser feliz*, de Will Ferguson, finalmente um livro de autoajuda é publicado e faz o impensável: funciona. Todo mundo fica feliz. Como resultado, a economia global entra em colapso. As pessoas param de comprar coisas que anteriormente achavam que as fariam se sentir melhor. O herói do livro se dá conta da situação: "Nossa economia inteira está baseada na fraqueza humana", alerta. "Cabeleireiros. Crise de meia-idade masculina. Farras consumistas. Todo o nosso estilo de vida está pautado na insegurança e insatisfação. Se as pessoas algum dia ficassem realmente, verdadeiramente felizes e verdadeiramente satisfeitas com suas vidas, isso causaria um cataclisma."

Para sustentar nossas ecologias individuais, coletivas e terrenas, precisamos acalmar cataclismicamente nossa atividade de perseguição da felicidade. E mesmo se não resultar daí uma epidemia de felicidade, ainda sairemos no lucro ao alcançar alguma medida de mero contentamento. O próximo passo na evolução social de nossa espécie é aceitar o paradoxo da felicidade, cultivar nossa apreciação pelas satisfações de que dispomos em vez de exaurir tudo na busca do inatingível que tudo consome. A felicidade duradoura não é o destino. É a busca. E seria muito mais fácil para todos se parássemos de nos esforçar tanto neste sentido.

Felicidade suficiente

Apenas por acaso: como perceber se você é viciado em terapia

- Você manifesta suas emoções de maneira objetiva e orgulhosa — "Estou zangado e me sinto bem assim" ou "Estou chateado, mas está tudo bem"?
- Ou você faz alarde de suas consultas de terapia — "Desculpe, não posso almoçar amanhã, pois tenho consulta com meu terapeuta"?
- Você frequentemente serve de substituto de terapeuta para seus amigos? Os viciados em terapia não dizem "Eu sei exatamente como você está se sentindo". Dizem coisas como "Isto não poderia estar relacionado com sua mãe?".
- Você se compara favoravelmente com Woody Allen, como dizendo "Não sou Woody Allen, nem nada"?
- Você está se autoavaliando com este questionário?

7 | **CHEGA** de crescimento

Nada é suficiente para o homem para quem o suficiente é muito pouco.

Epicuro

"Já chegamos? Já chegamos?" Este é o coro eterno vindo do banco traseiro da evolução humana. Como crianças impacientes presas dentro de um carro, nossos antigos instintos reprisam sempre as mesmas questões repetitivas: já estamos felizes o suficiente? Já estamos informados o suficiente? Estamos ocupados o suficiente, alimentados o suficiente, e, com frequência, estamos ricos o suficiente? Se o sábio da economia do século XX, Lord Maynard Keynes, estivesse no assento do motorista, ele se viraria e retrucaria, um tanto irritado: "Que inferno, chegamos, agora saiam e vão a curtir a vista!"

Keynes, que ajudou a tirar a Grã-Bretanha do desemprego em massa dos anos de 1930 depois que a economia ortodoxa fracassara, olharia hoje para o mundo ocidental e declararia: "O trabalho fiscal está feito. Agora, vamos para as coisas interessantes." Em meio à profundeza da Grande Depressão, Keynes havia previsto que o crescimento econômico pavimentaria o caminho para horizontes brilhantes, para um mundo liberalizante que ele esboçou num ensaio intitulado *As possibilidades econômicas de nossos netos*. Suas ambições eram modestas, porém profundas: Keynes previa que, dentro de três gerações (isto é, aproximadamente agora) o "problema econômico" estaria resolvido. A noção de Keynes de problema econômico era simplesmente alocar recursos escassos de tal maneira que todos tivessem o suficiente para satisfazer suas necessidades e desejos básicos. Depois de termos passado esse marco histórico, ele acreditava que estaríamos finalmente livres para explorar os maiores potenciais da humanidade. E que desabrocharíamos nas artes, na cultura, no aperfeiçoamento dos requintes da beleza e da amizade.

Para Keynes, a economia era um jogo sujo, e o negócio de ganhar e gastar era uma obrigação sórdida da qual a humanidade deveria desvencilhar-se o mais rápido possível. Uma vez que tivéssemos nos extraído "do túnel da necessidade econômica para a luz do dia", previa, "vejo que seremos livres para retornar a alguns dos princípios mais seguros e certos da religião e da virtude tradicional — de que a avareza é um vício, que a prática da usura é uma má conduta e o amor ao dinheiro é detestável... Mais uma vez, valorizaremos os fins acima dos meios e preferiremos o bom ao útil. Honraremos aqueles que puderem nos ensinar a usar os dias e as horas de forma virtuosa e bem."

Keynes parece ter ignorado a possibilidade de que, depois de termos resolvido o "problema econômico", utilizaríamos nossa liberdade recém-conquistada para nos prender a uma busca perpétua de mais pertences, celebridade, felicidade, informação descartável, entre outros. Por outro lado, Keynes dificilmente poderia ser considerado um homem do povo. Esse elitista da velha escola de Eton era uma figura profundamente complexa, um dos "sujeitos antiquados que se pôs *naturalmente* a perder" (para explorar a autodescrição de Philip Larkin) e exatamente o tipo de homem, criativo e indiferente às convenções na busca de soluções, que Abraham Maslow teria admirado. Para início de conversa, Keynes era meteorologicamente temperamental. Certa vez, respondeu a um memorando financeiro oficial do Serviço Colonial assim: "Eu concordo com tudo que está contido neste, desde que seja posto um 'não' na frente de cada afirmação."

Além de seu gênio econômico irritável, ele era uma figura-chave do Grupo de Bloomsbury, o círculo boêmio formado por artistas, críticos e escritores como Virginia Woolf e Roger Fry, que procurava inaugurar um mundo libertário de moral pós-vitoriana — em que todo membro do Bloomsbury parecia se enfiar na cama de todos os outros membros do Bloomsbury. Quando jovem, Keynes manteve um relacionamento homossexual com o biógrafo Lytton Strachey. Por outro lado, o casal disputava a afeição do artista de Bloomsbury Duncan Grant. Ele e Strachey também frequentavam os bairros menos saudáveis de Londres, em buscas noturnas de aventuras homossexuais. Posteriormente, Keynes casou-se com uma ex-bailarina russa, Lydia Lopokova e, na década de 1940, presidiu o precursor do Conselho pelas Artes, o Conselho para a Promoção da Música e das Artes.

O que Keynes previu em *As possibilidades econômicas para os nossos netos* representa uma visão superidealizada do suficientismo — um círculo virtuoso que se desenvolveria aproximadamente assim: se consumíssemos menos propaganda consumista, se ficássemos menos apressados e preocupados, então deveríamos sentir que temos o suficiente do ponto de vista material e, portanto, que precisamos gastar menos, nos esforçar menos e ganhar menos. Então, teríamos tempo e energia para gastar de maneiras mais gratificantes. Com o tempo, encontraríamos novos pontos de equilíbrio que conviriam às nossas ecologias pessoais.

Neste nível extremamente simples, a ideia funciona brilhantemente — até que você tente aplicar a teoria a pessoas repletas de anseios, os *homo expetens*. Por outro lado, a economia de modo geral seria muito mais precisa se não fosse pelos seres humanos complexos e desagradáveis que, como Keynes, simplesmente não parecem fazer sentido no papel. Este problema tem estorvado a economia clássica por muito tempo. Para descrever as decisões econômicas de forma matemática, seus praticantes têm tido que fingir que somos racionais e previsíveis. Desde o início do século XIX, eles têm usado o modelo imaginário do *homo economicus*, que possui preferências constantes, humores estáveis e só toma decisões racionais em seu interesse. Caso você já tenha encontrado um exemplar destes, denuncie-o à polícia. Tem de estar escondendo alguma coisa. Este curso de ação cega produziu teorias que podem auxiliar-nos na previsão do que acontece no mundo dos mercados, mas que falham em explicar nosso ímpeto constante de termos posses cada vez mais dispendiosas.

Temos de encontrar um modo econômico melhor para contornar o problema humano. Já vimos exemplos variados de como nosso cérebro antigo fica superexcitado pelo ambiente de luz néon que construímos para eles. Eles desenvolvem sempre mais desejos e nós, em compensação, inventamos sempre mais coisas imprescindíveis. Victor Lebow, o guru de marketing norte-americano, ex-diretor da Fabergé, descreveu essa tendência no *Journal of Retailing* já em 1950, quando uma riqueza sem precedente circulava pelos bolsos dos consumidores por aquelas bandas: "Nossa economia enormemente produtiva exige que façamos do consumo um estilo de vida, que convertamos a compra e a utilização de produtos em rituais, que procuremos nossa satisfação espiritual, a satisfação do nosso ego, no consumo", dizia. "Precisamos que as coisas consumidas, exauridas e gastas sejam substituídas e descartadas num ritmo sempre crescente."

O período do pós-guerra, de consumo rapidamente crescente, foi ótimo para os fabricantes, mas com bastante rapidez tornou-se patente que não era necessariamente tão benéfico para as pessoas ou para o planeta. Por volta dos anos 1970, um rebuliço de novas ideias estava começando a surgir a respeito da necessidade de limitar nosso crescimento exponencial. Os exemplos mais famosos são os dois livros seguintes: *O negócio é ser pequeno*, de E. F. Schumacher, e *Limites do crescimento,* do poderoso grupo de pesquisa interdisciplinar do Clube de Roma. Este último representou um desafio para as suposições centrais da teoria econômica — que os estoques de recursos da Terra são infinitos e fornecerão o que for necessário para nossa prosperidade sempre crescente. Desde sua publicação, vivemos com a crescente consciência de que nosso ecossistema é frágil, que o crescimento econômico perpétuo é impossível e que, cada vez que ganhamos ou consumimos, podemos estar tornando o mundo potencialmente pior para nossos filhos. No fim da década de 1980, até o jornal *Sun* havia designado um correspondente próprio para assuntos de ecologia. Hoje em dia, até mesmo as consciências mais obtusas dos consumidores ocidentais são atingidas por relances de compreensão ecológica. Então, por que nada mudou? Por que nossa cultura ainda continua a crescer, a empenhar-se, a produzir e consumir sempre mais, quando sabemos que tudo isto bem pode se tornar desastroso?

Há muito que a ciência econômica tem tentado explicar a compulsão que se esconde atrás do crescimento. Uma das primeiras tentativas foi a lei de Say, que basicamente decreta que a oferta cria a demanda. O francês Jean-Baptiste Say formulou-a no início do século XIX, no começo da Revolução Industrial, quando a utilização de carvão como fonte de energia fez aumentar dramaticamente a riqueza de muitas nações europeias com mineração. Por sua vez, essas nações gastavam mais produtos de ferro manufaturados, o que significava que era necessário fabricar mais produtos de ferro, o que fazia com que se necessitasse de mais carvão. A lei de Say ajuda a explicar o motivo pelo qual compramos muitas coisas desnecessárias quando recebemos algum dinheiro extra e por que iluminamos nossas casas mais do que o necessário quando o preço da eletricidade é baixo.

Mas ela apenas descreve o comportamento humano visível em vez de explicar suas motivações profundas. Evidentemente, Monsieur Say não podia contar com o auxílio de equipamentos de ressonância magnética para olhar para dentro de nosso cérebro quando está avaliando dados para tomar decisões econômicas. Agora, graças a esses equipamentos, estamos começando a compreender como nossa sociedade estimula excessivamente os circuitos do querer de nosso cérebro instintivo da idade da pedra e, ao mesmo tempo, engana os pensamentos mais ponderados e cautelosos do nosso cérebro superior. Estamos presos em duas mentes, e a mais elevada é frequentemente dominada brutalmente.

Um excelente exemplo dessa dissonância cognitiva apareceu na caixa de correio no dia em que eu estava escrevendo este capítulo. Na terceira página do nosso jornal local, o *Brighton and Hove Leader*, havia duas histórias, dispostas uma acima da outra. A de cima, intitulada "Projeto de estudante tem um toque verde" apresentava Katie Kuhrt, de 18 anos, com sua exposição de fim de ano da escola de artes. "Moinhos de vento feitos de caixas de ovos e papéis de balas fazem as pessoas pensarem sobre o lixo e a necessidade de reciclar", dizia o primeiro parágrafo. Isso é uma maneira de colocar um retrato de uma mulher jovem e bonita na página, que sempre ajuda a fazer circular jornais, mas representa também uma tentativa entusiasta de se encaixar na moda passageira atual de estórias ecológicas. Abaixo dela estava a reportagem principal, intitulada "Marcas de grife na lista de espera para ficar próximas do mar". O parágrafo inicial lamentava que "Brighton and Hove está perdendo mais de 1,2 bilhão de libras de gastos com consumo, de acordo com um estudo do conselho." Aparentemente, a cidade ainda não possui espaço suficiente para lojas, o que significa que mais de 170 varejistas não podem abrir seus estabelecimentos de rua. Isso é uma coisa ruim, mas poderíamos derrubar um centro de conferência e construir mais lojas.

Ninguém no *Leader* parece ter detectado o oximoro ecológico. Porém, para cérebros humanos que evoluíram para sobreviver às atribulações permanentes chamadas de vida plistocênica, em vez de ter de compreender seu papel no sistema do planeta, é extremamente difícil formar um conceito sobre toda essa questão de salvaguarda da Terra. Para confundir ainda mais as coisas, acrescentemos a isto o crescimento rápido de nosso mundo econômico. Na cultura da idade da pedra, existiam somente algumas centenas de produtos negociáveis e nenhum investimento capital além de ferramentas como os machados. Nas cidades modernas, pode haver dez bilhões de coisas diferentes a serem comercializadas. A maior parte delas, somada ao sistema que as inventa, produz e vende, apareceu nos últimos 250 anos. Isso tudo é repentino demais para nosso pobre e velho hardware. A maneira pela qual nosso cérebro tenta extrair algum sentido de tudo isso — e frequentemente produzindo respostas estranhas, autodestruidoras e míopes — é a matéria de estudo da nova disciplina de neuroeconomia.

David Laibson, professor de economia da Harvard University, estudou o problema de nosso cérebro inferior e superior no que diz respeito às dificuldades encontradas pelos empregadores em atrair contribuições para os esquemas de pensões das companhias. Embora alguns empregadores se ofereçam a pagar a contrapartida dos investimentos de seus trabalhadores, os funcionários continuam profundamente relutantes em aceitar a proposta. Laibson diz que as pessoas acham que investir é algo ameaçador e estranho, mas há também a tendência natural de adiar decisões, de dizer "eu realmente valorizo o presente e nem tanto o futuro" e de empurrar tarefas difíceis como aprender sobre finanças — ou realizar mudanças profundas para salvar nossa ecologia — para um futuro eventual. Laibson acredita que isto se deva à combinação de sistemas operacionais inferiores e superiores no cérebro. Nosso antigo sistema límbico inferior é emocional, intuitivo e rápido. Importa-se somente com o presente. Em contrapartida, o córtex pré-frontal, o sistema de pensamento mais elevado que a evolução adicionou com o passar do tempo ao nosso cérebro, nos possibilita exercer autocontrole e elaborar projetos complexos. Ainda não sabemos precisamente como o debate entre esses dois sistemas se desenvolve, afirma Laibson, mas parece que o cérebro inferior imediatista frequentemente ganha a parada no que diz respeito a enfadonhas e velhas questões de dinheiro a longo prazo.

Quanto às decisões de consumo, parece que grande parte de nosso comportamento econômico também pode se resumir a simples prazer e tormento — ou, em termos de desenhos animados, é como ter um anjo e um diabo às costas. Pesquisadores da Carnegie Mellon University descobriram isso ao realizar ressonâncias magnéticas dos cérebros de voluntários enquanto estes consideravam comprar produtos de consumo que apareciam numa tela de vídeo. Em cada uma das etapas, mostrava-se aos voluntários primeiramente um produto como um DVD ou uma caixa de bombons, e então seu preço. Então, tinham quatro segundos para se decidirem. Para tornar o teste mais realista, duas vendas selecionadas ao acaso eram reais, patrocinadas por um bônus de crédito no valor de vinte libras que tinha sido dado para os voluntários — juntamente com a afirmação de que podiam ficar com o troco também.

Os pesquisadores descobriram que diferentes partes do cérebro estavam envolvidas nas diferentes etapas do teste. O núcleo accumbens, que está envolvido em processar estímulos de gratificação como comida, drogas recreacionais e ganhos financeiros, era a parte mais ativa quando um produto era exibido. Quanto mais desejável era o produto, tanto mais este centro do desejo se iluminava. Quando o preço aparecia, outras partes do cérebro intrometiam-se. Preços horrivelmente elevados aumentavam a atividade do córtex insular, uma região do cérebro ligada a expectativas de dor, perturbação e perda. Os pesquisadores também encontraram uma maior atividade nesta região quando os voluntários decidiam não comprar um item. Autocontrole dói.

Além do prazer e da dor, cientistas holandeses relatam que nossas tentativas racionais de avaliar a desejabilidade e o valor são desorganizadas ainda mais quando o objeto de consumo em questão é endossado por uma celebridade. Seu estudo descobriu que isto ilumina o núcleo caudato dorsal do cérebro, que está envolvido em promover confiança e aprendizado. Áreas ligadas ao armazenamento de memória de longo prazo também se acendiam quando um sujeito bem conhecido apontava para um determinado produto com aprovação. E, pior ainda, de acordo com um estudo em que se pedia a voluntários para jogarem um jogo de barganha no computador, baseado unicamente na confiança mútua, com outros jogadores cujas fotografias podiam ver na tela, também estamos significativamente mais preparados para confiar em estranhos atraentes do que em indivíduos menos atraentes, no que diz respeito a assuntos econômicos. Os jogadores que eram considerados pelos psicólogos como os mais atraentes também recebiam muito mais confiança por parte de seus colegas jogadores, o que quer dizer que, consequentemente, os mais bonitos podiam ganhar significativamente mais. Os cientistas chamam este efeito de "prêmio de beleza".

Todo esse estudo do cérebro nos leva a uma conclusão científica que reforça o que vínhamos suspeitando o tempo inteiro — somos péssimos para tomar decisões práticas de longo prazo sobre questões econômicas cruciais. Isso ajuda a explicar o motivo pelo qual demonstramos resistência em mudar nossos hábitos econômicos para proteger nossas ecologias pessoais e do planeta. Uma pesquisa recente da BBC, por exemplo, descobriu que aproximadamente a metade das pessoas em muitas partes da Grã-Bretanha admite que continua extremamente relutante em modificar seu comportamento para reduzir as emissões de carbono. Inúmeras outras optam por acreditar que encher latas de lixo reciclável com jornais velhos toda semana compensa o dano provocado por seus carros novos e suas férias dispendiosas.

Com frequência, nem sequer parecemos capazes de agir com sabedoria quando estamos tomando decisões econômicas aparentemente ecológicas, como comprar carros "ecológicos" como o Toyota Prius, com seu motor híbrido gasolina/eletricidade. O estudo feito pela Toyota com 24 mil pessoas que adquiriram um Prius nos Estados Unidos, em maio de 2007, mostra que muitos deles o compraram como o terceiro carro da família. Sim, o terceiro grande pedaço de metal manufaturado responsável pelo aquecimento e esgotamento dos recursos do mundo. Mas é ecológico, não é? Então, está tudo bem. Este tipo de comportamento ilógico deveria vir com seu próprio adesivo no para-choque: "Meu outro carro é ecologicamente menos nocivo."

Mas tentar confrontar nosso cérebro consciente e pensante sobre essas questões parece deprimentemente em vão. Pelo bem da democracia, deveríamos continuar obstinadamente a alvejar os cérebros superiores dos eleitores com argumentos ponderados sobre o motivo pelo qual eles deveriam se comportar de maneira mais sustentável. Não obstante, a evidência mostra que também devemos levar esta briga para o cérebro inferior, onde muitas das reais decisões econômicas são tomadas e o mundo consumista do marketing passou anos causando distúrbios. Precisamos encontrar alguma coisa que apele para nossos circuitos da idade da pedra, para a coisa que nos torna humanos doidos em vez de vulcanos com a lógica de Spock.

Nossa melhor opção pode se constituir no instinto gregário humano. Adoramos pensar em nós mesmos como indivíduos singulares e autogovernados, mas nosso comportamento demonstra o contrário. Uma das últimas teorias sobre as flutuações do mercado de ações está centrada no nosso impulso de agregar-nos em tempos de incerteza, com resultados perversos. Robert Prechter, diretor do *Socionomics Institute of Georgia*, chama sua teoria de lei da agregação padronizada. Ele afirma que, ao se depararem com mercados voláteis, até mesmo os investidores mais ousados optam pela segurança nos números, graças aos seus impulsos gregários inconscientes. Quando o preço de determinadas ações se eleva, a demanda por ela tende a aumentar. Quando os preços são baixos, pouca gente quer comprar. Isto é o oposto daquilo que acontece na mercearia ou na loja de sapatos. E também contraria a teoria econômica daquilo que deveria acontecer nos mercados de ações, em que a melhor maneira de ganhar dinheiro é comprar barato e vender caro.

Este comportamento de manada também explica a razão pela qual, em cada feriado bancário, milhares de londrinos se sentem compelidos a viajar de carro para Brighton, embora saibam que isto envolve passar duas horas presos em engarrafamentos, outra hora procurando uma vaga para estacionar e mais algumas horas de empurra-empurra no meio de uma multidão de excursionistas de viagem de um só dia, igualmente mal-humorados e apressados, para comprar peixe e batatas fritas. Então, está na hora de voltar para casa. Mas todo mundo faz isto porque todo mundo o faz.

Há mais de 150 anos, o poeta e jornalista escocês Charles Mackay identificou o fenômeno gregário — particularmente a maneira como o rebanho humano pode acender o frenesi coletivo em relação ao entusiasmo por determinado investimento. Mackay, austero racionalista, escreveu seu trabalho seminal sobre a psicologia das multidões, *Ilusões populares e a loucura das massa*, "para reunir os exemplos mais notáveis das epidemias morais que foram incitadas ora por uma causa ora por outra, e para mostrar quão facilmente as massas são ludibriadas, e como os homens são gregários e imitadores, mesmo em suas obsessões e crimes". O livro ainda está em catálogo nos dias de hoje.

Os muitos exemplos de nosso lado gregário oferecidos por Mackay incluem o surgimento da tulipomania de 1624, em que a furiosa especulação financeira em torno da nova maravilha da horticultura, o desenvolvimento de bulbos de tulipas, fez os preços se elevarem tanto que as flores eram negociadas a preços mais altos que o ouro. Então veio a queda estrepitosa inevitável, levando milhares de holandeses normalmente parcimoniosos à falência. Mackay também relatou detalhadamente o esquema Mississippi de John Law, um arquimanipulador cujas falcatruas com ações vendidas massivamente em grandes quantidades quase arruinaram a economia da França no século XVIII. E também teve o South Sea Bubble, a especulação com a companhia de navegação que convulsionou Londres em 1720 e resultou num colapso desastroso.

Imitamo-nos reciprocamente tanto socialmente quanto financeiramente, motivo pelo qual o bocejo e o riso são tão contagiosos. Bocejar é considerado, de forma geral, uma atividade de grupo que se origina de um tempo em que ficávamos sentados em tribos em volta de fogueiras, à noite. Quando o líder bocejava, era um sinal para os outros que estava na hora de ir dormir. A utilização de gravações de risos em comédias na tevê evidencia a existência de outro artefato evolucionário. O riso é uma atividade sincrônica, frequentemente provocada ao ouvir outros gargalharem, que opera como uma forma de construir um consenso de grupo. Sentimentos negativos são os que se espalham mais facilmente que todos os outros. Podem difundir-se por uma multidão de um modo chamado "contágio emocional". Numerosos estudos em locais de trabalho mostram que uma única pessoa ostentando uma atitude negativa pode derrubar um grupo inteiro. Esta é provavelmente outra adaptação de sobrevivência — tínhamos que ficar alertas à ansiedade dos outros, no caso em que ela indicasse que alguma coisa horrível estava à espreita no matagal.

A mentalidade gregária humana até nos faz marchar em passo. Quando a Millennium Bridge, a passarela de pedestres futurista de 320 metros de comprimento que conecta a cidade ao chiquérrimo Bankside de Londres, foi inaugurada ao som de uma grande fanfarra, em junho de 2000, teve de ser fechada rapidamente em meio a um grande constrangimento, porque começou a balançar violentamente. A ponte estava calculada acima do padrão de resistência ao peso e ao vento, e cada elemento não humano havia sido testado. Mas os projetistas não haviam esperado que os pedestres que atravessavam a ponte sincronizassem seus passos subconscientemente. Conforme a oscilação foi se intensificando, cada vez mais pessoas entraram no passo — mais uma vez, trata-se provavelmente de coesão enquanto mecanismo de defesa. Um estudo sobre a ponte, publicado na revista científica *Nature*, sugere que os humanos, quando estão numa multidão, sincronizam naturalmente seus passos por ser um fenômeno fundamental à organização do universo, que pode ser observado em objetos tão díspares quanto neurônios e vaga-lumes.

Contudo, o que poderia fazer-nos caminhar num passo suficientista? A boa velha inveja social que pressiona para igualar-se daria conta do recado. As ideias referentes ao estilo de vida são tão contagiosas quanto bocejar, marchar e estar infeliz. Nosso cérebro é extremamente ligado em se encaixar. Já vimos isto no shopping center, onde, a despeito do fato de sermos todos estimulados a "expressar nossa individualidade", acabamos todos vestindo-nos de forma bem parecida. O que realmente queremos dizer não é "Eu sou diferente de você", mas "Eu sou igual a você — só que melhor". O instinto gregário humano nos incita a encontrar pessoas que pensam como nós, a formar círculos com um único objetivo, sejam eles torcidas de futebol ou clubes de leitura, e a considerar as pessoas de fora do círculo profundamente suspeitas (em inglês, uma das acepções de "egregious" é "inegavelmente mau". Esta palavra deriva do latim *egregius*, e significa "fora da manada"). A maioria de nós detesta ser marginalizada ou rejeitada fisicamente. A neurociência descobriu recentemente que a rejeição social ativa exatamente as mesmas regiões do cérebro que geram a fisgada da dor física. Os centros de dor do cérebro parecem ter desenvolvido hipersensibilidade ao banimento social, provavelmente porque na pré-história humana a exclusão tribal era o equivalente a uma sentença de morte.

Este pavor nos levou a tratar a vida como uma passarela perpétua: temos de competir para causar boas impressões, porque paqueras, amizades e lisonjas podem nos valer sorrisos, sustento e distinção social por parte dos nossos pares membros da tribo. O outro lado da moeda, o baixo status social, corrói nossas almas: um estudo de longo prazo dos funcionários públicos do governo britânico mostra que não são os líderes de negócios de alto gabarito e estressados que estão sujeitos ao falecimento prematuro — são os pobres diabos que se preocupam. As pessoas que se encontram na parte inferior das hierarquias encasteladas e aplicadas têm três vezes mais chances de morrer cedo do que aquelas que estão no topo, e não porque sejam mais pobres ou tenham estilos de vida aparentemente menos saudáveis. Padrões parecidos são encontrados entre os babuínos selvagens em Serengeti, no leste da África. O culpado é a pressão social. "O que realmente incomoda os subordinados não é serem atacados por um leopardo, ou até mesmo estarem preocupados com um ataque de leopardo. É ser humilhado por um macho de hierarquia superior a uma distância mínima", afirma o professor Robert Evans, da British Columbia University, que conduziu a pesquisa.

Os caminhos gêmeos de prazer e medo são o que nos mantêm "bem-ajustados" e trilhando os caminhos sociais predominantes. Ser popular e aceito aumenta nossos níveis de hormônios de bem-estar. Mas uma forte dose de ansiedade social e vergonha desempenha um papel crucial em fazer com que a maior parte das pessoas mude para se encaixar naquilo que é socialmente aceitável. O medo de ser condenado ao ostracismo e o desejo de reconhecimento são tão poderosos que, dependendo do regime no qual vivemos, eles nos fazem correr para doar sangue depois de um desastre — ou trabalhar como guarda de campo de internação.

Para alimentar uma mudança suficientista amplamente difusa, precisamos cooptar essa compulsão humana. Precisamos modificar radicalmente nossos ícones de boa vida. Toda esta história de olhe-para-mim-sou-um-macaco-de-status-elevado está centrada em possuir cada vez mais bens materiais, as próprias coisas que já temos bastante. Qual é o sentido de competir para ter mais riqueza material, se todo mundo já tem tudo do ponto de vista material? Temos de encontrar um terreno menos prejudicial no qual se possa mostrar quem é o melhor e quem é o mais esperto. O competidor social que se esconde em cada um de nós não quer apenas coisas — quer que outros membros da manada também as queiram e que tenham dificuldade em consegui-las. Pederneiras com um revestimento esperto, carros velozes e vermelhos, satisfação tranquila: já experimentamos as duas primeiras opções, então, talvez devêssemos decidir-nos pela última. Nossa ênfase deve ser transferida da mera quantidade e marca das coisas para a qualidade de toda a nossa experiência. Evidentemente, este é o tipo de mensagem antimaterialista que os sábios usando sandálias têm pregado durante séculos. Mas seu apelo sempre foi dirigido exclusivamente para nossa mente superior.

Focalizar nossa ecologia pessoal é um modo melhor de apelar para nosso cérebro inferior porque é muito mais satisfatório em um plano imediato, fácil de ser percebido e de interesse próprio do que a preocupação com a grande eco-coisa global, em que nos mandam fazer "sacrifícios" (aiai) que podem ser inúteis se nem todo mundo colaborar. Existe também o perigo real de que demasiada pregação enlevada a favor do meio ambiente por parte de políticos e celebridades bem-intencionados possa provocar uma reação muito mais prejudicial, que chamarei de QSDOP — Que Se Dane O Planeta —, em que as pessoas defendam a ecologia da boca para fora, mas acabem por rejeitar a consciência ecológica em massa por estarem entediadas com ela, pelo fato de "ser ecológico" não fornecer uma excitação instantânea de consumo e, em vez disso, ter se tornado apenas outro item extra na nossa lista de aspirações por um estilo de vida sempre mais consumista. Buscar um equilíbrio ecológico pessoal deveria garantir um sucesso mais rápido.

Como os anunciantes bem sabem, é muito mais eficaz apelar para o autointeresse básico do cérebro inferior das pessoas. O suficientismo pode vir a fazer sucesso caso lhe seja atribuída a marca da aspiração, caso embrulhemos para presente produtos não materialistas para satisfazer a necessidade humana de nível inferior de ser admirado, ser legal, ser o macaco-mor. Isso poderia funcionar, porque todos os bens humanos de alto nível que poderíamos valorizar cada vez mais como símbolos de status — tais como tempo, espaço, lazer, equilíbrio, energia e autonomia — estão se tornando cada vez mais escassos e preciosos. E embora não possam ser realmente comprados (coisas custam tempo, espaço, lazer, equilíbrio, energia e autonomia), podem ser liberados ao praticar o suficientismo. A nova ostentação poderia ser: "Estou tendo uma vida melhor do que você porque minha ecologia pessoal é mais legal — porque sei que tenho o suficiente."

Este tipo de notável mudança de estilo de vida está começando a surgir — sob a forma de esnobismo verde, em que viver de maneira ecológica se transformou rapidamente em afirmação social, uma distinção entre eles e nós. Uma crença crescente, porém tácita, entre as classes médias é que pessoas gentis, bem educadas e *atenciosas* reciclam e frequentam mercados de produtos orgânicos, enquanto pessoas vis, ignorantes e vulgares não o fazem. Evidentemente, esta atitude é espantosamente elitista e, em última análise, deveríamos esforçar-nos para remover este instinto odioso da psique humana. Mas, entrementes, temos de salvar nossa ecologia pessoal e planetária. Práticas de sustentação da vida como o suficientismo devem ser representadas como sendo aspirações maneiras e não como sermões de *nerds*.

Como parte dessa estratégia, também precisamos fazer os atuais símbolos consumistas de realização social parecerem cada vez mais tristes, vulgares, inferiores, egoístas e autodepreciativos. Um pouco de subversão pode até ajudar.

Por exemplo, eu me ofereço em alto e bom som para ajudar as pessoas com pesados veículos 4x4 a estacionarem ao longo do meio-fio — independentemente de elas quererem ou não. E elas não querem. Acham isto extremamente aborrecido, inclusive porque temem que todas as outras pessoas em volta estejam participando da brincadeira.

Existe alguma esperança, também, no fato de que o mundo do consumo está sofrendo sob o peso de suas próprias contradições. Enquanto cultura, a realidade das coisas que somos encorajados a almejar tem se tornado cada vez mais desconfortável — motivo pelo qual tantos símbolos de realização social não são mais vendidos pelos seus próprios méritos duvidosos. As companhias de crédito imobiliário não fazem propaganda de seus produtos mostrando imagens de pessoas trabalhando até tarde para pagar pelos caixotes de alvenaria nos quais dormem. Os fabricantes de automóveis não mostram motoristas encolerizados em meio a engarrafamentos diários. Esse tipo de produto é anunciado como oferecendo a recompensa de estilos de vida sustentáveis e suficientistas: tempo, espaço, liberdade. Se você passar por um grande outdoor de uma pessoa bonita meditando em posição de lótus, com certeza seu objetivo não será vender aulas de meditação: essa imagem será usada para empurrar desodorantes de ambientes, sabonetes líquidos para o banho ou — no caso do outdoor na esquina da minha casa — um novo prédio de apartamentos. E ele está sendo vendido não por suas características modernas, mas pela tranquilidade que pode ser obtida ao viver ali. O grande sonho econômico de Keynes, de acordo com o qual estaríamos materialmente livres para explorar os reinos mais elevados da experiência humana, finalmente se concretizou, mas apenas nas campanhas publicitárias.

Haverá alguma possibilidade de o mundo do consumo crescente ruir sob o peso de suas próprias promessas exageradas, implodir como um gigante suflê de estilo de vida? Do ponto de vista atual, a derrocada deste monolito, deste consumismo onipresente, parece ser impossível. Mas outros ismos já tombaram. O comunismo, o socialismo e o fascismo caíram. É algo tentador esperar que, dentro de algumas décadas, possamos viver num ambiente emocionalmente sustentável em que estudantes universitários de departamentos de estudos do consumismo olharão estupefatos para nossa insana busca hedonística de ter sempre mais com o mesmo tipo de perturbação que sentimos quando observamos documentários dos anos de 1920 de maníacos dançarinos de Charleston.

Porém, enquanto isso, o que vem a seguir? O que aconteceria à nossa economia baseada exclusivamente no crescimento se, repentinamente, todos abraçássemos a causa do suficientismo? O mundo das finanças ruiria? Esta questão transformou-se no elefante fiscal na sala de estar ecológica. Por ser um indivíduo ingênuo em matéria de economia, eu achava que seria uma tarefa simples encontrar algumas diretrizes concernentes ao tipo de modelo de economia sustentável que todos deveríamos esforçar-nos para criar. Contudo, em qualquer parte que procurasse, em documentos de política ecológica, em relatórios de conferências, em websites, o modelo em questão estava misteriosamente ausente. Liguei para certo número de economistas ambientais. Nenhum deles se dispôs a ajudar muito, a não ser falando em termos de política abstrata sobre fóruns de estratégia intergovernamental e afirmações de posição. Contudo, todos indicaram um homem, Tim Jackson, professor de desenvolvimento sustentável da Surrey University, como o cara ideal para se questionar.

Jackson é um economista que estudou a psicologia do consumo ecológico, e é membro da Comissão de Desenvolvimento Sustentável, órgão de fiscalização do governo britânico criado em 2000. Ele parece ser cético sobre a possibilidade de um grande número de indivíduos modificarem seus hábitos espontaneamente. Em vez disto, acha que os políticos têm um importante papel a exercer no deslocamento de nossa ênfase social do consumo e da produção sempre crescente. Ele e eu concordamos em discordar alegremente sobre esta questão. Mas e se com um toque de varinha mágica pudéssemos acordar um dia e descobrir que todos na Grã-Bretanha adotaram de repente uma existência sustentável em um âmbito pessoal e planetário? Jackson é perturbadoramente franco. "Esta é a questão mais difícil de todas. Acabei de levantar este ponto na nossa comissão e um executivo do Tesouro me disse que mudar para um verdadeiro desenvolvimento sustentável poderia significar voltarmos a viver em cavernas", afirma. "O governo desenvolveu múltipla personalidade neste assunto. Continua a mandar as pessoas largarem seus automóveis e consumirem menos. Mas, se todo mundo fizesse isso, estaríamos num mato sem cachorro. Da maneira como existe atualmente, nossa economia depende estritamente de aumentos de consumo.

Jackson permanece calado por um momento, suspira e então continua: "É extremamente difícil encontrar espaço político para se discutir isso. Somos barrados muito rapidamente pelos interesses da estabilidade econômica. Ouvimos muitos 'Temos que proteger a economia a qualquer custo'. Quando do colapso da União Soviética, a Europa Oriental deu mostras do que pode acontecer aos níveis de felicidade das pessoas numa economia em queda. Não tenho resposta para isso, mas acho que é a única questão que vale a pena trabalhar para resolver. Não acredito que eu seja capaz de encontrar uma resposta por conta própria. É algo espantosamente difícil. E terá de acarretar uma mudança cultural com seu próprio momento."

Então, ele começa a animar-se um pouco: "Existe a possibilidade que este momento esteja começando a ser acumulado, com iniciativas como o Live Earth (o concerto de rock) e o interesse crescente pelo bem-estar emocional. A Organização pelo Desenvolvimento e a Cooperação Econômica lançou um programa chamado 'Além do Produto Doméstico Bruto', então, de repente, eles estão preparados para formular a questão nesse nível mais elevado. Se ocorrerem mudanças, então as coisas podem andar bem rapidamente."

E rapidez é exatamente do que precisamos. Além dos argumentos complexos e um tanto desmoralizantes sobre a economia, parece existir uma realidade simples: estamos nos movendo rapidamente para além do ponto de suficientismo planetário. O equilíbrio natural da Terra não parece ser capaz de suportar nossos atuais níveis de atividade, muito menos sustentar um crescimento econômico continuado e infinito. Para fazer os ponteiros da balança ecológica voltar a se equilibrar, precisamos de menos atividade, de menos seres humanos, ou ambos. Ou, então, vamos nos dar mal. Sir Geoffrey Palmer, ex-primeiro-ministro da Nova Zelândia, alega que a expressão desenvolvimento sustentável é um paradoxo. "Você pode ter ou sustentabilidade ou desenvolvimento, não ambos."

Estamos com a faca no pescoço. Vamos trabalhar com números populacionais. No ano 1000, havia aproximadamente 270 milhões de pessoas no mundo, donas de machadinhas e cuja expectativa de vida era em média de 24 anos de subconsumo. A pegada de carbono deles mal alcançava o dedão do pé. Hoje em dia, nosso mundo contém mais de seis bilhões de pessoas consumindo o máximo que podem e, em média, cada uma delas pode esperar fazer isto por 67 anos. A Organização das Nações Unidas prevê que, até 2050, a população humana do mundo terá crescido de novo em aproximadamente metade deste número, atingindo a marca de nove bilhões, ou seja, mais ou menos o máximo que se estima que o planeta seja capaz de suportar.

Quando Mathis Wackernagel, o ambientalista que originalmente desenvolveu o conceito da pegada de carbono, mediu as demandas ecológicas da humanidade e as comparou à "capacidade de sustentação" do planeta, ele concluiu que estamos atualmente consumindo um quinto dos recursos da Terra a mais do que ela pode fornecer de forma sustentável. Medido desta maneira, a humanidade havia atingido o ponto de suficientismo nos anos 1980. Desde então, temos ultrapassado rapidamente este ponto. Um relatório recente feito pelo ecologista Helmut Haberl, da Klagenfurt University, na Áustria, concluiu, por exemplo, que agora estamos consumindo um quarto das fundações das cadeias alimentares do mundo. E, em algumas partes do mundo, até 63 por cento de toda a energia produzida pelas plantas — energia esta que normalmente abasteceria os ecossistemas nativos — foram postos a serviço da humanidade.

O resultado disto é um número maior de espécies extintas e desertos muito maiores. Se passarmos a utilizar biocombustíveis em vez de combustíveis fósseis para abastecer nossos carros, casas e voos de férias, Haberl prevê que nossos níveis de colheita de grãos poderiam dobrar (os biocombustíveis podem parecer ecológicos, mas eles exigem grandes extensões de terra e recursos para plantar as lavouras para produzi-los). Em algum momento, a humanidade precisará de cada caloria produzida no planeta para seu próprio uso.

Um estudo feito em 1986 previu que atingiríamos este ponto em menos de quarenta anos, caso nossas taxas de consumo permanecessem nos níveis de 1986. No entanto, essa pesquisa foi realizada antes do surgimento da perspectiva de produzir biocombustíveis. Talvez nos restem mais trinta anos — caso a água doce disponível para a irrigação das lavouras não acabe antes disto.

Se incluirmos as revoluções de consumo chinesa e indiana nos cálculos, parece que estamos todos num trem expresso rumo ao esgotamento global. Por bem ou por mal, o crescimento populacional e da atividade econômica humana diminuirá, parará e recuará. Isto poderá acontecer seja por meio de nossas próprias decisões e ações, seja por meio do aquecimento global e da depredação dos recursos. Este é precisamente o dilema previsto já em 1972 por *Limites do crescimento*. Três décadas mais tarde, os autores do livro, Donella Meadows, Jorgen Randers e Dennis Meadows, revisitaram o assunto para ver se o mundo havia levado seus alertas em consideração. Suas conclusões não são exatamente animadoras: "Estamos muito mais pessimistas em relação ao futuro global do que estávamos em 1972", dizem. "É uma tristeza que a humanidade tenha largamente desperdiçado os últimos trinta anos em debates inúteis e respostas bem-intencionadas, porém inócuas para o desafio ecológico global. Não temos outros trinta anos para malbaratar."

Eles acreditam que, a não ser que as sociedades ricas do mundo reduzam significativamente o seu consumo, estamos nos aproximando do mesmo tipo de crescimento e derrubada planetários que nossos antigos circuitos cerebrais míopes e com visão de curto-prazo causam presentemente nos mercados de ações. Acontecerá exatamente como no episódio do dotcom dos anos 1990, só que de forma mais lenta e dolorosa, afirmam os três autores: "A fase do crescimento será saudada e celebrada mesmo muito tempo depois de ter passado para um terreno insustentável (sabemos isto, porque já aconteceu). O colapso chegará muito repentinamente, para a surpresa de todo o mundo. E quando tiver durado por alguns anos, ficará cada vez mais evidente que a situação anterior ao colapso era totalmente insustentável. Depois de mais alguns anos de declínio, poucos acreditarão que haverá um fim à crise. Poucos acreditarão que haverá novamente energia abundante e suficientes peixes. Oxalá eles estejam errados."

A não ser que criemos uma cultura que reprima a carência voraz de nosso cérebro primitivo, em vez de ampliá-la constantemente para níveis ainda mais elevados, vamos deparar-nos com problemas sérios. Trata-se de um assunto cujo debate é imensamente difícil, inclusive porque nossa cultura prefere se desviar do problema por meio de distrações existenciais reconfortantes, como trabalhar em excesso, produzir e consumir produtos de que não precisamos e ficar obcecados com escolhas de estilo de vida que não são verdadeiramente escolhas. Todas essas atividades de consumo crescente só fazem aumentar nossa insustentabilidade.

O suficientismo oferece um caminho alternativo, baseado no interesse próprio, mas que também age a favor do interesse de todos. Talvez ainda haja tempo para instilar uma abordagem suficientista em nossa sociedade, a partir do exemplo, da liderança de nível gregário e da mudança cultural. Esta é a aspiração louca, o sonho estupidamente otimista e suave. Por outro lado, se a melhor coisa resultante da prática individual do suficientismo for o fato de alguns de nós levarmos vidas pessoais muito mais satisfatórias enquanto, nas palavras imortais de Jim Morrison, toda a maldita casa pegar fogo, que assim seja. Mas ainda temos esperança.

Economicamente suficiente

O verdadeiro valor das amizades

O mundo do consumo nos diz que as coisas mais importantes em nossa vida são os produtos de consumo que ainda não temos nela. Mas na verdade, nossos bens mais valiosos não podem ser comprados ou vendidos, de acordo com uma pesquisa entre dez mil britânicos, a quem se pediu para avaliar seu nível de felicidade e responder a perguntas sobre sua riqueza, saúde e relações sociais.

Segundo Nattavudh Powdthavee, do Insituto de Educação da Universidade de Londres, estas são as coisas que mais valorizamos — e aqui os seus valores para nós, em termos monetários:

- Ver amigos e parentes quase todos os dias equivale a um aumento de pagamento de 63.833 libras por ano.
- Conversar com vizinhos frequentemente nos faz ficar tão felizes quanto se tivéssemos recebido um aumento de 37 mil libras.
- Casar equivale a receber um extra de cinquenta mil libras em seus rendimentos (e isto, depois de descontar o custo da cerimônia).
- Uma saúde excelente supera todos os outros quesitos, sendo avaliada em trezentas mil libras por ano.

Crescimento pessoal zero

Quando as coisas estão completamente desgastadas, precisam ser substituídas. É fácil aceitar a ideia de que, graças à marcha inexorável do progresso, as substituições deveriam ser automaticamente maiores, mais poderosas e equipadas com mais características. Mas isso não é necessariamente verdadeiro. Essa expectativa de inflação não raro nos arrasta para além do ponto de suficiência, para um desperdício despropositado. Para evitar isso, precisamos adotar nossa própria política de compra de crescimento zero, particularmente quando se tratar de produtos mais caros. Aqui estão cinco perguntas que devem ser feitas:

Eu realmente preciso de um tamanho maior ou de mais potência?
Se for um refrigerador de duas portas, por exemplo, você precisa de repente consumir mais comida? Se for um automóvel, um motor mais potente e um chassi mais forte vão ajudar a combater os engarrafamentos?

O novo produto é mais eficiente que o velho?
Poderíamos esperar automaticamente que novos produtos de consumo durável consumissem menos recursos planetários que a geração anterior. Contudo, muitos produtos, particularmente os elétricos, exigem muito mais energia. Telas de plasma podem gastar até quatro vezes mais energia que uma tevê normal. A quantidade de recursos gastos por aparelhos de consumo eletrônicos deve dobrar entre 2005 e 2010, de acordo com o Energy Saving Trust (Fundação para a Economia de Energia)

Estou exagerando em termos de dispositivos eletrônicos?
Grandes quantidades de recursos planetários são alocadas para acrescentar características para facilitar nossa vida. Porém, elas realmente acrescentam algo? Caso contrário, estaremos apenas gastando dinheiro em aterros de lixo. Um exemplo clássico é o aparelho de barbear descartável, que já foi humilde. Agora, estou encontrando cada vez mais dificuldade para comprar aparelhos de barbear com apenas duas lâminas e nenhuma bo-

bagem do tipo tiras lubrificantes ou cabeças móveis. Enquanto isso, os fabricantes de aparelhos de barbear estão travando batalhas para conquistar o consumidor ao adicionar sempre algo de extra em tudo. Achei que a guerra tivesse alcançado o ápice extremo do ridículo quando a Gillette lançou um aparelho descartável de seis lâminas, alguns anos atrás. Mas isto não foi suficiente. Agora, o aparelho de seis lâminas vem com um motor vibrador embutido, movido à pilha.

Foi construído para durar?

Os fabricantes frequentemente usam cada vez mais *upgrades* e maiores tamanhos como uma maneira perversamente eficiente, em termos de custos, para disfarçar o fato de que o produto básico em si não é bem construído. Em vez de ser fabricado com componentes duradouros e fortes, foi concebido para baratear seu preço de custo. Nesses casos, gastar um pouco mais em algo mais aborrecidamente sustentável pode tornar-se um investimento muito mais sábio.

Pode ser consertado?

Se o produto de consumo der errado, poderá ser reparado por um serviço localmente disponível a um preço econômico, ou terá de ir parar no lixo por ter sido construído com componentes selados que custam tanto para serem substituídos que sai mais barato comprar um novo produto inteiro não consertável? Com frequência, modelos mais antigos são mais propensos a reparos mais econômicos.

Pense em termos de tempo e não de dinheiro

Tempo é dinheiro. Mas o contrário também é verdadeiro: dinheiro é tempo. Qual dos dois tem mais valor para você, e quando?

Quando a maior parte das pessoas olha para seu passado, deseja ter feito coisas que custavam tempo e não dinheiro. Uma pesquisa de longo prazo feita com pacientes terminais pelo Colégio Real de Cirurgiões, na Irlanda, concluiu: "É muito mais comum as pessoas arrependerem-se não das coisas que fizeram, mas das que não tiveram tempo de fazer."

Assim, uma maneira útil para estabelecer suas prioridades é sentar-se e redigir uma lista de potenciais arrependimentos no leito de morte (antes que seja tarde demais) e então orçar meios de realizá-los em termos da quantidade de tempo necessária para tanto em vez de quanto dinheiro.

Uma maneira de curto prazo de garantir que você esteja usando seus preciosos recursos de tempo de forma econômica é estabelecer quanto você ganha por hora ao vender suas habilidades ou perícia, e então comparar isto com quanto você valoriza gastar tempo em passatempos economicamente inativos, porém que sustentam a vida, tais como estar com sua família ou curtir um hobby.

Valorize as coisas baratas

Para levantar a moral, pode ser útil lembrar regularmente que a autoconfiança inteligente do suficientista tende a ser discreta ou até invisível, ao passo em que a insegurança humana aparece berrantemente pela ostentação de caros itens de consumo. Hoje em dia, você pode ter certeza de que a ostentação de riqueza por meio de produtos de consumo que se pode observar nas ruas se dá com itens que ainda não foram quitados. Trata-se da exibição do crédito-débito. A pessoa que a está ostentando em público está provavelmente pior que você em termos de tempo e de autonomia, bem como de dinheiro.

8 | **NUNCA** é o suficiente

No instante que estamos contentes, temos o suficiente. O problema é que normalmente pensamos de modo contrário: partimos do pressuposto de que estaremos contentes somente quando tivermos o suficiente.

Shen Sh'ian, editor do boletim informativo *The Daily Enlightenment*

Clare Grant aponta da janela de sua cozinha para as árvores no jardim e pergunta: "O que você está vendo?" Uhmm. "Árvores", respondo. Não exatamente. "Se você fosse um observador de pássaros, você também veria os pássaros", responde Clare. "É assim que funciona. Se você fosse um observador de gratidão, você veria coisas que fazem você ser agradecido." De seu arejado apartamento em estilo vitoriano em Tunbridge Wells, em Kent, a webdesigner de 29 anos escreve diariamente um blog de gratidão que é lido por milhares de pessoas em todo o mundo, já foi traduzido para o chinês e o espanhol, e até lhe valeu um lugar entre as cinquenta pessoas mais sábias do mundo de acordo com uma pesquisa de opinião dos leitores da revista *Saga.*

Há algo de maravilhosamente incongruente no fato de esta jovem blogger ser enaltecida pela revista mais lida na Grã-Bretanha pelas pessoas acima de sessenta anos. "Quer dizer, listaram gente como o locutor da BBC John Humphrys ali", afirma. Mas Grant está fazendo algo extremamente sábio. Ela está ajudando a proteger sua mente do mundo do consumo ao usar algo que a cultura de consumo ridiculariza como bobo e monótono. Eu a encontrei na semana em que seu blog, chamado *Three Beautiful Things* (Três coisas bonitas) registrou sua 100.000ª visita. Porém, enquanto seu site é um sucesso cult no ciberespaço, a sociedade ocidental rebaixou a prática espiritual da gratidão a um mero ato de cortesia social.

Nosso mundo nos transforma em observadores de ingratidão, olhando fixamente para as coisas infinitas da vida que ainda não possuímos. Ele nos condiciona a fixar nosso propósito em correr atrás de mais coisas, sentir uma breve alegria ao comprá-las, para depois abandoná-las como pertencentes "ao dia de ontem" e precipitar-nos atrás do próximo sucesso. Quando o poço de agradecimento de nossa alma é acaçapado dessa maneira, perdemos nossa capacidade de ficar encantados com a abundância que nos circunda — algo a respeito de que o imperador romano estoico Marco Aurélio nos alertava em suas *Meditações*: "Não se deixe levar por sonhos de ter aquilo que não tem, mas reconheça as principais bênçãos que possui e lembre-se agradecidamente de quanto você as desejaria se não fossem suas." Isso, entretanto, não fará com que não fiquemos tentando diligentemente.

Pesquisas psicológicas revelam que a prática da gratidão é uma das coisas cruciais que nunca são o bastante, um dos nossos recursos imateriais inexauríveis que nos oferecem caminhos sustentáveis para o contentamento. A gratidão pode realçar nossa satisfação com a vida de uma maneira que o próximo bem de consumo nunca conseguirá fazer. E, efetivamente, você alguma vez poderia ser agradecido demais por todas as coisas boas que há em sua vida? Junto com outras qualidades negligenciadas, como compromisso, intuição e gentileza, a gratidão oferece uma maneira, endossada pela ciência, de salvar nossa alma. Podemos não ter desenvolvido uma tecla para desligar nosso cérebro desejoso, mas esses estados mentais mais desenvolvidos podem moderar nosso querer. Também podem ajudar-nos a explorar nosso grande tabu — se existe vida além de ir às compras, trabalhar, adquirir e ostentar status.

Grant lançou seu blog em maio de 2004, depois de ter passado um ano mantendo um diário de gratidão. "Comecei o diário porque quero me tornar escritora e eu havia ouvido dizer que é importante mantê-los", explica. "Manter diário soa horrível, e então pensei em fazer um de gratidão em vez disso." Ela descobriu o poder da gratidão quando ainda era garotinha. "Eu havia lido uma queixa de alguém num jornal, que dizia como era doloroso receber notas de agradecimento padrão. Isso me incentivou a começar a escrever cartas de gratidão quase obsessivamente, aos pais dos meus amigos depois de eles terem me convidado para suas casas para brincar, ou para lanchar, ou para sair com eles. Isso tornava o dia deles feliz e eles costumavam dizer para minha mãe que eu era muito gentil."

Quando ela entrou para uma empresa de diagramação de websites, dois anos antes, descobriu que uma colega estava escrevendo três blogs, como hobby. Grant desejou fazer um também. "Os melhores blogs são atualizados diariamente, então as pessoas continuam a visitá-los. Fiquei pensando em quanto eu seria capaz de produzir todo dia, e achei que eu poderia dar conta de escrever três frases sobre coisas. Mas que coisas? Três coisas azuis? Três animais que eu tinha visto? Então, me lembrei de registrar coisas bonitas que haviam me despertado gratidão." Alguns colegas rejeitam o blog como sendo coisa de menina, mas ela permanece inflexível na sua opinião de que gratidão não significa frivolidade. "Gratidão não é algo somente para o Natal. Funciona porque tem a ver com perceber o que o universo faz."

O blog foi inaugurado sem muita ostentação, mas ela continuou a labutar. "As pessoas pareciam encontrá-lo ao navegar pela net em busca de 'coisas bonitas', eu acho." Entrementes, Grant desenvolveu um olho certeiro para as joias evanescentes da vida. Tomemos seu apontamento para o dia 5 de junho: "Um velho homem curvado usando calças curtas demais, produzindo sons de fala de bebê para um filhote de cachorro do lado de fora de Morrisons. O filhote o ignora." Em outros dias, sua gratidão é altamente prosaica, tal como: "A espantosa diferença que uma nova tampa de privada faz em meu banheiro." No momento, Grant goza de uma audiência global. "As pessoas me enviam suas próprias coisas bonitas. Por exemplo, há uma mulher norte-americana surpreendente cujas crenças considero francamente muito intolerantes, mas que, a despeito disto e a da terrível vida que leva confinada dentro de casa, deixa essas listas de pequenas graças que acho extremamente comoventes." A gratidão tampouco converteu Grant numa santa de estuque: "Tenho dias desagradáveis, quando me recolho num canto e não quero me esforçar. O blog compensa isso. Apreciar as coisas me torna mais alegre quando preciso sê-lo."

As ideias de Grant são corroboradas por um estudo em grande escala, no qual se dividiu centenas de pessoas em três grupos, pedindo-lhes para manter jornais diários. O primeiro grupo anotava somente acontecimentos diários, o segundo listava experiências más e o terceiro registrava coisas pelas quais sentiam gratidão. Com o passar do tempo, o terceiro grupo demonstrou ter níveis mais elevados de vivacidade, entusiasmo, determinação, otimismo e energia. Até se sentiam motivados para praticar exercícios mais frequentemente, o que poderia explicar um relatório, publicado no *American Journal of Cardiology*, no qual se dizia que a gratidão parece melhorar a função cardíaca. Os benefícios eram sociais e pessoais, porque os escritores de gratidão também entravam num círculo beneficente de gentileza. O fato de estarem alertas para as boas ações das pessoas os tornava muito mais propensos a retribuir as pequenas generosidades que haviam observado.

Bem, todos gostamos de ler estudos como esses. Aparentemente, uma coisa simples como gratidão é tão salutar quanto bolo caseiro. Contudo, a vida cotidiana demonstra que, com frequência, não a praticamos tanto assim. Exatamente como acontece com tantas outras maneiras de melhorar nosso contentamento apoiadas em pesquisas, aplaudimos calorosamente, porém permanecemos programados por nossa cultura a ir em frente sem levar isto em consideração. Na nossa vida muito, muito ocupada, ser grato pode parecer uma tarefa particularmente ingrata. Manter um jornal cotidiano de gratidão, por exemplo, ultrapassa o escopo e os níveis de compromisso da maior parte das pessoas e logo se transforma numa incumbência desagradável. Então, instaura-se a vacilação, o diário para e é adicionado à pilha de culpas acumuladas pelo estilo de vida. Isso não quer dizer que seja impossível praticar a gratidão, mas ela é bem mais sustentável em uma esfera pessoal se você a encaixar em seu dia, desenvolvendo hábitos que sejam compatíveis com o que você já estiver fazendo.

Este é o motivo pelo qual eu e minha mulher nos revezamos para fazer uma oração simples antes das refeições, em casa. Trata-se de fazer uma breve pausa para apreciar a comida simples em nossos pratos, ser grato às pessoas e às coisas que a fizeram crescer e ser feliz com a nossa sorte de tê-la. Pelo menos, é uma forma condensada de tudo isso, embora apresente a tendência a sair como um apressado "somosverdadeiramentegratosportudooqueestamosprestesareceber". Mas a ideia está sempre embutida ali, em alguma parte. Estou convencido de que dar graças também funciona como uma campainha pavloviana que prepara a digestão, atiça as papilas gustativas e encoraja as pessoas a estarem conscientes de cada bocado (conforme vimos no capítulo dois, saborear a comida pode se transformar numa poderosa defesa contra o aumento de peso).

Quando temos convidados para jantar, damos as graças com um brilho malicioso no olhar. As visitas tendem a trocar olhares de relance. Será que resolvemos dar uma de fundamentalistas de Deus para cima deles? Talvez estejamos prestes a distribuir panfletos. Mas agradecimentos puros e simples não têm nada a ver com dirigir-se a algum amo celestial barbudo ou prostrar-se diante de imagens entalhadas. Gratidão e graças compartilham da mesma raiz latina, *gratus*, que significa "obrigado" e "bem recebido". Para as visitas, talvez seja melhor prefaciar nossas graças com "A quem interessar possa, ou para ninguém de fato, mas, de qualquer jeito...".

A nova tecnologia tornou a gratidão muito mais fácil do que antes. Leva segundos para mandar uma mensagem eletrônica de duas linhas para funcionários de empresas que fornecem bons serviços. Nos últimos tempos, enviei uma ao meu provedor de banda larga, quando me dei conta de que eu nunca realmente tinha percebido sua existência, já que ele nunca havia me deixado na mão. Um ser humano de verdade respondeu ao meu e-mail agradecendo-me por dizer obrigado (depois de ter se levantado, caído para trás e verificado minha mensagem para descobrir alguma ironia oculta). Num mundo em que tantas coisas dão invisivelmente certo — as torneiras nos trazem água limpa, estabelecimentos servem comida limpa e as tomadas elétricas fornecem eletricidade —, ironicamente, é muito mais fácil concentrar-se nas coisas que dão errado. Nosso cérebro, como uma máquina maximizadora, não se importa se algo funciona bem, mas testes comprovam que ele presta muitíssima atenção quando as coisas começam a azedar. O fato de enviar notas de agradecimento também me faz sentir muito mais virtuoso quando estou despachando queixas. Pelo menos, estou sendo justo.

A gratidão também parece ajudar a combater a tendência do mundo do consumo de nos fazer sentir alienados, invejosos e hipercompetitivos. Estudos realizados no Texas mostram que quanto mais elevados forem seus níveis de gratidão, tanto mais baixos serão seus níveis de materialismo. E as recompensas vão mais além: as pessoas que envelhecem positivamente tendem a adotar habilidades que reforçam a vida, tais como a gratidão, o perdão e a generosidade social, afugentando assim as características estereotipadas de velhos ranzinzas, como preocupação crônica, arrependimento, rigidez, autocentrismo e negatividade. Acho isto tudo extremamente encorajador, já que nunca fui inteiramente capaz de acreditar na existência de abnegação pura e desinteressada. Seguramente, quando executamos uma ação generosa, agradecida ou gentil, deve render *alguma coisa* positiva para nós, não é? As evidências no plano da saúde indicam que certamente é assim.

Esses benefícios não estão restritos às pessoas que já são boas. Até mesmo as pessoas mais desconfiadas, egoístas e competitivas podem mudar se conseguirem isolar nossa cultura consumista. Novos estudos mostram que nosso cérebro adulto pode ser aliviado da maldade culturalmente incutida para se regozijar com funções do cérebro superior como a gratidão e a generosidade. É isso que alegam psicólogos da Universidade Bar-Ilan de Israel, que começaram a dar dicas subliminares a voluntários, no sentido de trazer à sua mente a lembrança de alguém que oferecia amor e proteção incondicionais — um parente, um amante, Deus. A equipe tinha o propósito de induzir um sentimento de segurança que poderia tornar as pessoas mais propensas a serem moralmente generosas do que a agir de forma defensivamente egoísta. Funcionou. Os judeus israelenses do teste declinaram a oportunidade de infligir dor, sob forma de molho quente de pimenta, a suas contrapartes árabes israelenses (não eram tão contidos quando não se sentiam calorosamente seguros). Os voluntários também se mostraram mais dispostos a doar sangue e, quando viram uma jovem mulher aflita por ter de lidar com uma tarântula, ofereceram-se para ficar em seu lugar.

Esta noção da capacidade para treinar nossa mente para abandonar seu egoísmo da idade da pedra tem milhares de anos. Os estoicos acreditavam que nossa reação diante do mundo possui duas fases: a primeira é uma reação primitiva de reflexo, mas ela pode ser seguida por um raciocínio intelectual. A pesquisa feita por meio de ressonância magnética do cérebro corrobora este fato. Indica que as emoções básicas primitivas estão localizadas na amígdala, a estrutura em forma de amêndoa posicionada no prosencéfalo que ativa nossa reação a ameaças. Entrementes, nossa capacidade mais elevada de raciocínio parece estar situada no córtex frontal esquerdo. As duas áreas parecem estar lutando uma contra a outra no córtex frontal medial, uma junção que é essencial para transformar as emoções básicas em evoluídas. Uma pesquisa italiana mostra que as pessoas que sofreram lesões nesta região carecem da capacidade de tomar decisões de cunho moral.

Todos temos esses impulsos-reflexos egoístas e suspeitamente primatas. O que conta é o que fazemos com eles. Num experimento de ressonância magnética do cérebro, mostraram-se fotos de pessoas de outras raças a indivíduos que reconhecidamente não tinham preconceitos raciais. Inicialmente, suas amígdalas se iluminaram com suspeita primitiva e, então, suas regiões superiores inibiram esta reação. Nas pessoas racistas, o córtex superior não age de forma eficaz. Contudo, nosso mundo de consumo incita constantemente nossos preconceitos básicos cerebrais com inveja e medo, pegando-nos tão de surpresa que, frequentemente, nosso cérebro superior não tem sequer a oportunidade de intervir. Com o passar do tempo a segunda etapa do sistema pode atrofiar. Exercícios como a prática da gratidão podem reverter este fenômeno e treinar a reação mais elevada até que ela se torne ágil. É como voltar a tocar um instrumento musical na idade adulta: o cérebro pode reaprender.

Este tipo de treinamento também pode nos fortalecer contra nossa cultura auto-obcecada, ao introduzir-nos em círculos beneficentes mais amplos. Conforme foi descoberto pelo estudo sobre manter diários, a gratidão nos torna mais dispostos a retribuir a generosidade. E quando nos encontramos num estado de espírito generoso, nosso cérebro recebe um caloroso impulso de gratificação proveniente do fato de estar sendo altruísta. Cientistas que realizaram ressonâncias magnéticas da cabeça das pessoas enquanto elas faziam doações para entidades de caridade relatam que doar dinheiro ilumina o sistema de recompensa do cérebro da mesmíssima maneira que receber dinheiro. Outro estudo, ainda, observou os cérebros de mulheres enquanto davam cem dólares para um banco de alimentos e descobriram que duas antigas regiões — o núcleo caudato e o núcleo accumbens — se ativavam quando elas viam a obra de caridade receber o dinheiro. Essas regiões também são ativadas quando necessidades básicas como alimento e amizade são satisfeitas. Assim, parece que, no que diz respeito a nosso cérebro, você recebe de volta aquilo que você dá.

A noção de que fazer o bem traz benefício para quem o faz pode ser tão velha quanto a própria filosofia. Sócrates argumentava que virtuosa é a pessoa jovial. Seu discípulo Platão até calculou que o homem caridoso é 729 vezes mais jovial que o não virtuoso. Num nível mais científico, um estudo de uma década de duração feito com 2.500 homens verificou que aqueles que não faziam nenhum trabalho voluntário tinham duas vezes e meia mais probabilidades de morrer prematuramente que os homens que se ofereciam como voluntários. Parece que a sensação de significância e de propósito que obtemos ao ajudar nossos pares pode ajudar a promover uma saúde robusta. Existem fortes motivos evolucionários para acreditar que impulsos socialmente generosos são incutidos em nossa mente. Charles Darwin sugeriu que ultrapassamos espécies rivais quando nosso cérebro social mais elevado aprendeu a pensar além do individualismo da sobrevivência do mais forte e a agir para a vantagem coletiva de nossa tribo.

Darwin batizou essa forma proveitosa de ligação social de “seleção de grupo”. A ligação é outro item que nunca chega e que é constantemente marginalizado, hoje em dia — inclusive na maneira como a nossa sociedade nos insta a "celebrar nossa individualidade" em vez de explorar o jeito como nossas vidas estão inextricavelmente entretecidas para formar um todo ecológico humano. Porém, a despeito de nosso egoísmo culturalmente inflado, ainda parecemos estar configurados para beneficiar-nos amplamente com nossas ligações mais amplas. Por exemplo, uma pesquisa norte-americana identificou as pessoas mais satisfeitas num grande grupo de estudantes e descobriu que elas eram as que gastavam mais tempo socializando e menos tempo sozinhas.

Conforme vimos no fim do último capítulo, possuir calorosos contatos humanos só é ultrapassado em valor econômico por gozar de boa saúde. E quando cantamos juntos (algo que poucos de nós têm a oportunidade de fazer, hoje em dia), a ligação com o grupo até gera uma sensação de valorização da vida. Cientistas da Manchester University descobriram que o sáculo, um órgão do ouvido interno que reage às frequências musicais, está conectado ao centro de prazer do cérebro. O sáculo só é sensível a sons de baixa frequência e alta intensidade, do tipo produzido por canto em conjunto. Esta reação harmônica pode explicar o motivo pelo qual um estudo realizado com 12 mil suecos descobriu que aqueles que cantam juntos vivem por mais tempo.

O anseio humano inato por estabelecer ligações com nossos pares também parece estar no centro do sentido caracteristicamente humano de espiritualidade. Pessoas espirituais de todos os credos, e de nenhum, frequentemente descrevem suas experiências místicas como uma "união" com algo maior do que elas mesmas. Alguns chamam isto de universo ou de natureza, enquanto outros o chamam de Deus. Experiências místicas não são, tampouco, exatamente raras: pense na nossa sensação de assombro ao ver um belo pôr do sol ou na sensação extática de deslocamento do ego que ocorre quando estamos apaixonados. Alguns pesquisadores no campo da neurologia alegam ter descoberto o mecanismo que produz este sentido de unidade universal. Eles acreditam que ocorre quando a "área de orientação" do cérebro, que cria uma parede egoísta entre o nosso sentido de eu e nosso sentido do resto do mundo, é suprimida. Esse processo, chamado de desaferência, nos deixa ver nossa ligação com tudo. Pode ser produzido por meditação ou oração, e pode criar desde sentimentos calorosos de companheirismo até êxtases místicos elevadíssimos.

Não obstante, estamos rapidamente perdendo nossa antiquíssima ligação com a rica história do pensamento espiritual e da admiração da humanidade, porque o mundo do consumo refuta qualquer tipo de religiosidade como sendo triste, constrangedora e antiquada. Amputados de nossa vasta história de debate e ideias espirituais, perdemos nossa linha de comunicação com pessoas que eram exatamente como nós, que viveram em tempos mais remotos, e que também se surpreendiam com a natureza da vida e questionavam qual poderia ser o nosso propósito. A sociedade de consumo promete afogar tais pensamentos que geram perplexidade, ao nos manter em segurança nas certezas de comprar e de gastar. Talvez devamos interpretar nossos níveis crescentes de depressão como indicadores de certa carência de sucesso nesta área.

Entretanto, a tradição não dogmática da busca espiritual continua tranquilamente, ainda que seja somente praticada por uma minoria. Eu me sinto bastante atraído ao conceito recém-surgido de panteísmo científico, abordagem esta que aproveita as descobertas feitas em campos como a física quântica e a exploração do espaço para dar sustentação à ideia de que o universo e aquilo que muitas religiões chamam de Deus são exatamente a mesma coisa. A sugestão do panteísmo científico de que "o cosmo é divino e a Terra é sagrada" parece-me uma maneira tão válida quanto qualquer outra para enfatizar nossa interligação vital com nosso planeta.

Porém, em vez disso, nossa civilização continua deliberadamente a sobrecarregar a ecologia frágil da Terra. Tomemos as viagens internacionais como um exemplo: a despeito de nossa consciência ecológica estar brotando, o número de voos para as férias continua a bater recordes todos os anos. Mais de 15 milhões de passageiros circularam pelos principais aeroportos britânicos somente em julho de 2007. Esse tipo de comportamento mina a regra básica de uma sociedade sustentável — de que cada geração deve satisfazer suas necessidades sem pôr em risco as perspectivas das gerações futuras de poder fazer o mesmo. Trata-se da lógica não espiritual do cérebro inferior de agir baseando-se puramente em eu-agora, em vez de trabalhar para um mundo de nós-futuro.

E, pior que isso, não estamos sequer conseguindo viver para eu-agora. Estamos sendo constantemente encorajados a ignorar outra das coisas que nunca chegam e que nos alimentam — a plenitude do momento presente infinito. A vida cotidiana está acelerando cada vez mais. Trabalhamos mais rápido, falamos mais rápido, caminhamos mais rápido, lemos mais rápido, nos alimentamos mais rápido e, agora, graças a uma rápida reabilitação, também podemos pecar, nos arrepender e nos reinventar como consumidores renascidos mais rapidamente. Sentimo-nos compelidos a nos adiantar sempre mais — porém, em direção a quê? Eu amo motocicletas desde que andei pela primeira vez de lambreta, com 16 anos, mas eu também amo esta história sobre a mãe sueca e lacônica da minha amiga Robin. Ela estava em seu carro, parada num sinal de trânsito numa manhã, quando um homem usando traje de couro de corrida espremeu sua poderosa moto esportiva ao seu lado. Quando o sinal abriu, ele arrancou a mil e sumiu da sua vista. A mãe de Robin foi dirigindo lentamente adiante até que, a alguns quarteirões dali, ela se deparou com a motocicleta esmagada numa ilha de tráfego. Ela parou, observou o motociclista abalado levantar-se e, então, perguntou: "Se era aqui que o senhor vinha, para quê tanta pressa?"

Para que a pressa, efetivamente? Entretanto, de que outra maneira conseguiríamos encaixar mais coisas para fazer em nossa vida atribulada? Damos um jeito de conciliar tudo. Então, tentamos adicionar mais coisas em cima disso. Um em cada cinco britânicos acredita estar "sem tempo". E se realmente não parecemos ter tempo para fazer uma pausa e saborear todas as coisas que estamos fazendo, sendo e consumindo, então sempre poderemos olhar para trás e curti-las um pouco mais tarde, seja lá quando for este mais tarde. Talvez tenhamos tempo para isso na inexistente vida após a morte. Isso realmente não faz sentido. E, novamente, a explicação encontra-se na maneira que nosso cérebro pré-histórico, preocupado com a sobrevivência, tentava lidar com o mundo. Enquanto espécie, somos profundamente programados para continuar a nos esforçar em direção a um futuro luminoso e melhor. Este otimismo cego que não questiona nos fez continuar apesar da fome, da seca, da peste, do calor, do frio, da umidade, da guerra e das pragas. Como é que nossos antepassados poderiam ter sido bem-sucedidos de outra forma?

Tomemos meus ancestrais: o sobrenome Naish deriva do inglês médio (falado na Inglaterra aproximadamente entre 1150 e 1475) "*atten ash*" e denotava alguém que vivia perto de um freixo, em algum lugar perto de Bristol. O fato de não serem conhecidos por suas habilidades, profissão, inteligência, nível social ou realizações, mas pela sua proximidade com uma árvore, é um testemunho da falta de notoriedade de meus ancestrais. Por sorte, não viviam perto de uma cloaca. Posso imaginar uma longa linha de pré-eus apresentando um desempenho abaixo do seu potencial durante os séculos, vivendo curtas vidas reumáticas em função de algum sistema feudal no campo. A única maneira pela qual podiam sobreviver a esta existência incivilizada — e se preocupar em gerar mais prole — era de nutrir, no fundo de seu cérebro de servo, a convicção, corroborada pela realidade, que de alguma forma as coisas estavam sempre prestes a ficarem ótimas para eles. "Continuem a se esforçar", diziam seus circuitos cerebrais. "Tudo está bem, prestes a ficar muito melhor." Aquele cuja mente falhava em manter viva essa ilusão tombavam à margem da estrada genética.

Num prazo muito longo, evidentemente, meus antepassados tinham razão. O genótipo humano alcançou finalmente, pelo menos no mundo ocidental, uma era de mimada abundância. Podemos colocar as pernas para cima e curtir um descanso bem-vindo. Porém, por causa da falta de um interruptor instintivo de "chega" na humanidade, nossa cabeça continua a ressoar com a convicção de que o futuro ainda pode ser muito melhor. As pesquisas mostram que somos todos uns órfãos cantando "O sol vai brilhar amanhã". Desde 1964, o Centro de Pesquisa Pew, um "banco de informações não partidárias", tem realizado anualmente um estudo chamado a Escada da Vida. A pesquisa pergunta a aproximadamente dois mil adultos sobre sua vida agora, sua vida cinco anos atrás e sua vida dentro de cinco anos.

A cada ano, a pesquisa revela a mesma anomalia: o futuro, quando chega, nunca atende nossas elevadas expectativas.

Em 1997, por exemplo, as pessoas avaliaram sua qualidade de vida em aproximadamente 6,9 numa escala de dez, mas disseram que esperavam ter uma qualidade de vida de 8,2 dentro de cinco anos. Cinco anos mais tarde, entretanto, as mesmas pessoas avaliaram seu presente em... 6,9. Esse paradoxo também se aplica à maneira como estimamos nosso passado. Retrospectivamente, avaliamos a vida pior do que o fazíamos na época em questão. De maneira geral, acreditamos que estivemos pior no passado e estaremos bem melhor no futuro. Em vez de apreciar nossa chegada a este agora constantemente confortável, nos sentimos presos na austera sala de espera da vida, com um ontem insatisfatório e um hoje mais ou menos — mas um amanhã esplendoroso.

Essa ilusão é ampliada à dimensão de impaciência hiperativa pela crença fundamental de nossa cultura de conveniência, de que tudo é muito melhor quando podemos consegui-lo mais cedo. Esforçamo-nos muito, tentando utilizar a tecnologia para soprepujar este momento fastidioso e puxar o futuro empolgante para dentro de nosso agora insatisfatório. Fracassamos inevitavelmente, o que reforça nossa crença de que a vida ainda não está suficientemente boa. Então, continuamos a ir adiante, remando contra a maré. Estamos até tentando relaxar mais rapidamente. Recentemente, recebi uma prova de revisão de um livro chamado *The One-Moment Master: Stillness for People on the Go* (O mestre de um momento: tranquilidade para pessoas ativas), que declara: "O que é importante na meditação não é poder praticá-la por um tempo demorado, porém poder fazê-lo num tempo rápido."

Agora, esta perpétua aceleração está começando a desencadear epidemias de doenças do novo estilo de vida, tal como a síndrome da mulher com pressa (SMP) que, de acordo com um jornal, aflige três quartos das mulheres na Grã-Bretanha. Acredita-se que a SMP seja causada por sermos cronicamente pressionados pelo tempo, o que perturba os níveis de serotonina do cérebro. Os sintomas relatados incluem ganho de peso, baixa autoestima e culpa. Outra doença ligada ao novo ritmo de vida é chamada de "doença da pressa". Existe evidência científica no sentido de que o "tropel da vida" pode realmente causar problemas físicos e sociais. Robert Levine, da California State University, mediu o aumento exponencial da velocidade com que os moradores das cidades caminham no mundo inteiro, e afirma que seus achados mostram que quando as pessoas se deslocam mais rapidamente, ficam menos propensas a ajudar os outros (que é uma má notícia para atitudes e comportamentos como a gratidão, a generosidade social, o voluntariado e a retidão). As pessoas que caminham rapidamente também apresentam índices mais elevados de doenças coronárias.

Ademais, nossa velocidade demente nos rouba a habilidade crucial de perdermos nosso eu, neuroticamente à procura de algo, em meio ao atual momento eterno. Trata-se de um processo chamado fruição — um estado ligeiramente eufórico que ocorre quando estamos tão absortos numa tarefa que nossos incessantes monólogos internos esvaecem e nossa noção do passar do tempo evapora. Mike Csikszentmihalyi, o psicólogo da Chicago University que foi pioneiro no estudo deste estado cerebral, afirma que fruição descreve "aqueles momentos em que as coisas parecem simplesmente dar certo, quando você se sente vivo e profundamente atento ao que está fazendo". Esta profunda absorção resulta do entregar-se a experiências de ritmo lento, como aprender a tocar piano ou ler poesia. É lamentável que tocar piano e ler poesia estejam sendo considerados amplamente como perda de tempo e atividades supérfluas. Embora elas ajudem a desenvolver nosso córtex cerebral mais elevado, essas atividades não podem ser aceleradas. Perder-se numa atividade absorvente também implica tornar-se profundamente inconsciente de si, mas, entrementes, a sociedade nos instiga a fazer o oposto — continuar checando a nós mesmos para garantir que somos suficientemente maneiros.

Também inventamos uma outra maneira de divorciar-nos do eterno agora: fazer múltiplas atividades ao mesmo tempo. Atualmente, qualquer pessoa que se considere esperta e ambiciosa está realizando múltiplas tarefas o tempo inteiro. De que outra forma vamos conseguir dar conta de tudo? Entretanto, estudos demonstram que o cérebro humano não foi bem construído para realizar múltiplas tarefas. Ele precisa de tempo para trocar de marcha entre duas tarefas e, portanto, quanto mais você estiver mudando de uma para outra — digamos, entre falar ao telefone, ler e-mails e trabalhar no computador —, menos proficiência terá em qualquer uma delas. Os psiquiatras de Harvard culpam a tendência a realizar múltiplas tarefas por um novo mal-estar, que eles chamam de síndrome do pseudodéficit de atenção. Eles afirmam que os trabalhadores não conseguem se fixar em projetos de longo prazo porque anseiam pela agitação física de ser distraído por novas informações (a elevação da dopamina que vimos no primeiro capítulo). Existe uma antiga expressão budista para esse estado: mente de macaco. Você tem a mente de macaco quando seus pensamentos correm por aí como um macaco percorrendo rapidamente os topos das árvores. A mente de macaco desliza sobre a superfície nervosa da vida, deixando de aproveitar suas minúcias ou inter-relações. Não tem tempo para coisas como gratidão ou compaixão.

Então, como fazer para assentar nossas cabeças no rico, eterno e gratificante agora, enquanto à nossa volta só há mentes de macaco? Novas evidências científicas estão mostrando que a simples prática mental de meditação diária pode elevar significativamente nossa percepção do presente. E se realmente precisarmos realizar múltiplas tarefas, a meditação também pode elevar a capacidade de nosso cérebro para dar conta de várias coisas ao mesmo tempo. Exames de ressonância magnética realizados em monges meditantes no mosteiro do Dalai Lama, em Dharamsala, na Índia, apresentam uma razão pela qual a prática faz as pessoas se sentirem mais calmas. Os exames mostram que os meditadores experientes possuem níveis muito mais elevados de atividade elétrica no lobo pré-frontal esquerdo de seu cérebro, uma área que é associada a estados emocionais positivos como jovialidade, contentamento e otimismo. Esta elevada estimulação também ativa o lobo pré-frontal direito, ligado a emoções negativas como medo e ansiedade.

Ressonâncias magnéticas do cérebro de ocidentais não religiosos que meditam aproximadamente vinte minutos todos os dias mostram que eles têm um aumento no desenvolvimento de regiões associadas à memória e à atenção. Outro estudo bem conceituado afirma que pessoas que meditam regularmente apresentam um desempenho consistentemente melhor em tarefas maçantes no meio da tarde, aquele período pós-almoço em que a concentração da maior parte das pessoas vacila. Uma nova pesquisa efetuada pela Wisconsin-Madison University pode explicar o motivo — mostra como os meditadores conseguem superar com sucesso uma falha no cérebro que causa um fenômeno chamado "atenção intermitente". Esta amnésia temporária origina-se no fato de termos dificuldades em ficar atentos a duas coisas ao mesmo tempo, porque isto exige muito poder mental de processamento. Se você pedir para alguém perceber um número específico numa sequência de figuras numa tela, ele vai localizá-lo, mas não reparará no que vem logo a seguir. As pessoas tiveram um desempenho muito melhor nos testes, entretanto, depois de receberem três meses de treinamento em meditação. As ressonâncias magnéticas mostraram que elas utilizaram uma capacidade cerebral menor do que o normal para localizar o primeiro número. A meditação afiou a capacidade de seus cérebros de prestar atenção e, assim, tiveram capacidade cerebral sobrando para perceber os números subsequentes.

Esse tipo de pesquisa maximizadora da mente inspirou uma ampla gama de organizações a ensinar meditação a seus funcionários, inclusive Sumitomo Indústrias Pesadas do Japão e, na Grã-Bretanha, Price Waterhouse Coopers e o Departamento para o Meio Ambiente, Alimentos e Assuntos Rurais (Defra). Um estudo de seiscentos meditadores da Sumitomo realizado pelo Instituto Nacional de Saúde Industrial do Japão constata que eles melhoraram sua estabilidade emocional, demonstraram menores níveis de ansiedade e neuroses e apresentaram menos problemas físicos.

Mas a meditação oferece um empecilho — um grande empecilho. Pode tornar-se muito facilmente outra aspiração de estilo de vida a ser adicionada à pilha de itens abandonados que causam sentimentos de culpa: "Oh, não, não a maldita meditação! Eu já experimentei isto." Por experiência própria, sei que você pode ensinar alguém a meditar em dez minutos. Contudo, você não pode, por nada no mundo, ensinar-lhe a continuar meditando. Isto tem de vir de dentro. Com frequência, as pessoas tentam adaptar a prática a sua vida sem se dar conta que a vida tem de mudar para acomodá-la. Por causa da meditação, você tem que dedicar um pedaço de cada dia a sua própria tranquilidade. Nossa cultura pode fomentar a ideia de que é liberal, inclusiva e relaxada, mas se você disser para qualquer pessoa (particularmente nos negócios) "Desculpe, neste momento não posso, é meu horário de meditação", vão olhar para você de forma enfezada. Não obstante, se você der uma guinada nesta direção, com o passar do tempo suas prioridades mais amplas também poderão sofrer modificações.

Isto requer outra coisa solapada pela nossa cultura de gratificação instantânea: compromisso. Não raro, experimentamos uma disciplina como a meditação ou a ioga e descobrimos, para nosso deleite, que ela realmente possui um efeito edificante. A essa altura, provavelmente vamos chatear nossos amigos com isto. Porém, depois de um tempo, o novo enaltecedor da vida não parece estar funcionando tão bem; cada vez mais passa a sensação de ser trabalho duro e não compensador. A tentação de abandonar a prática é muito forte. Há tantas outras soluções que poderíamos tentar. Então, escolhemos outra opção dentro da miríade de outros caminhos possíveis. Esperamos que, um dia, encontremos a que for "certa" — a que vai trazer resultados duradouros rapidamente, como nossa cultura nos promete. Porém, as práticas espirituais que verdadeiramente oferecem uma melhoria de vida tendem a ir muito além dos limites estreitos da conveniência: originam-se de tempos e lugares em que eram praticamente a única solução oferecida. E elas exigiam dedicação obstinada. No Nepal do século II a.C., certamente não teria havido muita oportunidade de dizer: "Budismo? Pois é, pratiquei isso. É realmente inspirador. Realmente espiritual. Mas, então, resolvi praticar dança Sufi e, como ambas as aulas são às quartas à noite, eu..."

Um dos motivos pelo qual as novas práticas funcionam de forma tão mágica, inicialmente, é chamado o efeito Hawthorne. No fim dos anos 1920, um estudo da Central Hawthorne da Western Electric Company, em Illinois, descobriu que, toda vez que consultores eram contratados para implementar uma nova maneira de melhorar a eficiência, a eficiência dos trabalhadores aumentava. Porém, somente por um tempo. Então, a companhia fazia outras novas melhorias. A eficiência elevava-se, e então minguava. Os consultores aumentavam a iluminação. A produtividade subia. Por um tempo. Diminuíam a iluminação. A produtividade subia. Por um tempo. Alteravam o aquecimento, as pausas, as dinâmicas de grupo, e assim por diante. Cada mudança trazia consigo a mesma elevação de curto prazo. Ao término dos cinco anos de estudo, os pesquisadores da Harvard Business School concluíram que não haviam sido as mudanças em si que elevaram a eficiência. Em vez disso, haviam exposto uma idiossincrasia da natureza humana: quando as pessoas acreditam que as coisas podem mudar para melhor, isso gera uma explosão de otimismo e atenção que melhora as coisas.

O mesmo que acontece em fábricas acontece com o estilo de vida: quando experimentamos uma nova opção, esforçamo-nos mais, observamos mudanças, acumulamos esperanças neste sentido. Quando qualquer coisa de benéfico acontece, atribuímos isso a nosso caminho recém-encontrado. Contudo, não é possível manter este entusiasmo e vigilância. Viraríamos maníacos. Assim, nos habituamos ao novo regime, nossa motivação decresce, começamos a perceber que o nosso novo caminho está tão atravancado de ervas daninhas quanto o último que experimentamos. E está começando a surgir uma ladeira para subir Neste ponto, é tão fácil pular para outro novo caminho empolgante, já que vivemos num mundo que nos oferece cada vez mais opções e que nos encoraja ativamente a assumir atitudes de diletantismo maneiro.

Nossa cultura da conveniência doutrina-nos com a crença de que não faz verdadeiramente sentido continuar a esforçar-se depois que a onda da novidade, da diversão e do efeito Hawthorne se desgastou. Ninguém exemplifica isso melhor que a mulher-maravilha de cinco minutos, Madonna. Minha busca numa base de dados de um jornal revelou que, segundo as notícias, na última década, ela começou todas as seguintes atividades: pesca, curling, balé, ashtanga ioga, tricô, jejum, macrobiótica, clarividência, corrida, andar de bicicleta, caratê, meditação, cabala, contas de carma (sob a manchete "Os hobbies mais quentes deste ano"), avaliação de charutos, terapia de oxigênio, retiros espirituais, exercícios de spinning, autoflagelação para bem-estar, patinação no gelo, roller-disco, saltar entre dois prédios, lesbianismo chique e xadrez. Mas ninguém parece considerar todos essas garatujas estranhas ou sem sentido.

Esta volubilidade cultural endêmica está diametralmente oposta ao compromisso necessário para cultivar as coisas que nunca chegam. É preciso persistência para seguir os mesmos simples e velhos caminhos de trabalho duro que levam ao contentamento e que os sábios têm fomentado desde a antiguidade. Assim que a coisa se torna difícil, somos encorajados a mudar para algo que seja gratificante de maneira mais imediata. Contudo, sem assumirmos um compromisso com o compromisso, como poderemos desenvolver nossas qualidades de longo prazo do cérebro superior, que dão uma animada na vida, em face de todas as frustrações, fracassos, erros grosseiros, obstáculos e toda miríade de outras inconveniências que este tipo de tentativa inevitavelmente pode acarretar? Não parece fazer sentido esperar que alguém ponha no mercado um produto durável que cultive o desenvolvimento intelectual, moral e espiritual de um jeito rápido, fácil e sem confusão.

Precisamos desesperadamente assumir um compromisso profundo para praticar o tipo de desprendimento que Aleksandr Solzhenitsyn nos incitou a adotar no capítulo três — um sentido espiritual de abnegação no qual aprendemos a dominar os impulsos de consumo desenfreado do nosso cérebro inferior, no interesse mais amplo de todos os que vivem neste planeta, tanto no presente como no futuro. Esta é a única maneira de progredir além do ciclo onanístico de ganhar e gastar dinheiro, para encontrar nosso sentido comum de propósito, nossa missão, em vez de nossos caprichos. Compromissos exigem que ultrapassemos o bloqueio no caminho, onde a sociedade de conveniência afixou um cartaz dizendo "estrada interditada". Este é o ponto inconveniente em que o pânico, a insegurança e a desilusão se instalam. Trata-se da noite escura da alma, o pântano do desespero, e é o anátema de nossa cultura. Contudo, se não o atravessarmos, nossa cabeça não mudará. E, então, nunca haverá esperança por uma mudança fundamental no comportamento de nossa cultura — continuaremos presas de um processo de perseguir opções fáceis que, na realidade, não são opções.

E já não dispomos de tempo para brincar de esconde-esconde com falsas alternativas. Temos de encarar uma verdade iminente e não opcional que nosso mundo do consumo eterno acha extremamente inconveniente. E a verdade é que há limites para nosso comportamento humano. Há limites para nossa diligência, para nossa capacidade de consumir alimentos, informações e produtos. Há limites para as escolhas que temos neste mundo. Há limites para nossa capacidade de ser feliz. E, mais importante que tudo, há limites para os recursos de nosso planeta.

Neste momento, temos uma sociedade que nos desconecta de nossas realidades inconvenientes. Estamos desconectados de nossos antepassados, as pessoas que nos fizeram chegar até aqui, por meio de seus esforços e ensejos pelas coisas apenas suficientes. Se pudéssemos ouvi-los, diriam-nos: "Seus sortudos! Esperamos que vocês estejam se divertindo horrores, montados de pé sobre nossos ombros, no topo de tudo pelo que nos sacrificamos e conquistamos." Em vez de apreciar isto e sermos gratos, continuamos desajeitadamente em busca de mais. Ignoramos a sabedoria de nossos ancestrais porque o mundo do consumo ultraja o passado, desdenha do presente e prega a obsessão por algum futuro mítico perfeito.

Também estamos desconectados das pessoas que lutam para viver nas regiões pobres que compõem os quatro quintos do mundo. Se os ouvíssemos, eles poderiam dizer: "Seus sortudos, vocês não estão se divertindo horrores montados sobre nossos recursos e trabalho baratos?" Em vez de pensar acerca de nossas próprias ações ou até de sermos gratos, continuamos desajeitadamente em busca de mais. Ignoramos suas vozes porque o mundo do consumo manda que fiquemos obcecados conosco Em nosso mundo rico e desenvolvido, estamos desconectados uns dos outros porque nossa cultura enfatiza nossas pequenas diferenças, não nossas enormes características comuns, com o interesse de alimentar uma competição material ilimitada.

Está na hora de nos desconectarmos do mundo do consumo. Está na hora de dizer "muito obrigado" para ele e de levar adiante o progresso mais amplo de nossa espécie. Nossa cultura do consumo sempre maior realizou sua tarefa de forma fantástica: nos trouxe até o ponto em que podemos começar a desenvolver um mundo baseado no suficientismo. Agora, temos tudo de que necessitamos materialmente para revisitar e explorar novamente nossos velhos, nutrientes e verdadeiramente sustentáveis recursos naturais humanos — qualidades como a gratidão, a generosidade e o anseio por ligação humana. E dispomos de todo o eterno presente para explorar essas dádivas (a não ser que o planeta pegue fogo antes). No mundo ocidental, a vida material já está tão boa quanto possivelmente poderá ser. Não faz sentido querer mais. A partir daqui, só estaremos botando tudo a perder. Está na hora de sermos gratos — e de dizer "Chega".

Seja perceptivo o suficiente

O mundo do consumo eterno nos mantém continuamente desligados em relação à realidade de nossa vida. Assim, a solução deve ser (tomando emprestado o aforismo de E.M. Forster): conecte-se.

Uma estratégia é ser perceptível — uma forma de meditação cotidiana viva. Prestar mais atenção em suas rotinas diárias é como adotar medidas de alívio de trânsito em sua cabeça. Pode ajudar a contrabalançar o impulso sedutor da sociedade em direção a mais pressa, mais estímulos, mais confusão.

Ser perceptivo é uma forma de prestar atenção propositadamente para os momentos da vida em que você se encontra, flagrar-se quando você estiver ficando distraído e se corrigir ao usar sua capacidade de estar plenamente presente em sua própria vida. Uma das tradições que praticam esta atitude é o budismo, mas ela também pode ser encontrada na maior parte das principais disciplinas espirituais. Mas, claro está, você não precisa ser religioso para se comprometer a viver mais no aqui e agora.

Meditações de três minutos

No meio de um dia atribulado — independentemente de você se encontrar no trabalho, em casa ou se deslocando de um lado para outro — pare e relaxe com uma meditação de três minutos. Isso pode ser feito com os olhos abertos ou fechados; na sua cadeira do escritório, no parque ou num trem. O fundamental é parar o que você estiver fazendo, relaxar seu corpo e sua mente, focalizar sua atenção em sua respiração e deixar que toda sua pressa seja arrastada para longe. Meditações de três minutos, realizadas três vezes por dia, te lembram de estar presente, não apenas enquanto estiver meditando, mas alternadamente durante todo o dia.

Uma caminhada perceptiva

Quando você estiver se sentindo arrasado (especialmente quando estiver absolutamente convencido de que não tem tempo para dar uma caminhada), dê uma voltinha. Caminhe devagar com seu corpo relaxado, não para chegar a um destino, mas apenas para sentir seus músculos, observar sua respiração e perceber o mundo ao seu redor.

A meditação dos cinco sentidos

Quando você dispuser de um pouquinho mais de tempo, vá até um lugar predileto ao ar livre e faça uma meditação, sentado ou caminhando, durante a qual você focalizará sua atenção por um minuto ou dois em cada um de seus cinco sentidos. Isso pode ser tão simples quanto dizer para si mesmo "Agora estou vendo" ... "Agora, estou ouvindo" ... "Agora, estou cheirando" ... até você ter se concentrado em todos os cinco sentidos que desenvolvemos para vivenciar o mundo. Você pode fazer isso também em curtos instantes regulares, enquanto estiver sentado à sua escrivaninha. Uma vez por hora, pare o que estiver fazendo e pergunte-se: "O que estou vendo? O que estou ouvindo? O que estou cheirando? Que gosto estou sentindo? O que estou sentindo?"

Sabás pessoais

Aos domingos de manhã, eu costumava acordar razoavelmente cedo para curtir caminhadas pelas ruas do centro da cidade, que ficavam vazias e tranquilas. Durante os últimos cinco anos, entretanto, as calçadas têm se tornado cada vez mais apinhadas com compradores, fazendo praticamente a mesma coisa que fazem todos os outros dias da semana.

Já não temos mais um dia especial dedicado a pausar ou refletir. Tampouco temos períodos do nosso dia em que podemos pensar com gratidão acerca de nossa vida (a não ser, por exemplo, que façamos uma pausa para dar graças). Contudo, se quisermos superar o mundo do comércio devastadoramente frenético, temos de recuperar alguns momentos sagrados em nossa semana para ficar conscientes das maiores dimensões imateriais de nossa existência, e simplesmente libertar-nos do hábito socialmente destruidor que é a pressa.

Quando trabalhei para a Sociedade Real de Enfermagem, aproximadamente 15 anos atrás, as primeiras reuniões matinais começavam com algo chamado "orações", um resquício das raízes religiosas vitorianas da profissão. Não se faziam orações *de verdade*, mas alguém podia dizer algo de refletido ou atencioso. Agora, esta prática foi abandonada. Não obstante, todos podemos adotar o costume de começar nossos dias de trabalho com uma tranquila reflexão interior, tal como "Que o meu trabalho seja útil e produtivo", enquanto o computador estiver inicializando.

Os domingos ainda oferecem uma excelente oportunidade para dedicar uma hora inviolável a algum tipo de prática de reflexão, seja lendo poesia, escrevendo alguma coisa, olhando para as nuvens ou ficando sentado numa cadeira sem fazer absolutamente nada. Num certo sentido, tanto faz que tipo de prática silenciosa você adotar, desde que este tempo seja delineado como um espaço sagrado, longe das distrações do mundo do consumo crescente.

E, como antídoto à nossa tendência embutida de fazer pouco caso de ontem, achar que hoje está um pouco melhor, mas que amanhã (sempre amanhã) será excelente, aqui vai um antigo poema sânscrito:

> Olhe para este dia
> Porque ele é vida, a própria vida da vida
> Porque ontem já é um sonho, e amanhã é apenas uma visão
> Mas hoje, bem vivido, transforma todo ontem
> Num sonho de contentamento, e todo amanhã numa visão de esperança

CHEGA de livro

Nada em excesso.

Sólon, conforme citado por Diógenes Laertus, século III a.C.

Referências e notas

Introdução

P. 14 O biólogo evolucionista... Robert Trivers
Citado em "Why your 'lizard brain' makes you a bad investor" (Por que seu "cérebro de lagarto" o torna um mau investidor), *The Wall Street Journal*, 25 de outubro de 2006.

P. 15 A era plistocênica
De modo geral, acredita-se que nosso cérebro evoluiu fundamentalmente durante a era plistocênica, entre 130 mil e duzentos mil anos atrás, embora continue a haver um debate minucioso no que diz respeito a precisamente por quê, quando e como. Nos dez mil anos (ou quatrocentas gerações humanas) que se passaram desde o plistoceno, nosso mecanismo mais civilizado parece ter continuado a evoluir. O quanto evoluiu é discutível, mas os circuitos instintivos básicos também continuam a trabalhar ativamente.

P. 15 Nigel Tufnel... até p. 22
Nos amplificadores para guitarras ícones do rock'n'roll, fabricados por Leo Fender nos Estados Unidos na década de 1950,

o botão de volume ia realmente até 12. Porém, nos anos 1960, Fender decidiu que o máximo de dez seria o suficiente — um raro exemplo de suficientismo industrial espontâneo.

P. 18 Estudos com motoristas no centro de Londres
Entre 2005 e 2007, a velocidade média na área congestionada do centro de Londres caiu de 19,3km/h para 9,8km/h, noticiou o *Evening Standard* em 9 de julho de 2007. Não obstante, parecemos estar determinados a criar mais engarrafamentos. Um estudo do Departamento dos Transportes previu que, na Grã-Bretanha, o número de carros se elevará dos aproximadamente 27,8 milhões atuais até atingir 33,5 milhões em 2031 (*Guardian*, 10 de setembro de 2007).

1: Chega de informação

P. 26 Somos bombardeados por até 3.500 anúncios publicitários a cada dia...
Dados do independente Centro Mundial de Pesquisa sobre Propaganda, de Oxfordshire, de 2004. Para as estatísticas de e-mail, ver: Hair, M., Ramsay, J. e Renaud, K., "Ubiquitous connectivity and work-related stress" (Conectividade ubiquitária e stress relacionado ao trabalho), no *Handbook of Research on Virtual Workplaces and the New Nature of Business Practices* (Manual de pesquisa sobre locais de trabalho virtuais e a nova natureza das práticas comerciais), de 2007.

P. 27 Mais informação nova foi produzida nos últimos trinta anos do que...
Este dado muitas vezes citado provém de um primeiro alerta em relação à sobrecarga de informações, *The Micro Revolution Revisited* (A microrrevolução revisitada), de Peter

Large, publicado inicialmente em 1984. Hoje em dia, estima-se que poderíamos reduzir esses "últimos trinta anos" aos últimos vinte, pelo menos.

P. 27 As mentes mais criativas da sociedade são atraídas por elevados salários e cargos exuberantes para ajudar as indústrias de propaganda e marketing...
Para um estudo fascinante sobre a maneira como os publicitários subverteram e se aproveitaram espertamente até mesmo dos movimentos mais antimaterialistas, como a contracultura hippie, para transformá-los em novas formas de vender bens materiais (cf. o "consumo ecológico" de hoje), ver Thomas Frank, *The Conquest of Cool* (A conquista do maneiro), University of Chicago Press, 1998.

P. 27 Menos de um quinto das campanhas publicitárias convencionais surte algum efeito...
Notas minhas de uma entrevista para um artigo da *Times*, "Info-besity epidemic" (Epidemia de infobesidade), 3 de abril de 2004.

P. 28 Realização de múltiplas tarefas de mídia
Aproximadamente dois terços dos norte-americanos de vinte e poucos anos agora assistem tevê enquanto estão também on-line, de acordo com uma pesquisa realizada por Tom Vierhile, diretor de Productscan Online. Um estudo feito em Rodborough Tchnology College, em Surrey, relatou, em abril de 2007: "A tevê representa a maior porção do tempo total de consumo de mídia dos adolescentes (22 por cento) acima dos 18 por cento encontrados para a internet. Contudo, ficou claro que eles utilizam mais de um meio de cada vez, realizando tarefas múltiplas."

P. 29 Excesso de comunicação pode ser mais perturbador que maconha...
Conclusão de oitenta testes clínicos realizados em 1.100 britânicos por Glenn Wilson, um psiquiatra do King's College, da University of London, a pedido da firma Hewlett-Packard para um relatório de abril de 2005.

P. 31 Quando aprendemos um novo conceito, o "clique" da compreensão desencadeia uma cascata de substâncias químicas cerebrais...
"Perceptual pleasure and the brain" (Prazer perceptivo e o cérebro), por Biederman, I. e Vessel, E., *American Scientist*, 1º de maio de 2006.

P. 33 Quando uma decisão é tomada, a parte subconsciente do cérebro se prepara para agir até 500 milésimos de segundo antes de seu dono decidir agir conscientemente...
Um dos achados da pesquisa de Benjamin Libet, o fisiologista da University of California, em San Francisco, cujos estudos do cérebro modificaram nossa compreensão da consciência e questionaram o conceito de livre vontade. Libet resumiu sua pesquisa no livro de 2004, *Mind Time: the Temporal Factor in Consciousness* (Cuide do tempo: o fator temporal na consciência).

P. 33 Um estudo da DaimlerChrysler diz que imagens de carros esportivos ativam os centros de recompensa dos cérebros masculinos..
"If our brain has a 'buy button', what pushes it"? (Se nosso cérebro possui uma tecla "compre", o que a ativa?), Sandra Blakeslee, *The New York Times*, 19 de outubro de 2004.

P. 33 Nossa mente se ilumina mais rapidamente em resposta a marcas bem conhecidas

Descobertas apresentadas na reunião anual da Sociedade Radiológica da América do Norte por Christine Born, radiologista na Universidade de Ludwig-Maximilians, em Munique, Alemanha, no dia 28 de novembro de 2006.

P. 40 Alguns psicólogos acreditam que o efeito de notícias de tevê é tão forte...

Por exemplo, Linda Blair, psicóloga clínica da University of Bath, sugere que deveríamos limitar a quantidade de notícias impactantes que assistimos a trinta minutos por dia, ou corremos o risco de ficar clinicamente deprimidos.

P. 41 "Já estamos desaparecendo dentro do nosso próprio tronco cerebral"

Geoffrey Miller em *What Is Your Dangerous Idea* (Qual é sua ideia perigosa) (ed. John Brockman), Simon & Schuster, 2007.

P. 43 Bater papo com colegas cara a cara eleva os níveis de substâncias químicas de conexão

Edward M. Hallowell, da Escola de Medicina da Harvard University, "The human moment at work" (O momento humano no trabalho), *Harvard Business Review*, 1º de fevereiro de 1999.

P. 46 Os celulares têm sido culpados até por doenças mentais

Francisca Lopez Torrecillas, psicóloga da Universidade de Granada, alerta na *Mental Health Weekly Digest* de 12 de março de 2007 que o "vício de telefones celulares" é "difícil de detectar". Acrescenta: "Alguém pode passar oito horas por dia em seu computador ou estar permanentemente pendurado em seu telefone e não ser viciado. No caso de jovens, muitos pais consideram seu uso excessivo como algo normal."

P. 54 As telas de vídeo e os programas infantis de ação estão sendo culpados...
Para um panorama plenamente abrangente e (talvez) excessivamente crítico dos perigos de assistir à tevê, ver o livro de Dr. Sigman, *Remotedly Controlled: How Television Is Damaging Our Lives* (Controlado remotamente: Como a televisão está prejudicando as nossas vidas), Vermilion, 2005.

P. 57 É impossível avaliar o efeito exato da vida virtual sobre crianças...
Alguns dos efeitos da tevê podem ser estabelecidos muito facilmente, porém. Por exemplo, um estudo sobre crianças pequenas publicado no *Journal of Nutrition and Education* em 1995 descobriu que quanto mais elevado for o número de horas passadas assistindo televisão, tanto mais as crianças pedem, compram e consomem alimentos anunciados. De maneira análoga, o grupo de pesquisa interdisciplinar The Compass Group relatou, em dezembro de 2006, que a média das crianças de dez anos "interiorizou trezentas a quatrocentas marcas — talvez vinte vezes o número de pássaros selvagens que eles eram capazes de nomear".

P. 62 Limite as interrupções
Dados extraídos da US Media Foundation.

2: Chega de comida

P. 70 Dados sobre obesidade

O Instituto Nacional para o Coração, Pulmão e Sangue dos Estados Unidos afirma que a maioria dos norte-americanos estarão acima do peso ou obesos nos próximos vinte anos. Entrementes, Barry Popkin, professor de nutrição na Universidade da Carolina do Norte, disse à Associação Internacional de Economistas da Agricultura, no dia 16 de agosto de 2006, que o número de pessoas com excesso de peso havia ultrapassado 1 bilhão, comparado com oitocentos milhões de subnutridas.

P. 74 Nos anos 1990, cientistas descobriram o motivo pelo qual comer é um prazer tão atraente...

Em 1995, Adam Drewnowski, diretor do programa de nutrição humana da University of Michigan, descobriu o motivo pelo qual comer é um prazer tão viciante: guloseimas como biscoitos Oreo atuam sobre os mesmos centros de prazer do cérebro que reagem a drogas que criam dependência, relatou em "Energy intake and sensory properties of food" (Ingestão energética e qualidades sensoriais do alimento), publicado no *American Journal of Clinical Nutrition*, volume 6 (suplem.), páginas 1081S-5S. Drewnowski afirma que pegou a ideia de uma fala do filme *Mona Lisa*, feito em 1986 por Bob Hoskins, no qual a protagonista viciada diz estar desejando sorvete desesperadamente. A noção de que um sabor doce pudesse satisfazer o anelo de um viciado soou correta para ele.

P. 75 Excitou eletronicamente os nervos vagos em pessoas com excesso de peso...

Um estudo realizado em 2006 por G. J. Wang, do Laboratório Nacional de Brookhaven, e publicado em *Proceedings of the National Academy of Sciences of the United States of America* (volume 103, número 42, páginas 15641-5).

P. 75 Gostamos de comida. E nosso cérebro não nos deixa esquecê-la...
James Rosen, professor de psicologia na University of Vermont, relatam em *Women's Sports and Fitness* (1º de agosto de 1997) que uma grande parte do cérebro humano está consagrada a memórias de alimentos, e estas formam algumas de nossas recordações mais tenazes.

P. 75 Há uma resistência física à perda de peso...
Dr. Neil King da Universidade de Tecnologia de Queensland, estudou 230 pessoas com excesso de peso, experimentando dois tipos de dietas durante três meses. Ambos os grupos começaram bem, mas sua perda de peso estacou depois de oito semanas. Dr. King contou na Conferência Internacional sobre Obesidade, em Sidney, em setembro de 2006, que nosso sistema de equilíbrio energético está programado para lidar com a fome "e não com o ambiente obesogênico atual que impõe inatividade e bastante fornecimento de alimento".

P. 76 Fazer dietas leva nosso metabolismo a responder no sentido contrário
Pesquisadores da California University, em Los Angeles, descobriram que fazer dieta funciona a curto prazo, já que as pessoas podem perder até dez por cento de seu peso durante os seis primeiros meses de dieta, seguindo qualquer tipo de dieta. Mas, findo este período de lua de mel, o peso volta e, não raro, um tanto acrescido, afirmam em seu relatório, Mann, T. *et al.*, "Medicare's search for effective obesity treatments: diets are not the answer" (A busca de Medicare por

tratamentos eficazes contra a obesidade: as dietas não são a solução), *American Psychologist*, abril de 2007, volume 62, número 3, páginas 220-33.

P. 77 A mãe Natureza parece ter-nos feito como máquinas de perpétua insatisfação...
Berridge, K, "Opioid limbic circuit for reward: interaction between hedonic hotspots of nucleus accumbens and ventral pallidum" (O circuito límbico opioide como recompensa: interação entre áreas hedônicas sensíveis do núcleo accumbens e o pallidum ventral], em *Journal of Neuroscience*, 14 de fevereiro de 2007 (volume 27, número 7, páginas 1594-1605).

P. 78 Dra. Nora Volkow, especialista num amplo leque de dependências de substâncias, inclusive alimentar, é atualmente diretora do Instituto Nacional de Abuso de Droga dos Estados Unidos e foi listada entre os cem melhores cientistas e pensadores de 2007 pela revista *Time*. Seu estudo sobre junk food foi publicado em *Synapse*, 1º de junho de 2002.

P. 79 Brian Wansink
Este brilhante pesquisador no campo do apetite esboça suas teorias em *Por que comemos tanto? Não é apenas a nossa fome que determina o que comemos*. Campus, 2007.

P. 81 Cientistas da Uppsala University
Lindblom, J. *et al.*, *The European Journal of Neuroscience*, janeiro de 2006, volume 23, número 1, páginas 180-6.

P. 84 Frequentemente, temos a sensação de não ter tempo para parar e saborear nossa comida
"Fast-food families cut mealtime by half" (As famílias que comem fast-food cortam o tempo das refeições pela meta-

de), *Daily Mail*, 28 de fevereiro de 2007. Relatório de uma pesquisa de 2006 realizada pelo Great British Chicken.

P. 84 Um estudo japonês realizado com 4.700 voluntários
Reportagem Mundial TAR-TASS, noticiando no jornal japonês *Asahi*, em 14 de agosto de 2006: "Nagoya University researchers blame quick eating for excessive weight" (Pesquisadores da Universidade de Nagoya culpam a pressa na hora de comer por excesso de peso).

P. 85 Pessoas que fazem dietas tendem a comer mais quando estão preocupadas ou estressadas
Lowe, M. e Kral, T. em *Appetite*, janeiro de 2006, volume 46, número 1, páginas 16-21.

P. 85 Crianças comem mais quando estão na frente da tevê
Temple, J. *et al.*, em *American Journal of Clinical Nutrition*, fevereiro de 2007, volume 85, número 2, páginas 355-61.

P. 85 Kathleen Melanson
Os resultados do estudo de um ano de duração de Melanson foram relatados em outubro de 2006 pela pesquisadora interna Ana Andrade durante o encontro anual da Associação Norte-Americana para o Estudo da Obesidade.

P. 86 Parece que os humanos têm uma resposta primitiva quando comem em grupo...
Lumeng, J. e Hillman, K.H., "Eating in larger groups increases food consumption" (Comer em grandes grupos aumenta o consumo de alimentos), *Archives of Disease in Childhood*, maio de 2007, volume 92, número 5, páginas 384-7.

P. 87 Evite refeições com muita variedade

De acordo com Barbara Rolls, que foi pioneira na pesquisa desta área, a variedade na forma de cores leva você a comer mais, e quanto maior o contraste do sabor dos alimentos que estão em seu prato, tanto mais você comerá. Ver "Experimental analyses of the effects of variety in a meal on human feeding" (Análise experimental dos efeitos da variedade nas refeições na ingestão humana), em *American Journal of Clinical Nutrition*, novembro de 1985, volume 42, páginas 932-9.

P. 89 Aqueles que comem regularmente com suas famílias apresentam níveis mais saudáveis de peso corporal...

Fulkerson, J. *et al.*, "Family dinner meal frequency and adolescent development: relationships with developmental assets and high-risk behaviors" (A frequência dos jantares em família e o desenvolvimento dos adolescentes: relações com componentes de desenvolvimento e comportamentos de alto-risco), *Journal of Adolescent Health*, volume 39, número 3, setembro de 2006, páginas 337-45.

P. 89 Uma comparação feita por nutricionistas da Nottingham University...

Pettinger, C., Holdsworth, M. e Gerber, M., "Meal patterns and cooking practices in Southern France and Central England" (Padrões das refeições e práticas culinárias no sul da França e no centro da Inglaterra), *Public Health Nutrition*, dezembro de 2006, volume 9, número 8, páginas 1020-6.

P. 90 Passe mais tempo ao ar livre

Rosenthal, N. *et al.*, "SAD — A description of the Syndrome and preliminary findings with light therapy" (SAD — Uma descrição da síndrome e os achados preliminares com terapia de luz), *Archives of General Psychiatry*, janeiro de 1984, volume 41, páginas 72-80.

P. 90 Durma bem, durma leve
Van Cauter, E. *et al.*, "Sleep curtailement in healthy young men is associated with decreased leptin levels, elevated ghrelin levels and increased hunger and appetite" (A redução do sono em jovens homens saudáveis é associada a níveis reduzidos de leptina, níveis elevados de grelina, e à fome e apetite aumentados), em *The Annals of Internal Medicine*, dezembro de 2004, volume 7, número 141, páginas 846-50.

P. 91 Aqueles que dormiam uma média de cinco horas ou menos...
Taheri, S. e*t al.*, "Short sleep duration is associated with reduced leptin, elevated ghrelin and increased body mass index" (Curta duração de sono está associada a níveis reduzidos de leptina, elevados níveis de grelina e índice de massa corporal ampliado), em *Public Library of Science/Medicine*, dezembro de 2004, volume 1, número 3, página 62.

P. 91 Vinte minutos a mais de sono podem estar vinculados ao fato de ser mais esbelto...
Verona, R. e*t al.*, "Overweight and obese patients in a primary care population report less sleep than patients with a normal body mass index" (Pacientes com excesso de peso e obesos numa população de cuidados primários relatam dormir menos que pacientes com índice normal de massa corporal), *Archives of Internal Medicine*, janeiro de 2005, volume 10, número 165, páginas 25-30.

P. 91 Outro motivo prático para que pouco sono se traduza em mais gordura...
Um resumo apresentado no Sleep 2007, o encontro anual das Sociedades de Profissionais Associados do Sono, por Mindy Engle-Friedman, noticiado no *Health & Medicine Week*, em 25 de junho de 2007. Além disto tudo, trabalhar demais também pode fazer você ficar acima do peso. Um estudo de 47 mil pessoas publicado da revista *Sleep* (1º de setembro de 2007, volume 30, número 9, páginas 1085-95) por Mathis Basner, da Universidade da Pensilvânia, afirma que quanto mais horas as pessoas trabalham, tanto menos dormem.

P. 92 Lugares pequenos e tranquilos
Música de ritmo rápido em restaurantes leva as pessoas a comerem mais rapidamente, acelerando o momento do estabelecimento, além de encorajar os clientes a comer mais sem prestar atenção, de acordo com o psicólogo Dr. Adrian North, da Universidade de Leicester.

P. 92 O truque dos copos mágicos
Ver Wansink, B. e van Ittersum, K., "Shape of glass and amount of alcohol poured: comparative study of effect of practice and concentration" (O formato do copo e a quantidade de álcool servido: estudo comparativo do efeito da prática e concentração), em *British Medical Journal*, 24 de dezembro de 2005, volume 331, número 7531, páginas 1512-4.

3: Chega de coisas

P. 98 Miller acredita que a arte em geral evoluiu como um chamariz sexual...
Para saber mais sobre este assunto, ver Geoffrey Miller: *The Mating Mind: How Sexual Choice Shaped the Evolution of*

Human Nature (A mente que se acasala: como a escolha sexual determinou a evolução da natureza humana), Heinemann, 2000.

P. 100 Porém, há um lado obscuro do efeito da celebridade...

Ver Baumeister, R. *et al.*, "Effects of social exclusion on cognitive processes: anticipated aloneness reduces intelligent thought" (Efeitos da exclusão social nos processos cognitivos: A antecipação da solidão reduz o pensamento inteligente), *The Journal of Personality and Social Psychology*, outubro de 2002, volume 83, número 4, páginas 817-27.

P. 102 Neuroimagens obtidas pela Emory University

Tara Parker-Pope, "This is your brain at the mall: why shopping makes you feel so good" (Este é o seu cérebro no shopping center: por que fazer compras faz você se sentir tão bem), *Wall Street Journal*, 6 de dezembro de 2005.

P. 102 Uma pesquisa entre mil britânicos...

Realizada pela seguradora virtual esure.com em setembro de 2005.

P. 103 Um em cada vinte norte-americanos sofre do "vício de comprar"...

Ver Koran, L. e*t al.*, "Estimated prevalence of compulsive buying behavior in the United States" (Predomínio estimado do comportamento de comprar compulsivamente nos Estados Unidos), *American Journal of Psychiatry*, outubro de 2006, volume 163, páginas 1806-12.

P. 105 Um experimento feito com estudantes universitários mostrou que a ansiedade...
Coles, M. *et al.*, "Hoarding behaviors in a large college sample" (Comportamentos de acúmulo numa ampla amostra de estudantes universitários), *Behavioural Research Therapy*, fevereiro de 2003, volume 41, número 2, páginas 179-94.

P. 106 Thomas Pyszcynski
Pyszcynski, T. *et al.*, "Why do people need self-esteem? Converging evidence that self-esteem serves an anxiety-buffering function" (Por que as pessoas necessitam de autoestima? Evidências convergem para demonstrar que a autoestima funciona como um atenuador para a ansiedade), *Journal of Personality and Social Psychology*, 1992, volume 63, páginas 913-22.

P. 107 Alexandr Solzhenitsyn teceu seus comentários durante um discurso à Associação Internacional de Filosofia, no Liechtenstein. Uma tradução autorizada foi publicada sob o título "The storm clouds gather as a new century approaches" (As nuvens de tempestade se acumulam enquanto um novo século se aproxima), pelo jornal *The Age*, Melbourne, 2 de dezembro de 1993.

P. 109 Aquele primeiro 4x4 envenenou a ecologia emocional...
Para um aprofundamento do consumo socialmente tóxico, ver Michael Marmot: *Status Syndrome: How Your Social Standing Directly Affects Your Health and Life Expectancy* (A síndrome do status: como sua posição social afeta diretamente sua saúde e sua expectativa de vida), Bloomsbury, 2004.

P. 112 Um terço de nós se sente na obrigação de guardar as coisas...
Uma pesquisa feita pela rede de artigos de mobiliário doméstico Habitat, em agosto de 2006. Das pessoas que não ficam com os presentes, alguns os doam para instituições de caridade, outros os vendem num site de leilão pela internet, e outros ainda os passam adiante, em iguais proporções.

P. 114 Joseph Quinlan
O gracejo de Quinlan é citado pelo *The Wall Street Journal* do dia 23 de junho de 2005, no artigo de David Wessel, "In modern era, self-storage has right stuff" (Na era moderna, o autoarmazenamento tem a coisa certa).

P. 114 Tony DeMauro
Citação de "Psychology by the square foot: what the ongoing boom in self-storage facilities says about human nature, uncertain times and the anxieties of American culture" (Psicologia do metro quadrado: o que o desenvolvimento crescente dos espaços de armazenamento revela sobre a natureza humana, a incerteza dos tempos e as ansiedades da cultura norte-americana), por Victoria Clayton, *Los Angeles Times*, 10 de agosto de 2003.

P. 117-18 Relatório do Conselho de Pesquisa Econômica e Social
Consumption: Reducing, Reusing and Recycling (Consumo: reduzir, reutilizar e reciclar) ESRC, junho de 2007.

P. 119 Paul Tate, da Sociedade pelas Crianças
De "Don't give us soiled cast-offs and broken sofás, charity shops plead" (As lojas de caridade suplicam: não nos deem rebotalhos sujos e sofás quebrados), *The Times*, 8 de janeiro de 2005.

P. 127 Drazen Prelec

Entrevista no programa televisivo *Canadá AM*, do CTV, 5 de janeiro de 2007.

P. 128 Ricos londrinos já não se sentem muito ricos...

Ver *Poverty, Wealth and Place in Britain, 1968 to 2005* (Pobreza, riqueza e espaço na Grã-Bretanha, 1968 a 2005), A Fundação Joseph Rowntree, julho de 2007. Dados de pobreza global extraídos do Banco Mundial e do Programa de Desenvolvimento das Nações Unidas, www.undp.org.

P. 128 Frugal legal

The Making of Economic Society (A formação da sociedade econômica), de Robert Heilbroner, Prentice-Hall, 1972. E, nos Estados Unidos, outro culto de não comprar surgiu como resultado do sentimento antibritânico. Ver Witkowski, T., "Colonial Consumers in revolt: buyer values and behavior during the non-importation movement, 1764-1776" (Consumidores coloniais em revolta: comportamento e valores do comprador durante o movimento de não importação de 1764-1776), em *The Journal of Consumer Research*, 16 de setembro de 1989, páginas 216-26.

P. 129 Aspecto barato

Os achados de Jennifer Argo são detalhados em três estudos separados envolvendo centenas de compradores, publicados em *The Journal of Consumer Research*, setembro de 2005.

P. 130 Evite ofertas especiais

Janakiraman, J. *et al.*, "Spillover effects: how consumers respond to unexpected changes in price and quality" (O efeito de spillover: como os consumidores reagem a mudanças inesperadas em preço e qualidade), *The Journal of Consumer Research*, dezembro de 2006, volume 33, páginas 361-9.

P. 131 Cuidado com a web
Schlosser, A., "Learning through virtual product experience: the role of imagery on true versus false memories" (Aprender através da experiência de produto virtual: o papel da fantasia sobre memórias verdadeiras *versus* memórias falsas), *The Journal of Consumer Research*, dezembro de 2006, volume 33, páginas 377-83.

4: Chega de trabalho

P. 136 Os britânicos passam mais tempo trabalhando do que qualquer outro cidadão da União Europeia...
"Stressed Britons work the longest hours in Europe" (Britânicos estressados trabalham por mais horas na Europa), *The Independent*, 23 de fevereiro de 2006.

P. 136 As pessoas que trabalham 41 horas por semana ou mais...
Yang, H., "Work hours and self-reported hypertension among working people in California" (Horas de trabalho e hipertensão autorrelatada entre trabalhadores na Califórnia), *Hypertension*, outubro de 2006, volume 48, número 4, páginas 744-50.

P. 136 Uma pesquisa apresentada ao Parlamento Europeu
Kanavos, P., Ostergen, J. e Weber, M., *High blood pressure and health policy: where we are and where we need to go next* (Pressão arterial elevada e políticas de saúde: onde estamos e para onde precisamos ir), abril de 2007.

P. 136 Milhões de dias de horas extras não pagas...

Pesquisa realizada pelos consultores de locais de trabalho Croner em dezembro de 2005 indica que nossa cultura atual está fazendo muitas pessoas abrirem mão de seu tempo de folga: algo em torno de 14,5 bilhões de libras (aproximadamente cinquenta bilhões de reais) em pagamentos de férias vencidas deixam de ser reivindicados todos os anos. Em vez disto, em 2005, quase cinco milhões de empregados trabalharam em média o equivalente a um dia suplementar de trabalho em horas extras não pagas. Uma pesquisa de 2005 realizada por *Travel Weekly* descobriu que mais de um quarto dos trabalhadores de agências de turismo, ironicamente, não tiram suas férias anuais integralmente, por causa das queixas dos empregadores em relação à falta de pessoal e por causa de crescentes pressões no trabalho.

P. 137 Um quinto do dióxido de carbono que produzimos ao trabalhar...

Dados da organização americana Take Back Your Time.

P. 137 Um estudo realizado pelo Institute for Social and Economic Research...

Gershuny, J., "Business as the badge of honor for the new superordinate working class" (Estar ocupado é considerado como a questão de honra da nova classe trabalhadora que é superior), *Social Research*, 1º de julho de 2005, volume 72, número 2, página 287.

P. 145 Ragnar Beer, da Universidade de Göttingen...

"No sex leads to less sex, research shows" (Não fazer sexo leva a menos sexo, demonstra pesquisa), *Der Speigel*, 14 de maio de 2007.

P. 151 Pessoas super-ricas não tendem a acreditar que seus problemas emocionais...
Warner, S., "Psychoanalytic understanding and treatment of the very rich" (A compreensão e o tratamento psicanalítico das pessoas muito ricas), *Journal of the American Academy of Psychoanalysis*, inverno de 1991, volume 19, páginas 578-94. E uma fraca saúde mental é outra herança da família — ver Grinker, R., "The poor rich: the children of the super-rich" (Os pobres ricos: os filhos dos super-ricos), em *American Journal of Psychiatry*, agosto de 1978, volume 135, número 8, páginas 913-16.

P. 152 Uma linha de pesquisa recente indica...
Enquanto a maior parte das pessoas acredita que rendimentos mais elevados as tornariam mais felizes, um estudo realizado em 2006 por pesquisadores da Princeton University mostrou que a relação entre dinheiro e felicidade é grandemente ilusória. O estudo "Would you be happier if you were richer? A focusing illusion" (Você seria mais feliz caso fosse mais rico? Uma ilusão de enfoque), publicado em *Science* (30 de junho de 2006, volume 312, número 5782, páginas 1908-10), foi dirigido pelo prêmio Nobel Daniel Kahneman, professor de psicologia e negócios públicos. Relatava: "As pessoas que têm um rendimento acima da média estão relativamente satisfeitas com suas vidas, mas dificilmente são mais felizes que as outras nas experiências da vida diária, tendem a ser mais tensas e não gastam mais tempo fazendo atividades particularmente prazerosas. Além disso, o efeito dos rendimentos sobre a satisfação com a vida parece ser transiente." O estudo concluiu que "as pessoas exageram a contribuição dos rendimentos para a felicidade, porque se concentram, em parte, em realizações convencionais quando estão avaliando sua vida ou a vida dos outros".

A pesquisa para o estudo mostrou que os entrevistados que ganhavam menos de dez mil libras por ano relataram que passavam 12 por cento a mais de seu tempo de mau humor, comparado àqueles que recebiam mais de cinquenta mil libras. Naquela época, a renda média do americano era de 25 mil libras, e as pessoas que ganhavam esta quantia eram apenas ligeiramente menos felizes que os campeões de renda. E as pessoas ricas tendem a enganar-se no que diz respeito à sua felicidade: "Se as pessoas têm rendimentos elevados, elas acham que deveriam estar satisfeitas e isto se reflete em suas respostas", afirma o estudo. "Entretanto, o rendimento importa muito pouco na experiência do dia a dia." O relatório alerta que ganhar mais dinheiro traz mais problemas de vida: "Em alguns casos, esta ilusão de enfoque pode levar a uma má distribuição de tempo, desde aceitar viagens mais longas de casa até o local de trabalho (que estão entre os piores momentos do dia) até sacrificar tempo gasto socializando (que estão entre os melhores momentos do dia)."

Um relatório nos *Anais da Academia Nacional de Ciências* (16 de setembro de 2003, volume 100, número 19, páginas 11176-83) acrescenta mais evidência no sentido de que muitas pessoas com renda alta simplesmente estabelecem suas prioridades de forma errada. Richard Easterlin, professor de economia na University of Southern California, em Los Angeles, diz que as pessoas tendem a superestimar a duração da levantada emocional que recebem do dinheiro e dos bens materiais e subestimam a exaltação consideravelmente mais duradoura e benéfica obtida ao curtir sua própria família e saúde — duas coisas que são sacrificadas em prol de rendimentos. "Existe uma necessidade de elaborar políticas que possam acarretar preferências individuais mais bem informadas", conclui Easterlin.

P. 152 Daniel Hamermesh e Jungmin Lee
Hamermesh, D. e Lee, J., "Stressed out on four continents: time crunch or Yuppie Kvetch?" (Estressados em quatro continentes: Falta de tempo ou conversa de Yuppies?), *The Review of Economics and Statistics*, 2007, volume 89, número 2, páginas 374-83.

P. 153 Um estudo de neuroimagem realizado pelo Instituto Nacional de Saúde Mental...
Trabalho apresentado ao encontro da Sociedade pela Neurociência, em Atlanta, em 2006, por Caroline Zink, membro de pós-doutorado no Instituto Nacional de Saúde Mental.

P. 154 O número de ocidentais que se autodescrevem como "ricos"...
Poverty and inequality in Britain: 2006 (Pobreza e desigualdade na Grã-Bretanha: 2006), de Mike Brewer, Alissa Goodman, Jonathan Shaw, Luke Sibieta. Comentário nº 101, publicado pelo Instituto para Estudos Fiscais.

P. 160 Deveríamos olhar para nossos colegas norte-americanos
"Taking a break from taking holidays — American workers have less time off than Europeans" (Deixar de tirar férias — os trabalhadores norte-americanos têm menos tempo de folga que os europeus), por Christopher Swann, *The Financial Times*, 22 de agosto de 2005.

P. 163 Você experimentou um fenômeno que investigadores holandeses confirmaram...
Dijksterhuis, A. *et al.*, "On making the right choice: the deliberation-without-attention effect" (Sobre fazer a escolha

correta: o efeito da deliberação-sem-atenção), *Science*, 17 de fevereiro de 2006, volume 311, número 5763, páginas 1005-7.

P. 167 Mantenha o lazer barato

Gonzálex-Chapela, J., "On the price of recreation goods as a determinant of male labor supply" (Sobre o preço de material de lazer como determinante da carga de trabalho dos homens), *Journal of Labor Economics*, 2007, volume 25, número 4, páginas 795-824.

P. 168 1,7 milhão de britânicos têm de tirar uma folga para se recuperar de suas férias...

Counting the cost of holidays (Estimando os custos das férias), uma pesquisa publicada em setembro de 2006 por Benenden Healthcare Society.

P. 168 As pessoas que não descansam...

Gump, B. e Matthews K., "Are vacations good for your health? The nine-year mortality experience after the multiple risk factor intervention trial" (Férias fazem bem à saúde? A experiência de 9 anos de mortalidade após testes de intervenção de fatores de risco múltiplo), *Psychosomatic Medicine*, setembro-outubro de 2000, volume 62, número 5, páginas 608-12.

5: Chega de opções

P. 173 Compramos avidamente os acessórios — que não usamos...

De um estudo realizado por The TechGuys, um serviço de apoio oferecido pela firma por trás de Dixons and Currys em setembro de 2006.

P. 173 Um estudo sobre as decisões para a compra de um telefone celular...
Maxwell, S., "Hyperchoice and high prices: an unfair combination" (Superopções e preços altos: uma combinação injusta), *Journal of Product & Brand Management*, 2005, volume 14, número 7.

P. 174 Muitos acabam ficando tão confusos com todas as alternativas...
Por exemplo, uma pesquisa realizada pela firma PayPal, especializada em pagamentos on-line, em janeiro de 2007, relata que 53 por cento das pessoas sentem que os dispositivos eletrônicos modernos se tornaram complicados demais atualmente.

P. 174 Iyengar, S. e Lepper, M., "When choice is demotivating: can one desire too much of a good thing?" (Quando a escolha é desmotivante: pode-se desejar demais de alguma coisa boa?), *Journal of Personality and Social Psychology*, 2000, volume 79, páginas 995-1006.

P. 174 Mesmo quando estão escolhendo papel higiênico...
"Choice that sends out wrong buying singals: too many offers equals confusion, prompting some firms to get back to basics" (Escolhas que emitem sinais de compra errados: demasiadas ofertas equivalem a confusão, induzindo algumas firmas a voltar para modelos básicos), Brian Bloch, *Daily Telegraph*, 25 de fevereiro de 2005.

P. 175 Andrew Chambers
Citado em "Whos's minding the Teenage Brain?" (Quem está cuidando do cérebro dos adolescentes?), de Richard Monastersky, *Chronicle of Higher Education*, 12 de janeiro de 2007, volume 53, número 19.

P. 176 O consumidor médio gasta quarenta segundos...
Dados do pesquisador de varejo Envirosell em "Want a Bud? A Coke? Sorry, you'll have to be more specific; overabundance of line extensions threatens to shoo away consumers" (Quer uma Budweiser? Uma Coca? Desculpe, você vai ter que ser mais específico; sobreabundância de modelos de linhas de produtos ameaçam enxotar os consumidores) *Advertising Age*, 20 de fevereiro de 2005.

P. 177 Wilfing
Uma pesquisa feita com 2.412 adultos pela organização de pesquisa YouGov, publicada em 10 de abril de 2007.

P. 179 Não é assim que funciona nos corredores dos supermercados...
Botti, S. e McGill, A., "When choosing is not deciding: the effect of perceived responsibility on satisfaction" (Quando escolher não é decidir: o efeito da responsabilidade sentida sobre a satisfação), *Journal of Consumer Research*, setembro de 2006, volume 33, páginas 211-19.

P. 181 Atribuímos cada vez mais uma personalidade humana às marcas
Cary, M., "Ad strategy and the stone age brain" (A estratégia de propaganda e o cérebro da idade da pedra), *Journal of Advertising Research*, 1º de janeiro de 2000, volume 40, número 1-2, páginas 103-6.

P. 185 Shlomo Benartzi
Benartzi, S. e Thaler, R., "How much is investor autonomy worth?" (Quanto vale a autonomia do investidor?), *The Journal of Finance*, agosto de 2002, volume 57, número 4, páginas 1593-1616.

P. 187 Yeppies
Fox, K., *Coming of Age in the eBay Generation: Life-Shopping and the New Life Skills in the Age of eBay* (Tornando-se maior de idade na geração eBay: experimentar vidas e as novas aptidões para a vida na era de eBay), publicado pelo Centro de Pesquisa de Assuntos Sociais, 2005.

6: Chega de felicidade

P. 205 O valor do setor inteiro...
Relatório da empresa de pesquisa Marketdata, setembro de 2005.

P. 205 David Granirer
"Embrace your fears and find success!" (Admita seus medos e encontre o sucesso!), de David Granirer, *National Post*, 6 de junho de 2007.

P. 208 As crianças mais felizes morreram antes...
Martin, L. *et al.*, "A life course perspective on childhood cheerfulness and its relation to mortality risk" (Uma perspectiva de vida sobre a felicidade na infância e sua relação com riscos de morte), *Personality and Social Psychology Bulletin*, setembro de 2002, volume 28, número 9, páginas 1155-65.

P. 208 O tédio tem um propósito biológico, de acordo com Sandi Mann, palestrante sênior da University of Central Lancashire, em *The Psychologist* (fevereiro de 2007, páginas 90-93). Ela sugere que a principal finalidade do tédio é alertar-nos de que tudo não vai bem, de que deveríamos levantar nossos traseiros, mudar as coisas e buscar novos desafios. Estar de mau humor também pode ter um efeito positivo, afirma um relatório de Adam Anderson, da University of Toronto, em *Proceedings of the National Academy of Sciences* (Anais da Academia Nacional de Ciências) edição on-line, 18 de dezembro de 2006. Ele alega que, ao passo que pensamentos felizes podem estimular a criatividade, estar irritado ou triste pode tornar você significativamente mais eficiente em trabalho braçal como percorrer bancos de dados.

P. 210 Randolph Nesse
Dr. Nesse teceu seus comentários durante uma apresentação no encontro anual da Associação Americana pelo Progresso da Ciência, em janeiro de 1993.

P. 210 Doutores estão cada vez mais propensos em amenizar a dor...
Wakefield, J. *et al.*, "Extending the bereavement exclusion for major depression to other losses. Evidence from the National Comorbidity Survey" (A extensão da depressão causada pelo luto a outras perdas: Evidências da Pesquisa Nacional sobre Comorbidade), *Archives of General Psychiatry*, abril de 2007, volume 64, páginas 433-40. Ver também *The Loss of Sadness: How Psychiatry Transformed Normal Sorrow into Depressive Disorder* (A perda da tristeza: como a psiquiatria transformou o sofrimento normal em desordem depressiva), de Allan Horwitz e Jerome Wakefield, Oxford University Press, 2007.

P. 211 Um único problema psicológico — da ansiedade à depressão...
Branden, N., "In defense of self" (Na defesa do eu), *Association for Humanistic Psychology*, agosto-setembro de 1984, páginas 12-13.

P. 212 Nicholas Emler

As citações do professor Emler foram extraídas de uma apresentação realizada no evento do Centro para a Confidência e Vanguarda do Bem-Estar, em Edimburgo, Escócia, no dia 25 de outubro de 2006. Ver também seu livro *Self-Esteem: the Costs and Causes of Low Self-Worth* (Autoestima: os custos e causas da baixa autoapreciação), York Publishing Services, 2001.

P. 215 Enquanto isso, espera-se que continuemos a sorrir...

Held, B.S., "The tyranny of the positive attitude in America: observation and speculation" (A tirania da atitude positiva na América: observação e especulação), *Journal of Clinical Psychology*, setembro de 2002, volume 58, número 9, páginas 965-91.

P. 216 Um recente estudo sobre casamento...

A pesquisa de Adrianne French publicada em *Journal of Health and Social Behavior* foi noticiada em *The Times*, "I will... cheer up" (Eu vou... ficar alegre), no dia 9 de junho de 2007.

P. 220 Vaginas, por exemplo...

Liao, L.M., "Requests for cosmetic genitoplasty: how should healthcare providers respond?" (Pedidos de genitoplastia cosmética: como os profissionais de saúde deveriam responder?), *British Medical Journal*, 24 de maio de 2007, volume 334, páginas 1090-4.

Na edição de setembro de 2007 de seu periódico, *Obstetrics & Gynecology*, a Sociedade Americana de Obstetrícia e Ginecologia alertou as mulheres contra a cirurgia vaginal estética, porque pode causar complicações como infecção, sensação alterada, dor e cicatrizes.

P. 222 À perseguição dos ideais da perfeição saudável
Estudo apresentado por Ann Wertz Garvin, professora-associada de cinesiologia na University of Wisconsin-Whitewater, no 54º Encontro Anual da Associação Americana de Medicina Desportiva, em Nova Orleans, em junho de 2007.

P. 222 Uma pesquisa envolvendo crianças australianas
Conduzida pela rede infantil de tevê paga Nickelodeon Austrália, em 2005.

P. 223 Elliott, A. e Lemert, C., *The New Individualism: the Emotional Costs of Globalization* (O novo individualismo: os custos emocionais da globalização), Routledge, 2006.

P. 225 Douglas Coupland apresenta sua ideia de de-narração em *Polaroids from de Dead* (Polaroides dos mortos), Harper Perennial, 1997.

7: Chega de crescimento

P. 235 *Economic Possibilities for our Grandchildren* (Possibilidades econômicas de nossos netos), de John Maynard Keynes, está atualmente fora de catálogo, mas foi publicado pela última vez pela Entropy Conservationists Press, em abril de 1987.

P. 236 Keynes dificilmente poderia ser considerado um homem do povo...
Ver a biografia em três volumes de Keynes, por Robert Skidelsky, publicada no Brasil pela editora Jorge Zahar, 1999.

P. 238 Victor Lebow

Citado em *How much is enough? The consumer society and the future of the Earth* (Quanto é o suficiente? A sociedade de consumo e o futuro da Terra) de Alan Thein, Norton, 1992.

P. 240 A lei de Say

J. B. Say, *Traité d'economie politique* (Tratado de economia política), 6ª edição, 1803.

P. 241 *Brighton and Hove Leader*, 28 de junho de 2007.

P. 241 O crescimento rápido de nosso mundo econômico

Ver Eric Beinhocker, *The Origin of Wealth: Evolution, Complexity and the Radical Remaking of Economics* (A origem da riqueza: evolução, complexidade e a reformulação radical da economia), Random House, 2007.

P. 242 David Laibson

Ver, por exemplo, "Part of brain may be resisting financial planning; advisers should appeal to the prefrontal cortex, avoid the limbic system" (Parte do cérebro pode estar resistindo ao planejamento financeiro; consultores deveriam apelar para o córtex pré-frontal e evitar o sistema límbico), *Investment News*, 4 de junho de 2007. Isso nos direciona para uma pesquisa bastante pessimista da Universidade de Tóquio, que afirma que as pessoas mais propensas a tomar decisões econômicas de curto prazo, sem perspectiva e egoístas — em vez de decisões altruístas de longo prazo — tendem a ser homens com elevados níveis de testosterona. Um exemplo principal desse tipo de homem são os chefes das nações industrializadas que são responsáveis por aprovar tratados globais de mudanças climáticas (ver Takahashi, T. *et al.*, "Testosterone levels and discounting delayed monetary gains and losses in male humans" (Níveis de testosterona e o atraso no recebimento de ganhos e perdas monetárias em homens), *Neurology and Endocrinology Letters*, agosto de 2006, volume 27, número 4, páginas 439-44).

P. 243 Um anjo e um diabo às costas
Knutson, B. *et al.*, "Shopping centers in the brain" (Shopping centers no cérebro), *Neuron*, 2007, volume 53, páginas 147-56.

P. 243 Além do prazer e da dor...
"Brain mechanisms of persuasion" (Mecanismos cerebrais de persuasão), um trabalho apresentado por Vasily Klucharev, da Universidade de Erasmus, Roterdã, no Encontro Anual de 2006 da Sociedade para a Neuroeconomia, Texas.

P. 244 Estamos significativamente mais preparados para confiar em estranhos atraentes...
Wilson, R. e Eckel, C., "Beauty and Expectations in the Trust Game" (Beleza e expectativas no jogo da confiança), *Political Research Quarterly*, 1º de junho de 2006.

P. 245 Toyota Prius
"Americans guzzle hybrids; Prius sales triple in May" (Os americanos consomem avidamente híbridos; as vendas de Prius triplicam em maio), *The Seattle Times*, 2 de junho de 2007.

P. 246 A lei da agregação padronizada de Robert Prechter...
Prechter, R. e Parker, W., "The financial/economic dichotomy in social behavioral dynamics: the socionomic pers-

pective" (A dicotomia financeira — econômica na dinâmica de comportamento social: a perspectiva socionômica), *The Journal of Behavioral Finance*, volume 8, número 2, páginas 84-108.

P. 248 A mentalidade gregária humana nos faz marchar em passo
Strogatz, S. *et al.*, "Theoretical mechanics: crowd synchrony on the Millennium Bridge" (Mecânica teórica: a sincronia da multidão na ponte do Milênio), *Nature*, 3 de novembro de 2005, volume 438, número 43-44.

P. 249 Rejeição social ativa exatamente as mesmas áreas do cérebro que geram a fisgada de dor física...
Matthew Lieberman e Naomi Eisenber em *Social Neuroscience: People Thinking about People* (Neurociência social: Pessoas pensando sobre pessoas), John Cacioppo, Peny Visser e Cynthia Pickett (edit.), MIT Press, 2005.

P. 249 As pessoas que se encontram na parte inferior de hierarquias encasteladas...
"Civil servants suffer like baboons — British Association" (Servidores públicos sofrem como babuínos — Associação Britânica), *The Times*, 6 de setembro de 1994.

P. 250 Uma forte dose de ansiedade social e vergonha desempenha um papel crucial...
Gilbert, P., "Evolution and social anxiety. The role of attraction, social competition and social hierarchies" (Evolução e ansiedade social. O papel da atração, da competição social e das hierariquias sociais), *The Psychiatric Clinics of North America*, dezembro de 2001, volume 24, número 4, páginas 723-51.

P. 251 Que Se Dane O Planeta...
Este efeito contrário está ganhando força — ver, por exemplo, "Why green snitches will make us see red" (Por que denunciantes ecológicos nos tiram do sério), de Cristina Odone, *Observer*, 18 de março de 2007.

P. 253 Tantos símbolos de realização social não são mais vendidos pelos seus próprios méritos duvidosos...
Ver, por exemplo, "How mortgage worries turn us into prisoners at the office" (Como as preocupações com as prestações da casa própria nos tornam reféns no trabalho), *Daily Mail*, 3 de abril 2006.

P. 256 Você pode ter ou sustentabilidade ou desenvolvimento...
"Consumerism criticiesed at environment forum" (O consumismo criticado no fórum ambiental), *The Press*, (Christchurch), 3 de março de 2007.

P. 256 No ano 1000, havia aproximadamente 270 milhões de pessoas...
Richard Eckersley, "Meanings and values: their significance for progress and sustainability" (Significados e valores: sua importância para o progresso e a sustentabilidade), discurso na conferência Manning Clark House *Nossa População, Nosso Futuro*, Canberra, 9 de outubro de 2003.

P. 257 A população humana do mundo alcançará nove bilhões...
Previsão da população mundial das Nações Unidas, em 2002.

P. 257 Mathis Wackernagel...
Wackernagel, M. *et al.*, "Tracking the ecological overshoot of the human economy" (Localizar o excesso ecológico da economia humana), *Anais da Academia Nacional de Ciências*, volume 99, número 14, páginas 9266-71.

P. 257 Helmut Haberl
Haberl, H. *et al.*, "Quantifying and mapping the human appropriation of net primary production in Earth's terrestrial ecosystems" (Quantificação e mapeamento da apropriação humana da rede de produção primária nos ecossistemas terrestres da Terra), *Anais da Academia Nacional de Ciências*, volume 104, número 31, páginas 12942-7.

P. 258 Este é precisamente o dilema previsto já em 1972...
Donella Meadows, Jorgen Randers e Dennis Meadows, *Limits to Growth: the 30-year update* (Limites do crescimento: atualização após trinta anos), Chelsea Green, 2004.

P. 260 O verdadeiro valor das amizades...
A pesquisa de Nattavudh Powdthavee está atualmente no prelo pelo *Journal of Socio-Economics.*

8: Nunca é suficiente

P. 265 Marco Aurelio...
Meditations (Meditações), traduzido com uma introdução de Maxwell Staniforth, Penguin Books, 1964.

P. 267 Um estudo em grande escala que dividiu as pessoas em três grupos...
Emmons, R. e McCullough, M., "Counting blessings versus burdens: an experimental investigation of gratitude and

subjective well-being in daily life" (Contando bênçãos *versus* preocupações: uma investigação experimental de gratidão e bem-estar subjetivo na vida diária), *Journal of Personality and Social Psychology*, 2003, volume 84, número 2, páginas 377-89. Ver também: Bartlett, M. e DeSteno, D., "Gratitude and prosocial behavior. Helping when it costs you" (Gratidão e comportamento prossocial. Ajudar quando lhe custa), *Psychological Science*, volume 17, número 4, páginas 319-25.

P. 268 Eles até se sentiam motivados para praticar exercício mais frequentemente...
McCraty, R. *et al.*, "The effects of emotions on short-term power spectrum analysis of heart rate variability" (Os efeitos das emoções na análise da variabilidade da frequência cardíaca), *American Journal of Cardiology*, volume 76, páginas 1089-93.

P. 270 Nosso cérebro, como máquina maximizadora, não se importa...
Patrick, V., MacInnis, D. e Whan Park, C., "Not as happy as I thought I'd be? Affective misforecasting and product evaluations" (Não tão feliz quanto achei que ficaria? Erro de previsão afetiva e avaliações de produtos), *Journal of Consumer Research*, março de 2007, volume 33, páginas 479-89.

P. 270 Quanto mais elevados forem seus níveis de gratidão, tanto mais baixos serão seus níveis de materialismo...
McCullough, M., Emmons, R. e Tsan, J., "The grateful disposition: a conceptual and empirical topography" (A disposição de gratidão: uma topografia conceitual e empírica), *Journal of Personality and Social Psychology*, 2202, volume 82, número 1, páginas 112-27.

P. 270 Afugentando assim as características estereotipadas de velhos ranzinzas...
Hill, R., "In consultation, positive ageing: a new paradigm of growing old" (Em consulta, envelhecer positivamente: um novo paradigma para ficar velho), *Psychotherapy Networker*, 1º de maio de 2007.

P. 271 Psicólogos da Universidade Bar-Ilan, em Israel...
"When does your brain stop making new neurons? A. Infant; B. 42 Years Old; C. 53 Years Old?" (Quando é que seu cérebro para de produzir novos neurônios? A. Na infância; B. Aos 42 anos; C. Aos 53 anos?) de Sharon Begley, *Newsweek*, 2 de julho de 2007. A conclusão um pouco desconfortável (para ateus) dos cientistas israelenses de que pensamentos sobre um poder mais alto podem fazer você agir mais altruisticamente é comprovada por uma pesquisa realizada pela British Columbia University com 125 voluntários, publicada em *Psychological Science* (setembro de 2007, volume 18, número 9, páginas 803-9), que relata que noções de um poder mais alto faz as pessoas se tornarem mais cooperativas e mais generosas com estranhos.

P. 271 Pesquisa feita por meio de ressonância magnética do cerebro corrobora este...
Öhman, A., "Making sense of emotion: evolution, reason and the brain" (Compreender a emoção: evolução, razão e o cérebro), *Daedalus*, 1º de julho de 2006.

P. 271 Nossa capacidade mais elevada de raciocínio...
Ochsner, K. *et al.*, "Rethinking feelings: a fMRI study of the cognitive regulation of emotion" (Repensar os sentimentos: um estudo por IMRf da regulação cognitiva da emo-

ção), *Journal of Cognitive Neuroscience*, volume 14, páginas 1215-29.

P. 272 Pessoas que sofreram lesões nesta região...
Ciaramelli, E. *et al.*, "Selective deficit in personal moral judgment following damage to ventromedial prefrontal cortex" (Déficit seletivo no julgamento moral pessoal, depois de lesões no córtex pré-frontal ventromedial), *Social Cognitive and Affective Neuroscience*, 2007, volume 2, número 2, páginas 84-92.

P. 272 Mostraram-se fotos de pessoas de outras raças a indivíduos que reconhecidamente não tinham preconceitos raciais...
Cunningham, W. *et al.*, "Separable neural components in the processing of black and white faces" (Componentes neurônicos separáveis durante o processamento de rostos negros e brancos), *Psychological Science*, 2004, volume 15, páginas 806-13.

P. 273 Doar dinheiro ilumina o sistema de recompensa do cérebro...
Moll, J. *et al.*, "Human fronto-mesolimbic networks guide decisions about charitable donation" (Rede mesolímbica frontal humana guia decisões sobre doações a instituições de caridade), *Anais da Academia Nacional de Ciências*, 2006, volume 106, número 42, páginas 15623-8.

P. 273 Outro estudo observou o cérebro de mulheres...
Harbaugh, W., Mayr, U. e Burghart, D., "Neural responses to taxation and voluntary giving reveal motives for charitable donations" (Respostas neurônicas à tributação e a doações voluntárias revelam motivos para doações caritativas), *Science*, volume 316, número 5831, páginas 1622-5.

P. 273 Fazer o bem traz benefício para quem o faz...
"Local heroes" (Heróis locais), de John Naish, *The Times*, 27 de dezembro de 2003.

P. 273 Charles Darwin...
Em *A descendência do homem* (1871), Darwin toca na seleção de grupo quando considera o desenvolvimento das faculdades morais no homem: "Não se deve esquecer que, embora um elevado padrão de moralidade oferece uma pequena ou nenhuma vantagem para cada homem individual e seus filhos sobre os outros homens da mesma tribo, um progresso no padrão de moralidade e uma elevação no número de homens com este dom certamente representará uma vantagem imensa para uma tribo em relação a outra. Não restam dúvidas que uma tribo que inclui muitos membros que, por possuir em grau elevado o espírito de patriotismo, fidelidade, obediência, coragem e simpatia, sempre estiverem prontos a ajudar-se uns aos outros e a sacrificarem-se pelo bem comum, seria vitoriosa em relação a outras tribos; e isto seria uma seleção natural."

P. 274 Suecos que cantam
Dr. Lars Olov Bygren, da Universidade Umea, na Suécia, descobriu a partir de um estudo de 12.675 pessoas, relatado em *British Medical Journal* (volume 313, páginas 1577-80), que as pessoas que cantam juntas estão propensas a viver mais que as que não o fazem, quando todas as outras variantes de vida são iguais.

P. 275 O mecanismo que produz este sentido de unidade universal...
Newberg, A., e d'Aquili, E., "The neuropsychology of aesthetic, spiritual and mystic states" (A neuropsicologia dos estados estéticos, espirituais e místicos), *Zygon*, volume 35, número 1, páginas 39-51.

P. 276 Panteísmo científico

Para uma descrição detalhada do panteísmo científico, ver: http://www.pantheism.net/paul/indez.htm

P. 276 Mais de 15 milhões de passageiros circularam pelos principais aeroportos britânicos

"15 million use UK airports" (15 milhões usam os aeroportos do Reino Unido), *Guardian*, 9 de agosto de 2007.

P. 278 Somos todos uns órfãos...

Também somos mais propensos a nos lembrar das coisas ruins do que das coisas boas, de acordo com a psicóloga Elizabeth Kensinger. Isso explica o motivo pelo qual todas as pessoas que estavam vivas na época das mortes de J.F. Kennedy e John Lennon e dos ataques de 11 de setembro lembram o que estavam fazendo quando ouviram as notícias. "Isto faz sentido dentro de um quadro evolucionário. É lógico que a atenção é centrada na informação potencialmente ameaçadora", relata Kensinger em *Current Directions in Psychological Science*, agosto de 2007, volume 16, número 4, páginas 213-8.

P. 279 Epidemias de doenças do novo estilo de vida...

"Could curse of the hurried woman be your downfall?" (A maldição da mulher com pressa poderia ser a sua desgraça?), *Lincolnshire Echo*, 14 de janeiro de 2005.

P. 280 Conforme as pessoas se deslocam mais rapidamente, ficam menos propensas a ajudar os outros...

Levine, R., "A geography of business" (Uma geografia dos negócios), *Social Research*, julho de 2005, volume 72, número 2, página 355.

P. 281 Síndrome do pseudodéficit de atenção
"The lure of data: is it addictive?" (O chamariz da informação: causa dependência?), Matt Richtel, *The New York Times*, 6 de julho de 2003.

P. 282 Monges meditantes
Lutz, A. *et al.*, "Long-term meditators self-induce high-amplitude gamma synchrony during mental pratice" (Meditadores de longo prazo autoinduzem uma gama de sincronia alta amplitude durante o exercício mental), *Anais da Academia Nacional de Ciências*, novembro de 2004, volume 101, número 46, página 16373.

P. 282 Ressonância magnética do cérebro de ocidentais não religiosos...
Jones, R., "Learning to pay attention" (Aprendendo a prestar atenção), *PLoS Biology*, volume 5, número 6, página 166.

P. 283 Meditadores da Sumitomo...
"Meditation can help boost profits" (A meditação pode ajudar a aumentar os lucros), *Independent on Sunday*, 30 de junho de 1991.

P. 286 Nosso mundo encoraja um culto ao diletantismo maneiro...
Infelizmente, isso desgasta nossa apreciação da capacidade de dar gratificações, uma prática que pode fomentar a saúde mental e física a longo prazo. Isso foi comprovado por um estudo de quarenta anos feito pelo professor de psicologia da Columbia University, Walter Mischel. Nos "testes de marshmallow" dos anos 1960 e 1970, ele oferecia a crianças na idade pré-escolar a opção de receber uma gratificação

imediatamente — um marshmallow — ou de receber duas gratificações caso concordassem em esperar um máximo de 15 minutos. Mischel acompanhou as crianças até a idade adulta. "Ainda mantemos contato. Agora, estão na faixa de quarenta e poucos anos", ele diz. As pessoas que eram capazes de esperar mais tempo pela recompensa quando eram jovens tiveram resultados acadêmicos e sociais significativamente melhores na adolescência e idade adulta. As crianças que pegaram a recompensa imediatamente foram muito mais propensas a ter problemas com drogas lá pelos trinta anos.

Quantum sufficit

O quanto bastar (usado em prescrições médicas).

Este livro foi composto na tipologia Minion-Regular,
em corpo 11,5/14,9, impresso em papel off-white 80g/m²,
no Sistema Cameron da Divisão Gráfica
da Distribuidora Record.